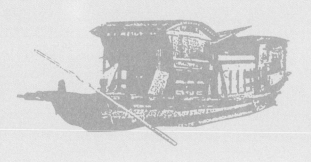

中共党史若干问题纵横观

郑德荣 王占仁 著

人民出版社

目　录

自　序 ……………………………………………………………………1

共产国际篇

第一章　共产国际与中国共产党三次"左"倾错误的来龙去脉………3

　一、共产国际与中国共产党第一次"左"倾错误 ………………5

　二、共产国际与中国共产党第二次"左"倾错误 ………………8

　三、共产国际与中国共产党第三次"左"倾错误 ………………12

第二章　共产国际在两次国共合作中的作用评析………………22

　一、共产国际对两次国共合作建立的倡导和推动 ……………22

　二、共产国际在指导两次国共合作中的右倾错误 ……………25

　三、共产国际在两次国共合作中指导思想和领导方式上的

　　　差异 …………………………………………………………27

　四、两次国共合作期间中共与共产国际关系的变化 …………30

第三章　共产国际与李立三"左"倾冒险错误分歧性质探析………32

　一、李立三"左"倾冒险错误，总体思想来源于共产国际 ……32

　二、共产国际与李立三"左"倾冒险错误的分歧，不是

　　　根本对立路线，而是策略性质 …………………………37

三、共产国际既反对李立三"左"倾冒险错误，又扶持
　　王明"左"倾教条主义领导上台 ··································42

第四章　20世纪30年代初的周恩来与共产国际 ··············46
一、贯彻共产国际七月指示，纠正立三错误 ·············46
二、共产国际恼怒立三，恩来蒙受不白之冤 ·············50
三、"照顾大局，相忍为党" ·································53

第五章　共产国际与毛泽东领导核心地位的最终确立 ······55
一、共产国际与战胜张国焘右倾分裂主义错误 ···········55
二、共产国际与战胜王明右倾投降主义错误 ·············59
三、共产国际与毛泽东领导核心地位的最终确立 ·········62

专题研究篇

第六章　关于"土地革命战争"时期的几个问题 ············67
一、"土地革命战争"的历史特点 ·······················67
二、关于农村包围城市道路理论的形成 ·················71
三、关于党的土地革命路线 ·····························78

第七章　九一八事变论析 ··································85
一、日本军国主义发动九一八事变的图谋与动因 ·········85
二、九一八事变引发的危机与后果 ·····················88
三、九一八事变的沉痛教训与深刻历史反思 ·············91

第八章　宁都会议若干问题释疑 ····························95
一、关于宁都会议召开时间的更正问题 ·················95
二、关于宁都会议的中心议题 ·························97
三、关于宁都会议上毛泽东被排挤的情况 ···············99
四、关于周恩来奉命取代毛泽东红军领导职务的问题 ····101

第九章　遵义会议与红军长征胜利 ························104

一、遵义会议的召开 ……………………………………104

二、遵义会议是党历史上的转折点 ……………………108

三、夺取长征的伟大胜利 ………………………………113

第十章　西安事变的和平解决与若干问题新思考 ………119

一、西安事变和平解决诸因素评析 ……………………119

二、西安事变若干问题的新思考 ………………………137

第十一章　毛泽东抗日战争的战略构想与顶层设计 ……146

一、必须实行国共合作团结御侮，正确处理民族斗争与
阶级斗争的关系 ……………………………………147

二、必须全民总动员，实行人民战争方针，正确处理抗战
与民主的关系 ………………………………………149

三、必须坚持长期抗战，实行持久战战略方针，正确处理
战略与战役战术的关系 ……………………………151

四、必须以打败日本侵略者，建立新中国为目标，正确处理
抗战与结束国民党一党专制，建立联合政府的关系 ……154

第十二章　皖南事变与中国共产党应对突发事件能力探析 ……157

一、皖南事变爆发的深层次原因 ………………………157

二、中国共产党审时度势、未雨绸缪 …………………159

三、中国共产党处变不惊，成功应对 …………………163

四、皖南事变的历史启迪 ………………………………168

第十三章　抗日战争胜利是近代中华民族历史命运的转折点 ……171

一、近代日本军国主义通过各种形式逐步蚕食、鲸吞中国，
直至发动全面侵华战争 ……………………………171

二、面对凶狠、残暴的日本侵略者，中华儿女万众一心、
誓死抗敌，赢得了抗日战争的最后胜利 …………174

三、抗日战争是近代以来中华民族反抗外敌入侵第一次
取得彻底胜利的民族解放战争 ……………………177

　　四、中国共产党及其领导的人民民主力量大发展为
　　　　新中国的建立奠定坚实基础 ································178

　　五、抗日战争的胜利成为中华民族由沉沦到崛起的
　　　　历史转折 ··179

第十四章　新中国诞生与中华民族的伟大复兴 ···············182

　　一、真正实现中国人民当家作主的伟大开端 ···········185

　　二、成功迈向社会主义现代化的根本前提 ·············186

　　三、重新迈入世界强国行列的全新起点 ···············189

第十五章　毛泽东对中国社会三次历史性跨越的重大贡献·····192

　　一、上层建筑主体从剥削阶级统治到人民当家作主 ····192

　　二、经济基础由半殖民地半封建经暂短的新民主主义
　　　　到社会主义 ··194

　　三、产业结构从半殖民地半封建的畸形经济到主权
　　　　国家的经济独立 ··197

第十六章　中国共产党九十多年奋斗的历史本质················202

　　一、开辟中国特色革命道路，建立新中国确立社会主义
　　　　制度，为开辟中国特色社会主义道路奠定了制度基础
　　　　和政治保障 ··203

　　二、全面建设社会主义取得重大成就，建立独立的比较
　　　　完整的国民经济体系和工业体系，为由农业国到
　　　　社会主义工业国奠定物质基础 ·······················206

　　三、开辟中国特色社会主义道路，改革开放，建立社会主义
　　　　市场经济体制，科学发展，奔向小康，由比较落后的
　　　　农业国逐步发展为社会主义现代化强国 ···············208

　　四、中国共产党九十多年奋斗历史本质不变的根本保证是
　　　　坚持党的性质始终如一，加强党的自身建设永不停步·····210

特色道路篇

第十七章　全面准确理解中国特色革命道路…………217

　　一、中国特色革命道路的科学内涵 …………217

　　二、中国特色革命道路包括新民主主义革命道路和

　　　　社会主义改造道路 …………221

　　三、中国特色革命道路与中国特色社会主义道路 …………224

　　四、中国特色革命道路的理论价值 …………226

第十八章　正确认识和评价两个历史时期的关系…………230

　　一、邓小平对毛泽东和毛泽东思想的科学评价 …………231

　　二、邓小平对改革开放前三十年的准确分析和科学评价……233

　　三、邓小平对两个历史时期关系论断的实质是继承、

　　　　改革与创新 …………235

第十九章　中国特色社会主义道路的基本问题…………241

　　一、中国特色社会主义道路的历史根源与现实依据 …………241

　　二、中国特色社会主义道路的理论基础与指导思想 …………243

　　三、中国特色社会主义道路的历史进程与发展轨迹 …………244

　　四、中国特色社会主义道路的社会形态与基本特征 …………246

　　五、中国特色社会主义道路的发展理念与发展战略 …………247

　　六、中国特色社会主义道路的模式比较与相关参照 …………247

　　七、中国特色社会主义道路的时代价值与历史经验 …………248

　　八、中国特色社会主义道路的领导核心与根本保证 …………249

第二十章　科学社会主义在当代中国的创新模式…………252

　　一、中国特色社会主义道路是中国特色革命道路发展的

　　　　历史由来和现实依据 …………252

　　二、中国特色社会主义道路的思想由来 …………254

三、中国特色社会主义道路是社会主义社会形态在当代
中国的具体体现 ……………………………………258

四、中国特色社会主义道路的基本特征 ……………260

第二十一章　中国特色社会主义道路基本特征论析………264

一、中国特色社会主义道路是中国社会发展历史逻辑和
科学社会主义理论逻辑的必然 　…………………264

二、基本特征的依据与实质 …………………………266

三、基本特征的内容体系 ……………………………269

四、研究中国特色社会主义道路基本特征的意义和价值 …272

第二十二章　党的十二大以来历届代表大会与中国道路的发展……273

一、十二大、十三大与中国特色社会主义道路开辟 ………273

二、十四大、十五大与中国特色社会主义道路的推进 ………275

三、十六大到十八大与中国特色社会主义道路的拓展 ………277

参考文献 ………………………………………………283

后　记 …………………………………………………287

自　序

一

中共党史是一门十分严肃的科学性与政治性相统一的学科。它是一部党领导全国人民进行革命、建设、改革，不懈奋斗、开拓创新的历史；是马克思主义与中国实际相结合，产生历史新飞跃，开拓马克思主义新境界的历史，是一部充满党的优良传统和丰富历史经验的历史。它是一部资政育人不可或缺的好教材。中国共产党九十多年奋斗的历史本质，是马克思主义与中国实际相结合，走自己的路，变农业国为社会主义现代化强国，逐步实现共同富裕和中华民族伟大复兴的历史。

认真学习，深入研究党的历史具有重大理论价值和实践意义：一是坚持理想信念，真正懂得只有社会主义才能救中国，只有中国特色社会主义才能发展中国，实现民族伟大复兴；二是真正懂得中国共产党的领导地位和执政地位，是历史的选择、人民的选择，只有中国共产党才能肩负起民族独立和人民当家做主、国家富强和共同富裕，实现中华民族伟大复兴的两大历史任务；三是以史为鉴，继承弘扬党的优良传统和革命精神，培育社会主义核心价值观，提高思想政治水平、理论水平和执政能力。

研究党史必须坚持正确的立场、观点、方法。事实上，人们观察和研究历史，常自觉不自觉地持有一定的立场、观点、方法。我们党史工作者无疑必须站在党和人民的立场上，以历史唯物主义观点和辩证法为指导，尊重史实，在已有文献资料的基础上进行研究，论从史出，实事求是地分析评价历史事件、历史人物，总结历史经验，揭示历史规律。切忌主观臆断和逻辑推理，更不能凭个人得失，感情用事。只有如此，才能有理有据、客观公正，揭示历史本来面貌，作出令人信服的历史结论。这就要求即使是在批判"左"倾错误领导者时，也要肯定他们反帝、反封建的革命立场，弄清历史事实，着重分析历史条件和发生错误的主客观原因及其思想根源，以利于总结经验教训，教育干部。即使对投敌叛党的张国焘等人，也要弄清事实，作出实事求是的评价。如"文化大革命"及其以后的一段时间，社会上曾盛传张国焘在长征途中发给陈昌浩密电，要以武力迫害党中央。时逢中央党史研究室编《中共党史大事年表》，显然这是一个十分严肃的问题。经查，传闻由来，是"文革"期间红卫兵小将掀起大抓叛徒之风，红四方面军某译电员被访，回忆谈及此事。随之，有作者写《张国焘及其人》小册子中又大量引用所谓"张国焘密电原文"，迅即传遍全国。回忆不足为据，经进一步查实，"密电"原件早已不复存在，幸而中央档案馆存有1937年3月延安会议记录稿，延安会议的任务就是揭批张国焘分裂主义行径。会议的时间据"密电"不到一年之隔，人们记忆犹新。果然，会议记录稿载有毛泽东的发言，称："在长征途中，我偷着看到叶剑英同志送来的张国焘给陈昌浩的密电，写到'南下，彻底开展党内斗争'，我就下决心率中央红军即刻北上。"会上还有四方面军某军级干部揭发说，李特（旅级干部）说要以武力迫害党中央，另《红旗飘飘》载《徐向前回忆录》中说，"哪有红军打红军的道理"。以毛泽东的发言为据，参照后两者情况，可以得出结论："张国焘密电"确有其事，但内容并非传闻那样，而是"南下，彻底开展党内斗争"。当然，即使如此，也是极其严重的军阀主义和分裂主义的行径，但与传闻毕竟有所差别。据此，《中共党史大事年表》作出实事求是的表述，澄清事实。关于以正确立场、观点、方法研究党史，中央党史研究室编著的《中共党史大事年表》、

《中国共产党历史》及中央文献研究室编著出版的一系列有关著述都作出示范，这就为我们进一步深入研究党史提供了可资借鉴的资源。应该警惕和关注的是，近年来社会上流传很多野史、回忆录等，有些是境外传入的，其中不乏歪曲历史、颠倒黑白、混淆是非甚至无中生有，诬陷攻击党和毛泽东，以不实之词和"史料"，宣扬历史虚无主义，耸人听闻，造成恶劣影响。我们党史工作者和媒体，必须深入研究宣传党的历史以正视听，以正能量占领意识形态阵地，这是我们义不容辞的历史责任。

二

共产国际与中国共产党的关系是中国共产党从幼年到成熟期间，党史的一个极其重要的层面。此间党的路线正确与错误，事业前进与后退、成功与失败以及毛泽东在中央领导地位的最终确立都与共产国际密切相关。

从中共二大加入共产国际作为他的一个支部，到共产国际1943年解散，23年间与共产国际构成领导与被领导，上级与下级的关系。此间相当长的历史时期，共产国际操纵中国共产党的路线制定和领导人选，直到遵义会议中国共产党独立自主地纠正王明"左"倾路线，确立了毛泽东在党中央的领导地位，特别是共产国际七大以后，鉴于世界形势变化和各国革命形势的错综复杂，共产国际在领导方式上有所松动，不再干预各国党的内部事务，这就更加有利于以毛泽东为核心的中共中央，把马列主义与中国实际相结合，独立自主地制定路线、方针、政策。可见，不深刻探究共产国际与中国革命的关系，就无从真正了解这一时期的党史真相。为何连续犯了三次"左"倾错误，而每次错误的纠正又都得到共产国际的帮助？毛泽东的正确路线是在同王明错误路线的斗争中形成发展的，而共产国际又是王明的后台，又何以支持毛泽东在中央领导地位的确立？这就需要深入研究才能作出正确回答。

共产国际与中国革命的关系主要体现在三个问题上：一是共产国际与三次"左"倾错误，二是共产国际与两次国共合作，三是共产国际与毛泽东在党中央领导地位的最终确立。关于共产国际与三次"左"倾错误的关系。中国共产党犯的三次"左"倾错误都是共产国际推行其资本主义"第三时期"理论和进攻路线的必然结果。第一次"左"倾盲动主义错误，是1927年11月党的中央政治局扩大会议，根据共产国际代表罗明纳兹所做的政治报告而制定的盲动主义路线，在形势的估计和判断上盲目乐观，在阶级关系和革命性质的判断上，根据斯大林中国革命"三阶段论"，将反帝、反封建与反资产阶级并列，混淆民主革命与社会主义革命，欲毕其功于一役，并制定暴动计划。"左"倾盲动主义危害一经暴露，便由共产国际及时制止纠正。接着不久又犯了李立三"左"倾冒险错误。李立三"左"倾冒险错误思想一冒头，就遭到共产国际远东局的质疑与反对，但其总体思想渊源却来自共产国际的第三时期理论、进攻路线和城市中心论。两者分歧的焦点是武汉、南京暴动的条件是否具备、时机是否成熟，显然这是策略性质分歧。共产国际七月指示信对李立三错误批评的基调也是如此。周恩来从莫斯科回国后，立即与瞿秋白召开党的六届三中全会，贯彻落实七月指示，停止了立三暴动计划。然而时隔三个月共产国际十月指示信竟将立三路线上纲为与共产国际"两条根本对立路线"，是在"左"的词句掩盖下的右倾机会主义。并指责六届三中全会犯了右倾"调和主义"错误。这是由于李立三对共产国际的意见置之不理，一意孤行，并写信给斯大林告远东局代表罗伯特的状，不仅如此，他还对共产国际持傲慢态度，言辞激烈，激怒了共产国际。十月指示信不仅给李立三错误上了纲，而且把矛头指向六届三中全会，着重批判瞿秋白、周恩来，否定三中全会，这就为改组党中央，召开四中全会，扶持王明上台创造条件。

王明"左"倾教条主义集团是经六届四中全会占据中央领导地

位的。六届四中全会是在共产国际操纵下，扶植王明上台，无任何积极意义的会议。这里需要指出的是，共产国际在批评三中全会时，指责压制了王明这样忠于共产国际的"好干部"。三中全会随即表态检讨，撤销对王明等人的处分，并将其由一般干部提升为江苏省委书记，这就为王明出席六届四中全会在组织上创造了必要条件。更有甚者，共产国际远东局（驻上海）接到十月指示信后，先于中央秘密给王明阅读，王明即刻按照共产国际批判李立三错误的基调，撰写了《两条路线斗争》小册子并在中央委员中传阅，待中委正式收到十月指示信后，发现王明与共产国际的观点完全一致，这就为随后召开的四中全会，王明上台提供了政治资本。

王明"左"倾路线，对共产国际第三时期理论和"进攻路线"，照抄照搬。它在政治上极力推行共产国际的"下层统一战线"，实行关门主义；九一八事变后又置国家领土丧失于不顾，居然提出"保卫苏联"的口号；在军事上，与国际军事顾问李德反对毛泽东在反"围剿"中取得胜利的军事路线，强制推行其错误的军事路线，导致第五次反"围剿"的失败，红军被迫长征，致使毛泽东领导红军浴血奋战开辟的根据地几乎丧失殆尽。遵义会议结束了王明"左"倾路线的统治，确立了以毛泽东为核心的马克思主义领导。从此中国共产党既尊重共产国际的指示，又从中国实际出发，独立自主地制定路线、方针、政策，开创中国革命新局面。

共产国际与两次国共合作的关系。在民主革命时期，国共两党的关系至关重要，关系到中国革命的成败。两次国共合作的形成及右倾错误都与共产国际密不可分。

第一次国共合作是共产国际对国共双方都做了大量工作而促成的。中共二大根据传达共产国际召开的远东各国共产党及民族革命团体代表大会列宁民族殖民地理论，制定民主革命纲领，之后，共产国际又连续给中共发来三次决议，要求与孙中山领导的国民党合作。据此，党的三大正式确定与国民党合作，并要求党员以个人身份加入国民党，结成革命统一战线。此间，共产国际还作出《关于中国民族解放运动和国民党问题决议》，对孙中山三民主义重新解释，史称"新三民主义"，成为国民党一大宣言的基本原则和国共合作的政治纲领。与此同时，为促成两党合作，还派代表和顾问来华，参与国民党一大改组筹备工作，协助起草宣言和章程等事宜。国民党一大的召开，标志着第一次国共合作的形成，这次国共合作的最大成就是掀起大革命高潮，取得北伐战争的胜利。令人痛心的是，共产国际重视国民党，轻视共产党，无视国民党右翼势力的阴谋反共活动，陈独秀右倾助长了反共气焰，蒋介石突然发动"四一二"政变，将共产党人打入血海，蒋介石叛变后，共产国际又把大革命的希望寄托于武汉汪精卫集团，汪精卫经积极策划，公然发动"七一五"事变，致使轰轰烈烈的大革命遭到惨痛失败。从此国共由合作北伐到对峙内战。

第二次国共合作是在共产国际反法西斯统一战线号召下形成的，1935 年中共驻共产国际代表团以中共中央名义发表《八一宣言》，不久中共瓦窑堡会议确定抗日民族统一战线政策，放弃反蒋口号，采取逼蒋抗日和联蒋抗日政策。七七事变翌日，中共即将《国共合作宣言》提交国民党。国民党蒋介石在华北事变后，民族危亡关头，在全国抗日高潮和共产党抗日民族统一战线政策的推动下，特别是西安事变和平解决后，放弃"攘外必先安内"方针，转为联共抗日，经双方谈判，9 月公布共产党提交的《国共合作宣言》，同时蒋介石发表庐山谈话。《国共合作宣言》的公布和庐山谈话，标志着以国共合作为基础的抗日民族统一战线形成。抗日战争的胜利是在以国共合作为基础的抗日民族统一战线旗帜下取得的，这是抗战胜利的重要法宝。

抗日民族统一战线形成后，刚从莫斯科回国的王明，照搬照抄共产国际反法西斯统一战线和法国反法西斯统一战线模式，抵制和反对以毛泽东为核心的党中央确立的全面抗战路线和抗日民族统一战线独立自主原则，犯了右倾新投降主义的错误。在毛泽东的积极斗争下，共产国际的表态，肯定了中央路线的正确，才克服了王明的右倾错误，坚持与巩固了统一战线，直到最终抗日战争的伟大胜利。

共产国际与两次国共合作的历史表明，中国共产党在幼年到成熟期间得到共产国际的支持与帮助，有力地推动了中国革命的历史进程，另一方面，历史也告诫我们，任何大党和国际组织都不能操纵、干预各国内部事务，中国共产党领导中国革命走向胜利，主要是中国共产党把马列主义与中国实际相结合，独立自主、自力更生，走自己的路，领导全国人民长期浴血奋战，艰苦卓绝斗争的结果，这是历史的结论。

遵义会议后，毛泽东在中央领导核心地位确立以后，又经受了张国焘和王明的严峻挑战。毛泽东在王明"左"倾教条主义统治时期，曾被排斥于红军领导岗位外，遵义会议之所以能确立其党中央领导核心地位，靠的是毛泽东在前四次反"围剿"斗争中证明其军事路线的正确，和他超群的智慧、杰出的领导能力。他是在中国革命战争中产生的领袖，特别是第五次反"围剿"的失败和红军长征初期的严重伤亡，使党中央和红军陷入绝境的关头，毛泽东以对党和红军高度负责的精神，做了卓有成效的工作，说服和争取了"左"倾中央主要成员的信服，才赢得了遵义会议的召开。遵义会议结束王明"左"倾路线，撤销李德的军事指挥权，确立毛泽东的领导核心地位。然而，一、四方面军汇合后，却遭到了张国焘军阀主义、分裂主义的严峻挑战。张国焘恃其领导的红四方面军的强势，拒不承认遵义会议的决议，不服从毛泽东为核心的中央领导，拒绝北上甚而另立"中央"与毛泽东领导核心对抗。毛泽东为核心的党中央反对张国焘分裂主义的斗争，得到了共产国际的支持与帮助。张浩以驻共产国际代表的名义，多次电告张国焘，促其率部北上，撤销他的"中央"，成立隶属共产国际的西南局。张国焘虽无视毛泽东为核心的党中央，但对驻共产国际代表团的意见还不敢冒犯，加上朱德、贺龙等与之斗争，不得不撤销其"中央"与红二方面军共同北上，这样红军三大主力才得以胜利会师甘肃会宁，开创中国革命新局面。

全面抗日战争爆发后，以毛泽东为核心的党中央制定的全面抗战路线和坚持统一战线中独立自主原则的正确路线，又遭到王明新投降主义的挑战。刚从莫斯科回延安的王明以钦差大臣自居，无视中国国情和国民党顽固派片面路线及两面政策，照搬照抄国际共产主义反法西斯政策，鼓吹"一切经过统一战线"、"一切服从统一战线"抵制和反对毛泽东为核心党中央的正确路线，貌似有理，曾一度蒙蔽和俘虏许多中央委员，毛泽东的领导核心地位受到冲击。恰逢此时，赴莫斯科向共产国际汇报中国抗日战争爆发后的形势和中共中央的抗日民族统一战线政策的王稼祥回到延安，适时传达共产国际总书记季米特洛夫的指示，充分肯定中共中央抗战路线的正确，认为中共中央在复杂和困境条件下，真正运用马列主义，并明确指出毛泽东同志是在中国革命实际斗争中产生的领袖，中共中央要在他的领导下，加强团结，告知王明不要再争了。共产国际的意见对克服王明右倾投降主义，巩固和最终确立毛泽东在中央的领导核心地位至关重要，并有力地激发了毛泽东把马克思主义中国化的责任感和使命感。1938 年 10 月党的六届六中全会向全党发出马克思主义中国化的号召。1943 年中央政治局会议推选毛泽东为政治局主席、书记处主席，从领导职务上正式确定毛泽东的核心领导地位，六届七中全会通过《关于若干历史问题的决议》，高度评价毛泽东运用马列主义解决中国革命问题的杰出贡献，党的七大把毛泽东思想作为党的指导思想写入党章，选举以毛泽东为首的中央委员会。王明"一切经过统一战线"、"一切服从统一战线"思想是来自共产国际，又何以受到共产国际的批评与指正呢？这是因为共产国际派王明回国的旨意是要转变中国共产党的"左"倾关门主义，推行统一战线政策，而在听取王稼祥的汇报后，了解到中共已经确立抗日民族统一战线政策，制定正确的抗战路线，并取得可喜的业绩，随即肯定毛泽东为领导核心的中共中央的正确路线，这是合乎逻辑的。

三

马克思主义与中国实际相结合，走自己的路，这是邓小平总结历史经验得出的基本结论。"自己的路"，显然是既区别于苏联模式更根本区别于资本主义道路的中国特色道路，包括中国特色革命道路和中国特色社会主义道路。

中国特色革命道路是经由新民主主义到达社会主义的道路，包括新民主主义革命和社会主义革命两个历史阶段、两种性质的革命，即中国革命"两步走"。第一步是中国共产党领导的人民大众反帝、反封建、反官僚资本主义的新民主主义革命，革命斗争的主要形式和路径是农村包围城市、武装夺取政权，成立新中国，革命的指导思想是马克思主义与中国实际相结合产生第一次历史性飞跃的理论成果——毛泽东新民主主义理论。第二步社会主义革命，主要是完成新民主主义革命任务后实行革命转变，在过渡时期总路线指引下，对农业、手工业和资本主义工商业生产资料私有制进行社会主义改造，和平过渡到社会主义，开创了具有中国特色的社会主义改造道路。中国特色革命道路成功的标志，一是推翻三座大山，成立中华人民共和国，二是基本完成生产资料私有制的社会主义改造，确立社会主义制度。中国特色社会主义道路的实质是以夺取全国政权为根本，以解决经济基础为核心。这是一场由半殖民地半封建社会，经由暂短新民主主义到社会主义的深刻而广泛的历史性巨变。这就为探索和开辟中国特色社会主义道路提供了政治基础和制度保障。

中国特色社会主义道路是在毛泽东探索中国建设社会主义道路的基础上开辟的。新中国成立后在一个经济落后的农业大国，如何建设社会主义现代化史无前例，无章可循，只能向苏联学习。随着"一五"计划的完成，国民经济迅速发展，苏联模式的弊端日益显现。毛泽东适时提出以苏为借鉴，探索中国社会主义建设道路，实现马列主义与中国实际"第二次结合"的宏伟构想。经艰苦探索取得辉煌业绩，也出现重大失误，甚至全局性的严重错误。探索的物质成果集中体现为建立了比较完整的工业体系和国民经济体系，从根本上改变了半殖民地半封建社会畸形的经济面貌；理论成果集中体现为《关于正确处理人民内部矛盾的问题》，并积累了正反两方面的历史经验。成果和经验为开辟中国特色社会主义道路奠定了物质基础，提供了不可或缺的宝贵精神财富。

"文化大革命"结束后，重大历史转折关头，邓小平放眼世界，深刻反思，总结我国长期社会主义建设的历史经验教训，坚持科学社会主义基本原则，把握我国所处的历史方位和时代特征，经党的十一届三中全会，开辟了中国特色社会主义道路。

中国特色社会主义道路以"一个中心，两个基本点"为核心，"五位一体"总体布局，协调发展为基本内容，人的全面发展和共同富裕为出发点和落脚点，建设富强、民主、文明、和谐的社会主义强国为目标。中国特色社会主义道路在政治、经济、文化、社会和生态文明诸多方面都具有基本特征，最鲜明的基本特征是改革开放、建立和完善社会主义市场经济。基本特征是社会主义本质在当代中国现代化建设中的外在表征，是科学社会主义基本原则在当代中国现代化建设的创新模式。三十多年改革开放和现代化建设取得丰硕成果，进入新世纪，改革开放逐渐进入深水区，旧的矛盾不断解决、新的矛盾不断出现。党的十八大以来，以习近平为总书记的党中央，作出全面深化改革的战略部署，特别是习近平系列讲话，提出"四个全面"战略布局和五大发展理念，为破冰扬帆指明航向，成为新的历史起点，使中国特色社会主义道路越走越宽广。改革开放三十多年的历史已经表明，并将进一步证明，中国特色社会主义道路是中国由落后的农业国到实现社会主义现代化的必由之路，是由贫穷经小康到共同富裕的必由之路，是中华民族伟大复兴实现中国梦的必由之路。

郑德荣

2015 年 9 月 1 日

共产国际篇

第一章　共产国际与中国共产党三次"左"倾错误的来龙去脉

　　共产国际自 1919 年 3 月 6 日成立，到 1943 年 5 月 15 日解散，它在 24 年历史的大部分时间内，都把"必须执行""共产国际代表大会及其执行委员会的一切决定"① 作为各国工人阶级政党加入共产国际的条件。直到 1935 年共产国际"七大"才开始改变这种集权主义的领导方法，规定各国党有权"独立地来正确解决共产主义运动的政治任务及策略任务"，对各国党的组织领导人选问题，一般也"不要干涉"。

　　中国共产党自 1922 年加入共产国际而成为国际的一个支部以后，同国际的关系都是上级与下级、领导与被领导的关系。党的主要领导人都是由共产国际提议或经国际同意的，中国党的思想理论、路线政策都是与国际有着密切不可分割的关系的。中共中央的重要决议、决策都得经共产国际审批或由共产国际代表直接参与制定。直到 1935 年 1 月遵义会议，我党才第一次独立自主地解决自己的路线和中央的人选问题。

　　如果说第一次大革命的胜利发展及其由胜利转向失败，中国共产党的领导机关在这一时期的成绩与错误是与共产国际密不可分的话，那么土地革命战争时期也是如此。所不同的是，前者在大部分时

---

① 《列宁选集》第 4 卷，人民出版社 1995 年版，第 254 页。

间内，主要的方面应当说是正确的或者基本是正确的；而后者在大部分时间内，主要方面则是错误的（八七会议、中共六大、《八一宣言》成绩是主要的，是与国际帮助分不开的）。两个时期错误的性质也有所不同：前者是右倾投降主义；后者是"左"倾冒险主义。共产国际在两个时期的领导方式上也各有特点：前者主要是靠往中国派"代表"和"顾问"，直接参与中国共产党的重大决策及重大事件的处理；后者特别是在土地革命战争开始的一年以后，主要是选拔和决定党的领导人，并通过中共驻国际代表团在莫斯科直接实行领导。

共产国际在这个阶段对中国共产党的错误领导，主要是根据从国际"六大"到国际执委十次全会所形成的"左"的政治路线和组织路线。概括说来可分为两个方面。一个方面是理论和政治路线方面，这主要是以共产国际关于资本主义总危机"第三时期"的理论为基础而确定的"进攻路线"。其中包括：在革命形势上的"左"的错误估计；在革命性质任务上对革命阶段的混淆；在革命道路上的"城市中心论"；在斗争策略上的"打倒一切"；在党内斗争上的一味地反"右倾"；等等。另一个方面主要是对中国共产党的组织和领导人选的直接干预。从向忠发任总书记，到四中全会前后，共产国际赤裸裸地为扶植王明"左"倾教条主义宗派集团取得对中国共产党的统治进行了一系列活动。

土地革命战争期间，党内发生的三次"左"倾错误及中央人选的变化，都与共产国际有着直接的关系。以1927年11月中央临时政治局扩大会议为标志出现的瞿秋白"左"倾盲动主义，与当时共产国际派来的代表罗米那兹以及共产国际对中国革命的形势、中国革命的性质的错误认识有重要关系；李立三的"左"倾冒险错误，就其思想理论体系来讲，基本上也是来自共产国际的；后来出现的王明"左"倾教条主义，实际上完全是照搬共产国际的那一套。

一、共产国际与中国共产党第一次"左"倾错误

大革命的失败严重地震动了中国共产党的领导机关，也极大地震动了指导中国革命的共产国际。实践证明，陈独秀的右倾错误给革命事业带来了严重危害，派来中国的国际代表和顾问如鲍罗廷、罗易等，也犯了严重的右倾错误。在这种情况下，共产国际便决定派遣新的国际代表罗米那兹来中国，取代鲍罗廷等对中国党的指导。1927年7月23日，罗米那兹到达汉口后，即着手筹划中国共产党的紧急会议，以便审查旧的政策，确立新的方针，清算陈独秀的右倾，改组新的中央领导。在国际代表指导下召开的党的八七会议胜利地完成了这一历史任务，在革命的危急关头起了非常重要的作用。但是，八七会议在反对右倾错误的同时，也暴露出"左"的思想观点和情绪，这种"左"的东西的继续发展，到11月扩大会议时，便形成了"左"倾盲动错误在中央的统治。

第一次"左"倾错误的出现，就其思想理论体系来讲，与共产国际有密切关系。

首先，在革命形势与任务问题上，共产国际和斯大林对大革命失败后革命处于低潮的严重形势估计不足，认为中国革命正在走向新的高潮，"只有瞎子和懦夫才会怀疑中国工人和农民正在走向新的革命高潮"①。联共第十五次代表大会决议，尽管也承认中国革命"遭到暂时失败"，但又认为革命正在"积蓄力量"，"重新展开全线进攻"②。

共产国际和斯大林对中国革命形势的错误估计，始终被国际代表罗米那兹作为指导中国共产党的政策的主要理论依据。中国共产党的11月扩大会议，就是在国际代表罗米那兹直接参与下召开的。这

---

① 《斯大林全集》第10卷，人民出版社1956年版，第242页。
② 《共产国际有关中国革命的文献资料（1919—1928）》第一辑，中国社会科学出版社1981年版，第349页。

次会议的重要内容是讨论罗米那兹的政治报告。罗米那兹在报告中反复强调革命形势的"不断高涨"，而中国共产党则完全接受了这个估计。党的11月扩大会议的决议案认为"敌人的屠杀进攻，不但还不是革命的溃败，反而证明革命潮流之高涨"，"现时全中国的状况是直接革命的形势"，因而规定党的任务是"努力鼓动各地城乡革命的高潮，创造总暴动的局面"①。这种错误的形势估计成为执行国际"全面进攻"路线的主要依据。

其次，在革命性质与阶级关系问题上，应该指出，斯大林在1927年7月发表的《时事问题简评》一文，简单化地把中国革命划分为三个阶段的论述是不科学的，在实践上是有害的。斯大林认为，中国革命的第一阶段（广州时期），革命是全民族联合战线的革命，这时无产阶级的同盟者是农民、城市贫民、小资产阶级知识分子、民族资产阶级；在革命的第二阶段，蒋介石和民族资产阶级转到了反革命阵营，革命运动的中心由广州移到了武汉，这时无产阶级的同盟者是农民、城市贫民、小资产阶级知识分子；当武汉的汪精卫也叛变了革命，小资产阶级的知识分子脱离了革命以后，革命便进入了第三阶段，这时无产阶级的同盟者则是农民和城市贫民。②罗米那兹完全是按照斯大林的这一公式来指导中国革命的，并且把它发展成为所谓的"无间断"革命论。罗米那兹说过，"广州时期是四个阶级联合，武汉时期是三个阶级联合，南昌起义时只有工农，是两个阶级，中间不经任何停留，不经任何阶段，一直发展下去，就是社会主义革命"③。

斯大林关于中国革命"三阶段"的理论，导致了对革命性质的混淆和政治策略上的"左"倾。这主要是由于他把蒋介石看作是民族资产阶级的代表，把汪精卫看作是小资产阶级的代表。因此，在蒋介

① 《瞿秋白文集》政治理论编第五卷，人民出版社1995年版，第92、94、97页。
② 参见《斯大林全集》第9卷，人民出版社1953年版，第305—308页。
③ 《周恩来选集》（上），人民出版社1980年版，第160页。

石、汪精卫相继叛变革命以后，不能正确指出中国社会阶级关系的基本格局和革命所要依靠和应该团结的力量。党的 11 月扩大会议完全接受了这种观点，混淆了民主革命和社会主义革命的界限，认为中国革命是"无间断"的革命，"这一革命必然是急转直下从解决民权革命的责任进于社会主义的革命"①。

由上可见，中国共产党的第一次"左"倾错误的出现，与共产国际及其代表罗米那兹的"左"的错误是有密切关系的。不久，共产国际第九次执委扩大会议又帮助中国共产党纠正了瞿秋白的"左"倾错误。

为什么主要来源于共产国际及其代表的错误指导而形成的中国共产党的第一次"左"倾错误，不久又受到共产国际的批评和纠正呢？为什么在仅仅相隔三个月的时间，共产国际对中国革命的指导政策有如此大的变化呢？首先，瞿秋白"左"倾错误的推行，给革命带来很大的危害，因而一开始就引起党内许多同志的批评和非议，这一点共产国际是知道的；其次，广州起义失败后，严酷的阶级斗争形势，促使共产国际不得不重新考虑对中国革命政策的指导；最后，这个期间，在共产国际和联共党内部开展了关于中国革命的路线政策问题的争论。所有这些都为共产国际进一步了解和研究中国革命的性质、任务和革命策略等问题提供了必要的条件。在这种情况下，1928 年 2 月召开的共产国际第九次执委扩大会议，才通过了由中共驻共产国际代表团和共产国际、斯大林等共同起草的《关于中国问题决议案》，否定了罗米那兹的"左"倾主张，批评了瞿秋白的盲动主义，对纠正党的第一次"左"倾错误起了重要作用。4 月 30 日，中共中央政治局在讨论国际决议案的基础上，发出了中央通告第四十四号——关于共产国际执行委员会 2 月会议中国决议案的几个问题，表示"接受这一决议案之一般方针"和"切实执行这个决议案必要的具

---

① 《瞿秋白文集》政治理论编第五卷，人民出版社 1995 年版，第 93 页。

体步骤"。这样，到 1928 年 4 月，党的第一次"左"倾错误便在全国范围的实际工作中基本结束了。

二、共产国际与中国共产党第二次"左"倾错误

李立三的错误是在中国革命胜利发展的形势下出现的、以冒险主义为主要特征的中国共产党的第二次"左"倾错误。这次"左"倾错误尽管在党内受到抵制以后，也受到共产国际的批评，并在共产国际的帮助下得到了纠正，然而就其主体思想说来，却来源于共产国际。

第一，构成立三"左"倾错误的主体思想的主要内容，即"左"倾冒险的战略总方针、城市中心的道路以及错误的反倾向斗争等，可以说基本上是来源于国际的。这是共产国际与立三"左"倾错误关系的主要也是基本的方面。

首先，共产国际"第三时期"理论和它的"进攻路线"是李立三"左"倾冒险错误战略总方针的理论依据。共产国际"六大"提出的关于资本主义总危机的"第三时期"理论，成为李立三"左"倾冒险错误的理论依据。李立三在分析中国革命形势时认为，由于"国际上矛盾都集中于中国，所以造成中国之一切政治与经济的危机"，因而决定了中国革命的"大爆发"。正是在这种对形势估计的基础上，李立三等进一步制定了举行武汉、南京武装暴动和上海总同盟罢工、实现一省或数省的首先胜利、建立全国革命政权的战略总方针。这个战略总方针虽然不是国际的直接指示，但它却是从共产国际"第三时期"理论、进攻路线以及对中国革命形势"左"的估计中引申出来的。

其次，俄国城市武装起义经验的绝对化使李立三坚持"城市中心"的模式。十月革命的胜利为全世界无产阶级革命提供了具有普遍意义的基本经验，这就是武装夺取政权的经验。但共产国际没有正确

地推广十月革命的基本经验，而把它提供的先城市后农村武装夺取政权的具体经验加以绝对化，机械地向各国推广，要求各国党都要按照俄国城市武装起义的模式进行革命。这就给那些与俄国国情不同的国家、特别是殖民地半殖民地国家的革命带来严重危害。共产国际对于中国革命必须走农村包围城市最后夺取全国胜利的道路这一反映中国革命规律的理论与实践，在很长时期内不认识不理解，直到1940年，还担心我们在农村建立根据地离开工人阶级太远了。李立三在中国革命道路问题上，是依样画葫芦地按照共产国际的思想和俄国革命模式行事的。认为"乡村是统治阶级的四肢，城市才是他的头脑与心腹，单只斩断了他的四肢，而没有斩断他的头脑，炸裂他的心腹，还不能制他的最后的死命"①，他随后制定的城市暴动和总同盟罢工的冒险计划，就是"城市中心"指导思想和俄国城市武装起义模式的重要体现。实践证明，走城市武装起义的道路，在俄国类型的国家里是正确的，但如果把这一经验绝对化，机械地搬到中国，则是行不通的，是有害的。

再次，联共反布哈林的斗争，为李立三等定下了反倾向斗争的基调。1929年斯大林在共产国际和联共内开展反布哈林的所谓右倾的斗争以后，在国际共产主义运动中造成了一种强大的政治声势，严重地影响到中国共产党的反倾向斗争。在共产国际这种反右倾的政治气氛的冲击下，李立三等反右倾的调门越来越高。李立三不顾中国革命实际，把国际反右倾的口号接受过来，并且极力宣传"左"比右好、宁"左"勿右的错误思想。甚至在反右倾的旗号下，排斥和打击那些批评和抵制李立三错误的同志，公然宣称："我们禁止对于政治问题的自由批评"，严重助长了党内宗派思想的发展。

第二，共产国际与立三"左"倾错误关系的另一方面，他们之间还有矛盾和分歧，而且矛盾斗争还很尖锐。但是，共产国际并不从

---

① 立三：《新的革命高潮前面的诸问题》，《布尔塞维克》1930年第3卷第4、5期。

根本上反对李立三等主张的城市暴动，只是认为城市暴动的时机与条件还不成熟。因此，共产国际与李立三的错误之间并不是什么路线上的根本对立，只是策略上的分歧，是工作部署上的争论。

首先，在城市暴动的形势分析上，李立三等认为：中国革命形势的发展从表面上看，虽然存在着不平衡的现象，然而"从工人阶级斗争的实质与广大群众的政治觉悟"上看，"无论是城市与乡村"，"无论在南方与北方"，阶级斗争都是"同样的尖锐"。"中国经济政治的根本危机，在全国任何一处都是同样继续尖锐化，没有丝毫的根本差别。"共产国际批评李立三等对革命形势发展的错误估计，指出中国"新革命高涨是在个别区域里成熟起来"，而且"大部分是1925年到1927年革命中奠定了基础的那些区域里成熟起来，后来才渐渐地扩展到其他区域。"历史证明，国际对立三中央的这一批评是正确的。

其次，对城市暴动主观力量的估计上，共产国际批评李立三等夸大革命主观力量，低估敌人力量对形势的错误估计。李立三主观地判断，"在革命高潮到来的形势下，群众组织可以飞速地从极小的组织发展到几十万人甚至几百万人的伟大组织，同样，党的组织也可以在几星期甚至几日内变成广泛的群众的党"。而革命"将在一瞬间，爆发出伟大的斗争"。李立三等就是在这种错误的形势判断的基础上，制定"左"倾冒险主义计划的。共产国际十月指示信尖锐地批评了李立三等的这种错误估计，指出这是一种"神奇古怪的过分估量"，认为红军"还没有力量去占领最大的城市"，工人运动"的确是在高涨着"，但是，"一般说来，工人运动的高涨，甚至于在有决定意义的工业中心城市里……都要比农民运动落后些"；至于农民运动的发展也是不平衡的。在这种情况下，如果马上举行武装起义，"一定会使中国无产阶级的精华受到帝国主义底直接打击"，一定会使"工人阶级受到很大的摧残"。国际批评李立三"不是从分析客观情况出发"，"不是从分析斗争力量的对比出发"，这种主观主义的阶级估计，其结果就"不能不发展成为盲动主义的冒险主义策略"。

再次，在城市暴动的组织领导问题上，共产国际批评李立三等领导武装暴动而组成"总行委"的错误决定，指出："取消党、团和工会底单独组织"，"只剩了一个万能的中央总行委"，这样就会使党"脱离群众"，而处于软弱无力的地位。在城市暴动这个根本问题上，共产国际认为，城市暴动的条件、时机还不成熟，批评立三空喊暴动而不做暴动的充分准备和工人的组织工作，不做发展红军的组织工作，这是一种在"左"的词句掩盖下的右倾机会主义的消极。

第三，中共六届三中全会批评和纠正李立三错误的主要依据就是国际的七月指示信，而七月指示信与立三错误两者在总的路线上并没有什么原则上的区别。

首先，从六届三中全会（扩大）会议议程和公布的材料看，三中全会完全是按照国际意旨纠正立三"左"倾错误的。瞿秋白在结论报告中，继续阐述了国际"第三时期"的理论，肯定了在这一理论指导下的国际路线。并指出："我们现在的问题是：怎样在过去的错误上得到正确的教训，来学习进攻。进攻的方针丝毫没有错，错在进攻的方法不对。我们现在要努力组织已有的革命战争，要巩固的向前进攻，要更加紧的去组织群众——准备重要城市的武装暴动，更加积极的联系这些斗争。在策略上……不是像以前那样布置方式。"①

其次，国际代表在六届三中全会（扩大）会议上的发言也说进攻方针没有错。柏山（李立三）在会上的检查发言中也说："我们已经知道进攻，但进攻策略知道太少，我们必须切实讨论与学习进攻策略，检查过去工作来学习进攻的策略，这是三中全会的任务。"② 中共中央在 10 月 12 日发出的中央通告第九十一号——三中全会扩大会议的总结与精神中，明确指出："三全大会完全同意国际的指示"，坚持

---

① 《建党以来重要文献选编（1921—1949）》第七册，中央文献出版社 2011 年版，第 525 页。

② 《中共中央文化选集》第六册，中央中央党校出版社 1989 年版，第 400 页。

国际进攻的路线，反对"割据偏安"、"和平保守"观念。①

再次，共产国际为什么把它与李立三"左"倾错误之间策略上的分歧上纲为"两条根本对立的路线"呢？为什么三中全会明明是按照国际七月指示信纠正李立三错误的，而后来却被冠以"调和主义"罪名呢？一是由于李立三等的错误到8月1日、8月3日中央政治局会议以后有了新的发展。二是李立三对共产国际关于停发6月11日决议和停止武装暴动的指示一再持对抗态度。李立三等还向斯大林告共产国际远东局罗伯特的状，特别是李立三还说了一些被共产国际认为是"共产主义底'左'右叛徒所爱用的，而且已被打碎"的理论，李立三对共产国际的傲慢态度激怒了共产国际。三是共产国际对于李立三要求苏联和外蒙出兵中国的事非常不满，认为这是以中国革命为中心妄图主宰世界革命。这对于当时有权指挥各国党的共产国际来讲，是"不能容忍的"，是"对抗"国际路线的。

三、共产国际与中国共产党第三次"左"倾错误

在共产国际扶植下，通过党的六届四中全会，王明"左"倾宗派集团取得了在中央的领导地位。

共产国际为扶植王明上台，在三中全会以后进行了一系列的活动。

第一，远东局收到十月指示信后，先于中央交给王明。王明急忙按照十月指示信的调子修改他正在赶写的《两条路线》（即《为中共更加布尔塞维克化而斗争》）的小册子，喊出"反对立三路线"，"反对调和路线"，"拥护国际路线"的口号，并要求把他与李立三的争论经过在党内公开出来。一方面为标榜自己是坚决"反对立三路线"的英雄；另一方面，也显示他们是坚决"为国际路线而斗争"的

---

① 《建党以来重要文献选编（1921—1949）》第七册，中央文献出版社2011年版，第363、365页。

"百分之百的布尔塞维克"。

第二，国际东方部经过几天讨论后立即向国际主席团写了《关于中国党三中全会与李立三同志的错误的报告》，批判了李立三的错误，指责李立三等有好几个星期没有服从共产国际的指示，并给其戴上"敌视布尔塞维克主义"，"反共产国际"的帽子，判定三中全会犯有七大罪状："一、三中全会没有揭发立三路线的实质；二、三中全会模糊了这个路线和国际路线的原则上的不同；三、三中全会没有研究中国革命过去阶段的真正教训；四、三中全会没有提出并解决革命现在阶段的现实任务；五、三中全会对于全党同志没有解释领导机关所作的错误，反而模糊了这些错误的实质；六、三中全会没有责备在一部分中央政治局和国际不同意的时期，所表现的那些反共产国际的言论；七、三中全会上表现了领导机关之中有不健全的小团体的两面三刀的空气。"①

第三，1930 年 12 月，国际执委主席团讨论关于立三路线问题，会议完全同意共产国际东方部《关于中国党三中全会与李立三同志的错误的报告》，对李立三的错误再次进行了批判。但从整个的会议发言来看，却有几个值得深思的问题：一、名曰讨论立三路线问题，实际上主要矛头却对着主持三中全会的瞿秋白。共产国际执委主席团的七名委员的发言中，都点名批判了瞿秋白，并算起了他的"老账"，指责他在担任中共驻共产国际代表团团长时，就"领导了'中大'小团体纠纷，认为这个团体是实际上和托洛茨基派合作的"；回国以后，又"无原则的领导了三中全会"；"在莫斯科的时候很客气，到了中国又是另一种话了"，是一种所谓"东方式的外交手段"和"以两面派的态度对待国际"②。二、国际执委会主席团在指责诬陷瞿秋白的同

---

① 《国际东方部关于中国党三中全会与李立三同志的错误的报告》，《布尔塞维克》1931 年第 4 卷第 3 期。

② 《共产国际执委主席团关于立三路线的讨论》，《布尔塞维克》1931 年第 4 卷第 3 期。

时，却又大力称赞王明教条主义宗派集团，说王明等是一些"知道列宁主义布尔塞维克的理论和实际"的，是"为国际路线而斗争"的"很好的同志"。他们"起来说话防止党去做错误，却对他们实行摧残"。他们回国之后"不能够做到领导工作"完全是"小团体利益妨碍他们加入领导机关"①。三、共产国际主席团经过对王明和瞿秋白的一褒一贬之后，对中国共产党的领导问题提出三条解决方法：一是李立三要留在国际继续揭发瞿秋白所谓"小团体情形"；二是"不能限于批评，必须召集中国共产党中央的全体会议"；三是李立三留在国际"进一进布尔塞维克的学校，要他了解自己错误的实质"。

第四，12月16日中央政治局通过了《关于取消陈韶玉、秦邦宪、王稼祥、何子述四同志处分问题的决议》。《决议》承认"过去对韶玉等四同志的斗争与处分是错误的"，肯定了王明等人的观点"是合乎国际路线的"，并且宣布"中央政治局现在站在拥护与执行国际路线与反对立三路线之不调和的立场上"，"除正式取消对他们的处分外，并将此错误揭发出来，以加重韶玉等四同志对立三路线之不调和的斗争的责任"。接着于同月25日，中央任命陈韶玉为中共江苏省委书记，为他们进入中央在政治上和组织上创造了条件。

1931年1月7日，党的六届四中全会在国际直接操纵下于上海秘密举行。这是王明在共产国际代表的支持下取得党中央领导地位，全面推行国际路线的起点。出席四中全会的有中央委员、候补委员二十二人，各地来的部分负责人及工作人员十五人，总计三十七人。会议议程有七项：一、宣布开会；二、追悼在革命战争及白色恐怖下牺牲的战士；三、推选主席团（向忠发、徐锡根、罗登贤、任弼时、陈郁）；四、由向忠发作政治报告；五、讨论（三十多人发言）；六、国际代表作结论；七、补选中委改选政治局委员；八、闭幕。会议先

---

① 《共产国际执委主席团关于立三路线的讨论》，《布尔塞维克》1931年第4卷第3期。

由向忠发主持，选出主席团后，分别轮流主持。向忠发代表中央政治局作了党内问题的报告。会议讨论和通过了六届四中全会的决议案。向忠发的报告阐述了共产国际对中国革命的指导路线；批评了立三路线的"理论系统"，及其对革命造成的危害；指责三中全会"没有真正转变"到国际路线上来；强调指出"目前时局更加重了我们执行国际路线的责任"。向忠发还在批判立三错误时，检讨了自己应负的责任。

接着全会在紧张的气氛中进行了讨论，从三十多人发言的内容看，争论主要集中在四个问题上：

第一，关于会议的性质。当主席宣布开会时，罗章龙、王凤飞、韩连惠及何孟雄等起来反对召开四中全会，要求改期召开紧急会议。他们的理由是三中全会犯了"调和主义"，至今还没有回到"国际路线"上来，不能领导全党进行战斗。国际代表和会议主持者则认为召开四中全会是经国际批准的，它是可以解决立三路线及调和主义问题的。本来在四中全会前，王明与罗章龙等曾一致呼吁召开紧急会议，以取代三中全会的中央，在这种情况下，1930 年 12 月 9 日政治局便通过了《关于召集中央紧急会议的决议》，但在 14 日政治局会议上国际代表米夫提出召集四中全会后，王明立即改变主张，而罗章龙等另一些人仍坚持原来意见，于是在会议性质问题上争论不休。为什么在会议性质问题上引起如此大的争论？因为不同性质的会议，关系到出席会议代表资格及表决权问题，而这个问题的实质是关系到中央领导权掌握在哪些人手里的问题。如果召开紧急会议，那就意味着对三中全会后的中央的完全否定，参加会议的代表主要应当是那些坚决"反对立三路线"，"反对'调和主义'"的"积极分子"，这样，罗章龙一派就有更多机会进入中央。如召开四中全会，则可以以原中委为基础进行补选或改造，由于三中全会犯了"调和主义"错误，但已经做了检查并一再表示拥护国际路线，这样，国际认为原中委和政治局的多数是可以继续留任的；同时召开全会又能增补王明等进入中央。这样就可以保证四中全会后的中央成为忠实于国际、推行国际路线的班子。

第二，关于如何评价三中全会以后的党中央，特别是《九十六号通告》问题。所有参加会议的人，都异口同声地批评"立三路线"，批评三中全会的"调和主义"，都表示"拥护国际路线"，分歧是怎样评价三中全会以后的中央。何孟雄及罗章龙等认为三中全会后的中央及其发布的《九十六号通告》仍然继续"立三路线"，只是口头上承认错误，没有回到国际路线上来；其他许多人包括王明等人则认为《九十六号通告》虽然还有一些错误，但总的说来"通告是将调和路线放弃了，回到国际路线上来"①。两种不同的评价关系到三中全会的中央委员是一律撤掉还是大部分继续不动，分歧的实质仍然是未来中央领导班子的人选问题。

第三，关于会议议程。罗章龙等人认为会议原定议程太少，应当把当前的实际工作也列入议程。国际代表一再申述，会议根据国际批准的为安全计只限十七个小时，不能增加议程。

由于共产国际召开四中全会的目的和任务是为扶植王明等在党中央取得领导地位，因而这次会议除了解决领导机构人事问题外，只通过了一个简单的政治决议案。当然，在当时的气氛下即使通过一些实际工作方面的决议，也只能是按照王明《两条路线》小册子的"左"倾基调，不会解决其他任何问题的。

第四，关于中央委员和政治局的人选问题。会议由周恩来代表政治局提出经远东局与中央政治局共同拟定的（主要是国际意见）政治局人选名单；史文彬又提出另外一个政治局委员候选名单。罗章龙一再表示如果用国际名单他拒绝表决，并要退出会场以示抗议。袁乃祥因吵闹会场而被通知退出。表决的结果多数人赞成以国际名单为候选人。选举结果，原政治局委员李立三、瞿秋白、罗迈落选；新增补的政治局委员、候补委员有陈郁、任弼时、陈绍禹、刘少奇、王克全。总计政治局委员九人：向忠发、项英、周恩来、张国焘、徐

---

① 《中共中央文件选集》第七册，中共中央党校出版社1991年版，第12页。

锡根、卢福坦、陈绍禹、陈郁、任弼时。候补政治局委员七人：罗登贤、关向应、顾顺章、温裕成、毛泽东、王克全、刘少奇。中央委员罗迈、贺昌退出。补选的中央委员和候补委员有刘少奇、韩连惠、沈先定、徐畏三、王尽仁、陈绍禹、沈泽民、夏曦、曾炳春等九人。选举结果表明，犯了"立三路线"错误的李立三、罗迈及犯了所谓"调和主义"错误的瞿秋白退出了政治局；罗章龙也没有进入中央政治局；原来连中委都不是的陈绍禹则被选进中委和政治局。通过四中全会，王明等取得了中央领导地位，从而实现了共产国际扶植他们上台的意图。四中全会是以共产国际十月指示信为指导思想，以王明的《两条路线》小册子为纲领，会议的基调是批评"立三路线"是在"左"的词句下掩盖着的"右倾机会主义的消极"。这样，以王明为代表的"左"倾教条主义从此便开始了对党中央的统治。

作为王明"左"倾错误的理论纲领的《两条路线》小册子，完全是照抄照搬共产国际的，是根据共产国际六大通过的《关于殖民地半殖民地国家提纲的决议》和共产国际执委秘书处 1930 年 6 月《关于中国问题的决议案》等"当时发表的国际几种材料写的"。共产国际十月来信之后，王明又在小册子的后面加写了一段"维它同志等对于国际最近来信的态度"和一个"引言"一个"结论"。因此，小册子在一些主要问题上正如王明自己讲的，"与国际路线没有原则上的任何不同"。值得注意的是，王明在为小册子加写的内容中，再一次说明"立三路线""是以左倾词句掩盖的右倾机会主义的路线"，是与"共产国际的路线不能并存的"两条根本对立的路线；进一步强调了要坚决反对"对这一路线采取调和的态度"；指责"现有中央政治局领导同志维它等没有保障执行国际路线的可能"，要以"积极拥护和执行国际路线的斗争干部"，"来改造和充实各级的领导机关"。① 这

---

① 参见王明：《为中共更加布尔塞维克化而斗争》，《(王明) 陈绍禹救国言论选集》，中国出版社 1938 年版。

就充分表明，王明《两条路线》的小册子，不仅在基本理论和政治路线上完全是照搬共产国际的，而且它的出笼，也是为了配合共产国际否定党的三中全会，批判瞿秋白，为他们上台扫清道路的意图服务的，是全面推行共产国际路线的纲领。

在王明主持下，9月20日中央政治局通过的《关于工农红军冲破第三次"围剿"及革命危机逐渐成熟而产生的党的紧急任务》是四中全会后按照《两条路线》小册子的基调，大反其所谓"右倾机会主义"的第一个纲领性文件。这个文件，继续坚持城市武装暴动的道路，错误地认为"目前中国政治形势的中心的中心，是反革命与革命的决死斗争"，要求全党"更坚决的更彻底的执行国际和中央的一切指示"，"更深刻的发展内部的阶级斗争，"要"开始城市战堡垒战的演习"，"扩大苏区至中心城市"，以"取得一两个中心的或次要的城市"。从此，以王明小册子为纲领的"左"倾错误逐步发展成为比李立三错误更加完备更加系统的"左"倾教条主义。

同年10月以后，由博古负责的临时中央，对王明"左"倾教条主义有了更具体的发展。1931年12月11日发出的《中央委员会为目前时局告同志书》将9月20日决议指出的"几个主要省份"（湘、鄂、赣、皖）首先胜利是个斗争"前途"的鼓动口号，改为"提在议事日程上"。因此，临时中央要求一切工作布置都要以此为"中心"，要将"民众自动武装起来"，"立刻转变为争取武装与夺取武装斗争"。如果说，9月20日的决议所提出的"紧急任务"是"预令"的话，而12月11日的《告同志书》则是"动令"了。在新的形势下，《告同志书》重新开始了奉行国际的"进攻路线"。

王明"左"倾教条主义对中国革命的最大危害，在政治上就是实行"下层统一战线"政策，犯了关门主义的错误，使白区革命力量遭受严重损失；在军事上就是第五次反"围剿"斗争的失败。而这两个方面，与共产国际的"左"的政策和错误的军事指导有着密切的联系。

共产国际自"六大"以后就开始了打击中间势力、推行"下层统一战线"的策略。九一八事变后，共产国际把日本帝国主义对中国的侵略看作"是进攻苏联战争的序幕"①，从而向各国党提出"保卫所有劳动人民的祖国——苏联"的任务，同时进一步强调了"采用下层统一战线策略"和"反对一切帝国主义者"的口号。②

临时中央完全奉行共产国际以苏共为中心、中国革命要服从它的需要的政策，明明日本帝国主义在侵略中国，却脱离实际地提出"武装保卫苏联"的口号，这就使党脱离了群众，不能很好地领导当时正在兴起的抗日救国运动。

1932 年 1 月 1 日，临时中央发表了《中国共产党对于时局的宣言》，2 月 26 日又作了《中央关于一·二八事变的决议》，更明显地反映出临时中央的主观主义、"左"倾关门主义和冒险主义。临时中央不顾上海"一·二八"事变发生时十九路军和上海人民的抗日行动同蒋介石对日妥协政策之间存在的矛盾，忠实地推行共产国际"下层统一战线"政策，把中间势力看成"是最危险的敌人"，要以"主要的力量来打击"它③，甚至提出所谓"要兵不要官"的口号，把十九路军的所有"长官"不加区别地都当作敌人。更有甚者，临时中央竟然盲目地决定要在上海举行十月革命式的暴动，并且摆出一副决战的架势，要对付全世界的帝国主义和整个中国地主资产阶级政府。

1933 年 11 月发生的福建事变，反映了在中华民族严重危机形势下，国民党营垒的分化，反映了中间势力开始转向革命。"左"倾中央虽然与它签订了抗日反蒋协定，但由于仍然推行共产国际把中间势力看作最危险的敌人的"左"倾政策，错误地把福建事变看成是"国民党领袖和政客们""利用新的方法来欺骗民众的把戏"，声言"希望

① 《共产国际有关中国革命的文献资料（1929—1936）》第二辑，中国社会科学出版社 1982 年版，第 168 页。

② 参见《共产国际有关中国革命的文献资料（1929—1936）》第二辑，中国社会科学出版社 1982 年版，第 185 页。

③ 《中共中央文件选集》第八册，中共中央党校出版社 1991 年版，第 41 页。

或期待任何上层统治者的'革命'来代替民众自己的革命斗争，结果必然是不能补救的极大的失望！"① 因此，在实际行动上没有给福建人民政府以应有的援助，以致它在蒋介石的猛烈围攻下终于失败，造成了对革命不利的形势，也使红军失掉了一次打破蒋介石第五次"围剿"的极好机会。

王明"左"倾教条主义的最大恶果，就是第五次反"围剿"战争的失败，红军被迫放弃革命根据地，实行战略转移。第五次反"围剿"战争虽然敌我力量对比的形势是严重的，但与前四次反"围剿"战争的形势相比，并不能说这次反"围剿"注定就要失败的。经过一年苦战的第五次反"围剿"战争之所以遭受失败，究其原因，主要由于共产国际派来中国的军事顾问华夫（即李德）的错误指挥。李德自1933 年 10 月来到中央苏区后，在博古的重用下，权力越来越大，以致后来"军委的一切工作为华夫同志一人包办"②。

李德在军事上采取了一条完全错误的军事路线。在第五次反"围剿"战争中，先是实行进攻中的冒险主义，继而又犯了防御中的保守主义错误，当中央红军不得不离开根据地实行战略转移时，又犯了退却中的逃跑主义错误。他们根本不懂得中国革命战争的规律，无视中央苏区第一、二、三、四次反"围剿"胜利的经验，"否认诱敌进来给以消灭的战法"③，"却以单纯防御路线（或专守防御）代替了决战防御，以阵地战、堡垒战代替了运动战，并以所谓'短促突击'的战术原则来支持这种单纯防御的战略路线"。这样，就不能在敌强我弱的形势下，"集中优势兵力，选择敌人的弱点，在运动中，有把握的去消灭敌人的一部或大部，以各个击破敌人，彻底粉碎敌人的'围剿'"，反而"使敌人持久战与堡垒主义的战略战术，达到了他的

---

① 《中共中央文件选集》第九册，中共中央党校出版社 1991 年版，第 45 页。
② 《中共中央文件选集》第十册，中共中央党校出版社 1991 年版，第 469 页。
③ 《中共中央文件选集》第十册，中共中央党校出版社 1991 年版，第 459 页。

目的"①。

　　遵义会议批判了李德的错误军事路线，结束了"左"倾错误在中央的统治，确立了以毛泽东为代表的新的中央的正确领导，独立自主地制定了党的路线方针和政策，成为中国革命走向胜利的伟大转折。但这是在抵制了共产国际"左"的错误、付出了重大的代价才取得的中国共产党的历史上具有伟大意义的成果。

---

① 《中共中央文件选集》第十册，中共中央党校出版社 1991 年版，第 454、455 页。

第二章　共产国际在两次国共合作中的作用评析

多年来的研究成果显示，关于共产国际与第一、第二次国共合作关系的探讨已经比较深入。然而我们注意到，对共产国际与两次国共合作之间有何异同，特别是共产国际在两次国共合作中指导思想和领导方式上的明显差异，这一重要问题至今没有引起学术界应有的重视。鉴于此，本章将对共产国际与两次国共合作的关系作一综合比较，在归纳共性的同时，着力分析其差异，并总结经验教训，以求进一步深化对共产国际与中国革命关系的认识。

一、共产国际对两次国共合作建立的倡导和推动

中国共产党成立之初对其他党派采取的是"独立的攻击的政策"，"只维护无产阶级的利益，不同其他党派建立任何关系"[①]。经中共二大确定"联合全国革新党派，组织民主的联合战线"[②]后，决定与国民党实行合作，最后确定了共产党员以个人身份加入国民党的党内合作形式。这一转变是在共产国际决议的要求和积极推动下实现的。

---

① 《中共中央文件选集》第一册，中共中央党校出版社1989年版，第8页。
② 《中共中央文件选集》第一册，中共中央党校出版社1989年版，第66页。

首先，列宁关于民族和殖民地问题的理论是共产国际支持中国革命、积极倡导国共合作的理论基础，也是中共制定有关国共合作策略的理论依据。这一理论提出了"全世界无产者和被压迫民族联合起来"、"被压迫民族的无产阶级和本国反对帝国主义的资产阶级联合起来"的口号。其中关于压迫民族和被压迫民族的划分，关于被压迫民族的资产阶级特别是民族资产阶级两面性的分析，关于殖民地革命的对象、前途、任务以及无产阶级领导权思想的阐述，极大地提高了中共对中国革命基本问题的认识。

其次，共产国际根据中国革命实际和国共两党状况，发出一系列文件，提议国共合作，并坚持党内合作形式。1922年8月，共产国际执委会发出给共产国际驻中国代表的指示信，1923年又连续发出三个文件：共产国际执委会《关于中国共产党与国民党的关系问题的决议》、《给中国共产党第三次代表大会的指示》、《共产国际执委会主席团关于中国民族解放运动和国民党问题的决议》。在这些文件的直接指导下，1923年6月中共三大有关革命统一战线方针、政策的制定，标志着在共产国际帮助下中共关于国共合作的统一战线政策正式形成。

密切关注中国革命的共产国际也给了困境中的孙中山国民党以指点、帮助。1923年11月28日，共产国际执委会主席团《关于中国民族解放运动和国民党问题的决议》详细阐明了共产国际对三民主义的新解释，首次将旧三民主义发展为较完备的新三民主义，成为国民党一大宣言的基本原则。新三民主义成为国共两党合作的共同纲领。

此外，共产国际代表万里迢迢来到中国，往来于国共两党之间，一面劝说中共与国民党实行党内合作，一面帮助孙中山国民党实现转变，得到孙中山的赏识和信任。受孙中山委托，国际代表参与了国民党改组和一大的领导工作，并为一大起草宣言、章程。1924年1月国民党第一次全国代表大会通过的宣言和章程是国共合作的政治基础。

国民党一大的召开，标志着国共合作统一战线的正式建立，共产国际、苏联从政治、军事诸方面全力支援国民党和广东革命政权，促进了国共合作和国民革命的发展。

第二次国共合作的建立同样得益于共产国际的倡导、推动。在法西斯进攻和世界人民反法西斯斗争的新形势下，共产国际逐渐改变了"左"倾关门主义策略，提出实行反法西斯统一战线政策。这一转变直接影响和促进了中共抗日民族统一战线政策的形成和发展。正如胡乔木所说："抗日民族统一战线这个工作，是1931年到1934年的党中央所不能完成的，毛泽东在1935年的长征中也不可能完成的，直到共产国际关于反法西斯统一战线的正确政策和帮助之下，党在8月1日发表了号召建立统一战线的宣言，特别是党中央政治局在12月25日通过了《关于目前政治形势与党的任务的决议》，毛泽东12月27日在党的活动分子会议上作了《论反对日本帝国主义的策略》的报告，才满足了这个要求。"①1936年7月，共产国际又改变了"国内战争与民族战争同时并举"的口号，致电中共，指示应以广泛的抗日民族统一战线的倡导者、发起者和组织者的身份出现。中共据此并结合实际情况，发出《中国共产党致中国国民党书》、《中共中央关于逼蒋抗日问题的指示》、《中共中央关于抗日救亡运动的新形势与民主共和国的决议》等一系列重要文件，放弃反蒋口号，开始谋求与国民党合作抗日。如果说中共由执行"左"倾关门主义政策到实行反蒋抗日的统一战线政策源于共产国际七大的策略转变，那么，中共放弃反蒋口号，进而提出"逼蒋抗日"、"联蒋抗日"则源于1936年夏天共产国际的一系列指示。这些指示促使中共的抗日民族统一战线政策发展到更加完善的阶段。

作为中共与共产国际之间联系、沟通的桥梁、纽带，中共驻共产国际代表团对中共抗日民族统一战线政策的确立也起了重要的影响

---

① 转引自《抗日战争史研究述评》，中共党史出版社1995年版，第181页。

作用。由于中共中央与共产国际之间电讯联系的中断，中共代表团先于正在领导红军长征的中共中央，开始策略转变。从 1933 年到 1934 年，代表团为中央起草了《为反对日本帝国主义侵入愿在三个条件下与全国各军队共同抗日宣言》、《中央给满洲各级党部及全体党员的信》、《中国人民对日作战的基本纲领》等文件，提出"停止内战，一致抗日"的政治主张，为中央提出抗日民族统一战线政策，否定统下不统上的"左"倾政策提出了可贵意见。1935 年夏，代表团又起草了《为抗日救国告全体同胞书》（《八一宣言》），提出了抗日民族统一战线政策的基本内容，标志着在共产国际策略转变的影响下，中共的统战政策开始了一个新的转变，为中央进一步完善自己的统战政策和抗日民族统一战线的最后形成指明了方向。

综上所述，共产国际对于两次国共合作既有指导思想的理论阐述，又有具体的文件指示，还有派驻代表或通过共产国际代表的帮助贯彻，这是两次国共合作的共同特点，是共产国际的主要历史功绩。

二、共产国际在指导两次国共合作中的右倾错误

共产国际指导中共进行国共合作的最大失误是对国民党及国共关系问题的认识上的右倾错误。早在第一次国共合作建立之前，共产国际就对中国工人运动的现状及工人阶级的力量估计过低，认为"国内独立的工人运动尚不强大"，工人阶级"尚未完全形成为独立的社会力量"[1]。这是日后统一战线中共产国际右倾错误的思想认识根源。国共合作建立后，重视国民党、轻视共产党的倾向一直影响着共产国际的指导方针。共产国际适时地提出军事、武装问题，却把希望寄托在国民党身上，而取消中共独立的军事工作，完全失掉了无产阶级的

---

① 《共产国际有关中国革命的文献资料》第一辑（1919—1928），中国社会科学出版社 1981 年版，第 76、77 页。

独立性。由于对国民党采取全盘肯定的态度，共产国际对国民党右翼的反共活动缺乏警惕，只讲团结，不讲斗争，并且压制中共内部与之斗争的力量，主张在统一战线问题上"向资产阶级和国民党右派让步，以挽救南方的革命"①。面对蒋介石的反共分裂阴谋，一次次地退让，指示"中国共产党必须十分审慎行事，采取灵活态度，善于利用各种条件，而决不能突出自己作为助手和领导者的地位"②。共产国际及其代表、顾问的右倾指导直接影响了中共领导人陈独秀的妥协退让态度。国共合作破裂、大革命失败，固然是中共领导人对国民党右派实行妥协退让政策的结果，但追本溯源，共产国际负有不可推卸的责任。

在抗战时期的第二次国共合作中，共产国际仍然过低地估计中共和广大人民群众的力量，把抗战胜利的希望寄托在国民党蒋介石集团，指示中共在统一战线中不要提谁领导谁的问题，主张"一切经过统一战线"、"一切服从统一战线"，这成为王明右倾投降主义的主要来源。只是由于以毛泽东为首的渐趋成熟的中共中央抵制了这一错误，坚持统一战线中的独立自主原则，才避免重蹈第一次国共合作时大革命失败之覆辙。在苏联依然将大量军需援助给蒋介石的情况下，中共汲取第一次国共合作时不重视武装的教训，决不把红军和根据地交给国民党，积极发展壮大人民武装力量，开展独立自主的游击战争，坚持正确的策略总方针和斗争原则，有效地克服了国民党的反共摩擦，打退了国民党掀起的反共高潮，坚持了统一战线，最终取得抗战的胜利。

两次国共合作，共产国际对中共的指导都有右倾错误，给中国革命造成程度不同的损失。共产国际的这一错误主要源于对中国资产

---

① 转引自杨云若、杨奎松：《共产国际和中国革命》，上海人民出版社 1988 年版，第 125 页。

② 转引自杨云若、杨奎松：《共产国际和中国革命》，上海人民出版社 1988 年版，第 130 页。

阶级和国民党缺乏深刻的、全面的了解，对工人阶级及其政党中国共产党缺乏正确的估计，加之革命形势瞬息万变，由一个万里之外的国际组织遥控指挥革命，难免会有很多误差。因而"中国革命斗争的胜利要靠中国同志了解中国情况"，用"马克思主义之矢"来射"中国革命之的"便成为中国革命的胜利之本。

三、共产国际在两次国共合作中指导思想和领导方式上的差异

两次国共合作的建立都离不开共产国际的倡导、推动；共产国际在对两次国共合作的指导中都犯有右倾错误。这是共产国际在两次国共合作中作用的共同方面。共产国际的指导，在指导思想和领导方式上也表现出一定的差异。

作为一个无产阶级的国际组织，共产国际把发动和领导世界革命视为己任，把帮助和指导各国无产阶级政党的革命斗争作为自己的主要工作，是值得肯定的。但由于苏共是共产国际中最大、最有影响的党，由于十月革命胜利，建立了世界上第一个社会主义国家，苏共在各国党中享有很高的威望，在共产国际中占有特殊的地位。苏共在外交上的民族利己主义思想势必影响共产国际对中国革命的政策与指导。通观共产国际对两次国共合作的指导，其出发点不外于世界革命大局、中国革命利益、苏联外交政策三方面考虑，但这三方面因素在两次国共合作中的比重有所不同：共产国际推动第一次国共合作，主要是其发动世界革命的历史使命所驱，同时也是帮助中国革命的需要，苏俄的自身利益处于第三位考虑因素。由于列宁领导时的共产国际是以无产阶级的国际主义为指导原则，这时期的苏俄外交基本上服务于共产国际的政策策略需要，并无民族利己主义倾向。列宁在谈到俄国革命的对外政策时说："同先进国家的革命者和各被压迫民族结成联盟，反对所有的帝国主义者，——这就是无产阶级的对外

政策。"① 第二次国共合作时期，世界革命正面临法西斯的进攻，地跨欧亚两洲的苏联受到了两个战争策源地的威胁。为减轻苏联的战争压力，共产国际极力倡导国共两党合作、组成抗日民族统一战线，以拖住日本，因而共产国际倡导的第二次国共合作主要是以苏联的对外政策为考虑依据，其次是世界革命大局，再次是中国革命利益。在这一秩序下，为了苏联的自身利益，共产国际有时甚至不惜以牺牲中国革命的利益为代价，具有明显的助长苏共民族利己主义倾向，其政策制定基本上服务于苏联的内外政策。共产国际的重蒋轻共，即源于对苏联自身利益的考虑。苏联对华政策的重点是援助蒋介石，而援蒋的目的是使其长期拖住日本。在斯大林看来，苏联"驻华全体人员的任务就是要紧紧束缚日本侵略者的手脚"。只有这样，才能在德国进攻的时候"避免两线作战"。而中共和中国工人阶级"还显得太孱弱"，故"要使蒋介石树立战胜日本侵略者的信心。有了必胜的信心，蒋介石就不会同侵略者妥协"②。这是共产国际帮助国共合作、建立统一战线的主要意图。为了达到使苏联避免东西两线作战的战略目的，苏联政府竟与正在发动侵华战争的日本帝国主义签订了《苏日中立条约》，败坏了社会主义苏联在中国人民心目中的形象，伤害了中国人民的感情。苏德战争爆发后，围绕中共出兵保卫苏联问题引发的争论更清楚地反映了共产国际以苏联利益为中心、不惜牺牲他国利益的民族利己主义倾向。对此，以毛泽东为首的中共中央一方面表示支持苏联，准备声援苏联；另一方面又顾及当时的具体情况，作长远打算，认为应立足于中国革命实际，量力而行，不能为了保卫苏联而损害中国共产党的事业。他指出：中共援助苏联的具体办法就是坚持抗日民族统一战线，坚持国共合作，驱逐法西斯日本强盗出中国。中共以中国抗战的胜利支援了世界反法西斯战争，避免了共产国际、苏联民族利己主

---

① 《列宁全集》第 30 卷，人民出版社 1985 年版，第 311 页。

② 瓦·伊·崔可夫：《在华使命：一个军事顾问的笔记》，新华出版社 1980 年版，第 35、36 页。

义给中国革命带来更大的损失。

　　共产国际指导中国革命的方式有个由高度集中、干预内政到逐步松动的转变过程。第一次国共合作期间，共产国际除了通过会议、文件指示外，还派遣大批代表、顾问来华坐镇指挥；中共六大以后改为由中共派代表团驻共产国际，共产国际经由代表团指导中共；共产国际七大以后进而决定不干涉各国党的内部事务。

　　共产国际代表既是国际理论、指示的传播者、贯彻者，也是对中共的监督执行者。他们拥有"最广泛的权力"，也有程度不同的专制作风。国共合作的建立、大革命的开展凝结着国际代表马林、维经斯基、鲍罗廷、加伦等人的智慧和心血，国共合作破裂、大革命失败也同国际代表有密不可分的关系，"成也萧何，败也萧何"。共产国际对第一次国共合作的影响是全局的、贯穿始终的。

　　大革命的失败及随后在共产国际代表影响下的瞿秋白"左"倾盲动主义错误的发生，促使共产国际和中共开始反思其中的深刻原因。中共六大后，共产国际改变了领导方式，中共驻共产国际代表团取代共产国际代表来华，成为共产国际指导中国革命的新方式，这比共产国际驻华代表的越俎代庖、包办代替显然要民主一些。中共驻共产国际代表团既按国际意志执行过"左"倾路线，又"在关于抗日民族统一战线新的政策的确立与发展上，给了中央以极大的帮助"[1]。

　　鉴于国际形势的千变万化和各国党的逐渐成熟以及独立自主意识的提高，共产国际七大又作出了各国共产党同共产国际管理机构关系问题的决议，要求共产国际执委会今后应将主要精力集中于解决国际共产主义运动中具有重大意义的政治问题和理论问题。"一般说来，要避免直接干预各国共产党的内部组织事务。"[2] 虽然在实际工作中，共产国际对中共仍有干预，但专制独断作风有所收敛，这就为中共把

---

① 《中共中央文件选集》第十一册，中共中央党校出版社1991年版，第402页。

② 转引自索波列夫等：《共产国际史纲》，人民出版社1985年版，第411页。

马列主义基本原理与中国革命具体实际相结合，独立自主地制定适合中国国情的抗日民族统一战线政策提供了有利条件。

四、两次国共合作期间中共与 共产国际关系的变化

在两次国共合作的历史时期中，中共与共产国际之间的关系也经过了一个变化发展的过程。

自从 1922 年 7 月中共二大通过加入共产国际的决议，成为共产国际的一个支部后，共产国际与中共之间的领导与被领导、支配与服从的关系正式开始。但早期的中共领导人对这种关系很不适应，当时的中央书记陈独秀就曾与共产国际及其代表发生过冲突，冲突的主要原因是陈独秀不愿受制于共产国际，不习惯共产国际有凌驾于中共之上的权力。这反映了共产国际的集中领导体制与早期中共要求独立自主之间的矛盾。共产国际倡导的国共合作更引起了它与中共的一场激烈争论。陈独秀为此曾致信维经斯基，反对共产党及青年团加入国民党，对于党内合作形式表示"绝对不赞成"，并认为"在事实上亦无加入之可能"①。但国共合作有利于中国革命的发展，党内合作在当时情况下也不失为一计良策，因而经过共产国际的说服、帮助，中共的认识有了提高，接受了共产国际的建议。在随后的革命实践中，由于共产国际的许多建议被证明为正确，又由于幼年时期的中共还不善于将马克思主义与中国实际相结合，由于共产国际高度集中统一的组织纪律，其决议和指示不容中共不执行。这样，出于对共产国际的信任尊重，以及对国际纪律的服从，出于对苏俄革命胜利的向往，中共全盘接受了共产国际的指示、决议，以至于后来将其教条化、神圣化。当中共与共产国际产生意见分歧时，往往放弃自己的主张，接受共产

---

① 《中共中央文件选集》第一册，中共中央党校出版社 1989 年版，第 32 页。

国际的意见。一切向共产国际求教，对共产国际言听计从，是第一次国共合作时期中共与共产国际关系的主要特点。

第二次国共合作时期的中共与共产国际之间的关系由言听计从发展到独立自主。这一方面是由于共产国际七大作出了不再干涉各国内部事务的决定，专制独断作风较前有所改观；另一方面，经过十多年革命胜败利挫的风风雨雨，中国共产党已经形成了以毛泽东为首的、日益成熟的领导集体，已经自觉到把马克思主义与中国革命具体实际相结合，已经能够妥善处理与共产国际之间的关系：对共产国际的指示，既不是一切照搬，也不是全盘否定，而是采取实事求是、区别对待的态度，根据实际情况，采取正确的措施，独立自主地制定自己的政策，既坚持了中国革命的利益原则，又维护了与共产国际的团结。从第一次国共合作时对共产国际的言听计从到第二次国共合作时的独立自主，体现了中共的成长成熟。

共产国际指导两次国共合作的历史说明，中国革命曾经得到了共产国际的大力支持和帮助，这是中国革命取得胜利的原因之一。但任何大党或国际组织都不能包揽他国事务，中国革命的胜利，依靠的是中国共产党将马克思主义与中国革命具体实际相结合，依靠的是独立自主、自力更生，把一切工作放在自己力量的基点上。"中国的事情要按照中国的情况来办，要依靠中国人自己的力量来办。独立自主，自力更生，无论过去、现在和将来，都是我们的立足点。"① 这是历史的结论。

---

① 《邓小平文选》第三卷，人民出版社 1993 年版，第 3 页。

第三章　共产国际与李立三"左"倾冒险错误分歧性质探析

共产国际与李立三"左"倾冒险错误的关系问题，在党的历史上是一个重要而复杂的问题。长期以来，人们往往只注意共产国际纠正李立三"左"倾冒险错误的历史的一面，而忽略了它们之间在中国革命一系列重大问题上一脉相承的另一方面，这样就不能全面评价共产国际在纠正李立三"左"冒险错误问题上的作用，不能正确估价党的六届三中全会的历史功绩，因而也就难以理解：共产国际既然反对和纠正李立三"左"倾冒险错误，为什么紧接着又要支持另一个新的更左的错误。历史地全面地研究这些问题，分析它们之间历史发展的必然联系，作出比较符合实际的回答，从中吸取必要的经验和教训，在今天看来，仍然具有重要的历史和现实的意义。

一、李立三"左"倾冒险错误，总体思想来源于共产国际

李立三的错误是在革命胜利发展形势下出现的以冒险主义为主要特征的"左"倾错误。这次"左"倾冒险错误的出现，是具有深刻的社会和历史的、国际和国内的、主观和客观原因的。就其国际方面的原因来说，共产国际关于资本主义发展的"第三时期"的理论，关于城市武装起义的推崇，以及1929年以后开展的反右倾的斗争等，

对于立三"左"倾冒险错误的形成都有重要的影响，并且成为李立三"左"倾冒险错误的一些重要内容的直接来源。

共产国际的"第三时期"理论与李立三等的"战略总方针"。1928 年 8 月，共产国际召开第六次代表大会，通过了《关于国际形势与国际任务的提纲》，提出了战后资本主义发展的"第三时期"理论。断定在这个"时期"内，资本主义经济"稳定"已经"结束"，总危机进一步发展，阶级斗争日趋尖锐，"大规模阶级搏斗"即将展开。翌年 7 月，共产国际执委会第十次全会的政治决议案又进一步阐述了这个理论，指出"第三时期"就是"帝国主义内外矛盾日益加剧的时期，此时期的矛盾，将要达到伟大的阶级冲突，将要达到新的帝国主义战争，将要达到资本主义国家革命浪潮之发展，将要达到殖民地反帝国主义的大革命"。

共产国际关于资本主义发展"第三时期"的理论，虽然在当时来讲，对于动员世界各国无产阶级和被压迫民族起来反对资本主义和帝国主义的剥削和压迫的斗争有一定积极意义，但是它的主体思想却表露出"左"的倾向。它片面地夸大了资本主义经济危机的严重程度，把"第三时期"说成是战后资本主义总危机中的最后一个时期，是资本主义由暂时稳定到剧烈动摇而至于完全破坏的时期；它夸大了世界无产阶级的觉悟程度和革命力量增长的形势，把仅仅在一些国家里的工人运动和民族解放运动的发展，看成为全世界范围的普遍的革命的高涨。这实际上抹杀了世界革命发展的不平衡性和长期性。

中共中央的实际主要领导人李立三，在 1930 年上半年发表的一系列文章中，对于"第三时期"理论多次有所披露，特别在《第三时期与中国革命》一文中，对此作了比较系统的论述，进一步在中国共产党内做了宣传。8 月 6 日，李立三又在中央行动委员会的报告中，进一步阐述了共产国际关于"第三时期"的理论及其对中国革命的影响。正是在这种形势估计的基础上，李立三等便进一步制定了举行武汉、南京武装暴动和上海总同盟罢工，实现一省或几省的首先胜利，建立全国革命政权的战略总方针。

这就是李立三根据共产国际关于资本主义发展"第三时期"理论，分析中国革命形势而得出的"左"的错误结论。诚然，李立三的这个"战略总方针"不是国际指示的，而是他自己提出的，但他提出的这个方针是从共产国际对国际革命形势的"左"的估计中引申出来的。因此，共产国际对李立三提出的错误方针，也就不能不负一定的责任。

俄国城市武装起义经验的绝对化与李立三的"城市中心论"。十月革命的胜利为全世界无产阶级革命提供了具有普遍意义的基本经验，这就是武装夺取政权的经验。但共产国际并没有正确地推广十月革命具有普遍意义的武装夺取政权的基本经验，而仅仅把十月革命所提供的先城市后农村武装夺取政权的具体经验加以绝对化，机械地向各国推行，要求各国党都要按照俄国城市武装起义的模式进行革命，这就为那些与俄国国情不同的国家，特别是殖民地半殖民地国家的革命带来了严重危害。

共产国际对中国革命必须走农村包围城市最后夺取城市的道路这一反映中国革命规律的理论与实践，在很长时期内始终不认识、不理解，直到 1940 年，还担心我们在农村建立革命根据地离开工人阶级太远了。虽然他们也要求中国共产党迅速建立红军，开展游击战争，建立苏维埃政权，实行土地革命；但是，他们关于中国革命一系列的指示中，却明显地低估农民土地革命和游击战争在中国革命中的作用。他们强调城市工人的罢工、农村的"农民骚动"，军阀军队中的兵变都要"围绕城市"暴动。

李立三在中国革命的道路问题上，就是按照共产国际的思想和要求行事的。早在 1930 年 3 月，他就比较形象地表述了他的城市中心思想，认为"乡村是统治阶级的四肢，城市才是他的头脑与心腹，单只斩断了他的四肢，而没有斩断它的头脑，炸裂他的心腹，还不能制他最后的死命",而"斩断统治阶级的头脑,炸裂他的心腹的残酷的斗争,主要是靠工人阶级最后的激烈斗争——武装暴动。所以忽视组织工人的斗争,忽视准备工人阶级的武装暴动,不只是策略上的严重错误,而且会成为不可饶恕的罪过"[①]。同年6月,中央政治局通过的由李立三主持起草的《新的革命高潮与一省或几省的首先胜利》决议案中,又明确提出了"组织全国武装暴动夺取政权的任务",并规定了"以武汉为中心的附近省区的首先胜利,是目前党的策略总路线"。随后,李立三等所制定的一系列中心城市暴动的冒险计划,都是在他的"城市中心"思想指导下的冒险行动的具体体现。实践证明,走城市武装起义的道路,在俄国类型的国家里是对的,但如果把这一道路的经验绝对化,机械地搬到中国,则是行不通的。

国际反布哈林的斗争与李立三等的反右倾。1929年,斯大林在共产国际和联共进行的反布哈林所谓右倾的斗争,造成了一种强大的国际政治声势,严重地影响着中国共产党内的反倾向斗争,这在共产国际关于中国革命的一些重要指示中也明显地表现出来。

1929年2月8日,《共产国际执行委员会与中国共产党书》在分析中国共产党内政治思想状况时就指出,"在现在的环境之下的特别危险的是右倾"。同年6月,《共产国际执委政治处关于中国问题的决议案》也提出了反右倾的任务,指出:"在党的面前,摆着这样的任务,就是要在斗争的本身过程中,准备和收集力量,去迎接最近将来的决战;因此党就应当真正用革命精神去尽量发展成千百万群众的革命毅力和斗争;——在这种条件之下,主要的危险是右倾机会主义的倾向。"

同年10月26日,共产国际给中国共产党的信中,进一步强调指出,中国共产党的"盲动主义的错误,已经在大体上纠正过来","现时党内主要的危险是右倾机会主义的心理和倾向"。因此,共产国际

[①] 李立三:《准备建立革命政权与无产阶级的领导》,《红旗》1930年第88期。

指示中国共产党"应当尽力鼓动并加紧阶级冲突","把革命斗争推进到日益更高的发展阶段上去"①。

在共产国际这种反右倾的政治洪流冲击之下,李立三同志一方面在中国共产党内也依样画葫芦地大反其右倾,例如把反对冒险进攻中心城市的蔡和森同志指为"右倾",而撤销了他的中央政治局委员、中央宣传部长的职务;另一方面,他自己就进一步发展了"左"倾冒险错误思想。4月间,立三强调指出:"目前主要的危险仍然是对革命形势估量不足的右倾观念。"他认为"'左'倾的观念,只要还没有犯到过早暴动的策略上的严重错误的时候","还不会有害于群众斗争;可是对革命形势估量不足的右倾错误,不要说连到策略问题,就是这种观念本身已是灰懒群众斗争的勇气与决心,已经是帮助统治阶级松懈革命阵线缓和革命斗争的最好方法,所以我们应当严厉的指斥这种观念的错误"②。从这里可以明显看出,立三同志不顾中国革命实际,把国际反右倾的口号接受过来,并且极力宣传左比右好的宁'左'勿右的错误思想。

作为立三"左"倾冒险错误形成标志的党的6月11日决议,更进一步强调了反右倾斗争。它认为当前执行中央进攻路线的最大障碍"便是与这一总路线绝不相容的右倾观念",如果"不克服一切右倾的思想,党的路线与策略决不能有充分的执行"③。

李立三反复强调开展反右倾斗争,完全脱离了当时中国共产党的实际。1929年,中国共产党虽然进行了反对陈独秀的右倾取消主义的斗争,党中央根据陈独秀的错误发展的严重情况,于11月15日决定把他开除出党,这是我党在第一次大革命中反对陈独秀右倾机会主义斗争的继续。然而,这只是当时党内错误倾向的一部分内容,并

_____

① 《共产国际执委致中共中央委员会的信——论国民党改组派和中国共产党的任务》,《红旗》1930年第76期。

② 李立三:《论革命高潮》,《红旗》1930年第49期。

③ 《中共中央文件选集》第六册,中共中央党校出版社1989年版,第133页。

不是党内存在的主要倾向；如果把以陈独秀为代表的一小批人曾经出现的右倾取消主义，夸大为全党的主要危险，这就势必掩盖当时党内普遍滋长的主要倾向"左"的思想。这种按照国际反右倾基调进行的党内反倾向斗争，严重助长了立三"左"倾错误的发展。

由上可见，李立三等关于中国革命的一些重大问题的错误，如"左"倾的战略总方针、城市中心的道路，以及错误地反倾向斗争等，可以说都是在一定程度上受共产国际的影响而来的，就这个意义来讲，共产国际虽然反对李立三"左"倾冒险错误，但他们之间却有一脉相承的一个方面，两者不是两条根本对立路线。

二、共产国际与李立三"左"倾冒险错误的分歧，不是根本对立路线，而是策略性质

李立三"左"倾冒险错误，如前所述，就其思想理论体系来说，在很大程度上是来源于共产国际的；但是，它又违背共产国际关于中国革命的一些指示精神，在中国革命新的政治形势之下，把它扩大发展成为"左"倾冒险错误，这样，它又遭到共产国际的批评和反对。

1930 年上半年，中国的政治形势发生了新的变化。4 月间，爆发了蒋、冯、阎新军阀的中原大战。这场持续了半年多的新军阀战争，严重地削弱了反革命势力，为革命力量的发展客观上提供了有利的条件。这时红军和革命根据地得到了进一步的巩固和扩大，到 1930 年，红军发展到近十万人，建立了包括赣南、闽西、湘赣、湘鄂赣、闽浙赣、鄂豫皖、洪湖、湘鄂西等大小十几块革命根据地；大革命失败后遭受严重摧残的党的白区工作，这时也有了初步的恢复，城市产业支部由 98 个增加到 229 个，赤色工会会员有三万余人，"左联"和反帝大同盟等各种进步团体相继成立，并积极开展了活动。

在这种有利的革命形势下，使党内原来就存在着的"左"倾思想有了新的发展，6 月 11 日，中央政治局在李立三领导下通过了《新

的革命高潮与一省或几省的首先胜利》的决议，形成了冒险错误路
线。这条错误路线的推行，使红军和革命根据地遭到不应有的损失，
党在白区的革命力量也遭受严重摧残，这不但引起了广大党员和干部
的不满，同时，也受到共产国际的谴责和反对。

　　共产国际反对李立三的"左"倾冒险错误，主要是反对它的冒
险主义计划并制止了它在全国的推行。

　　第一，关于革命发展不平衡问题。这是立三中央的冒险错误和
布置全国暴动的一个重要"理论"根据。李立三等不承认中国革命发
展的不平衡性，他认为，中国革命从表面上看，虽然存在着不平衡
的现象，然而"从阶级斗争的实质上与广大群众的政治觉悟"上看，
"无论是城市与乡村"，"无论在南方与北方"，阶级斗争都是"同样的
尖锐"①。"中国经济政治的根本危机，在全国任何一处都是同样继续
尖锐化，没有丝毫根本的差别"②。李立三等根据这种对中国革命形势
的错误估计，便制定了他的冒险计划，要求举行以武汉为中心的全国
的暴动。

　　共产国际批评了李立三等对革命形势发展的错误估计，指出中
国革命发展的形势是"新革命高涨是在个别区域里成熟起来"，而且
"大部分是在 1925 到 1927 年革命中奠定了基础的那些区域里成熟起
来，后来才渐渐地扩展到其他区域"③。这就是说，中国革命高潮的出
现在全国各地区并不是一样的，在受过第一次大革命影响的地区如湖
南、广东、湖北、江西等省发展就快些，而那些没有受过民主革命影
响或影响很小的地方如四川、贵州、云南及北方各省革命形势
发展就慢一些。历史实践证明，共产国际对立三的这一批评是
正确的。

---

① 立三：《准备建立革命政权与无产阶级的领导》，《红旗》1930 年第 88 期。
② 《中共中央文件选集》第六册，中共中央党校出版社 1989 年版，第 121 页。
③ 《共产国际有关中国革命的文献资料（1929—1936）》第二辑，中国社会科学出版
　　社 1982 年版，第 93 页。

第二，在敌我力量对比的估计上，共产国际批评李立三等夸大了主观革命力量、低估了敌人力量的错误的阶级估量。正确的阶级估量是制定党的路线政策的基本依据。李立三在敌我力量对比的估计上，完全是采取唯心主义的分析方法。他们在分析敌人力量时，总是只注意敌人的弱点，或将敌人的某一弱点特别夸大；估量主观力量时，则只看到强点，而掩盖了自己的弱点；在估量到帝国主义及统治阶级时，把他们看成是无能为力，只有等待崩溃的状态；而对于革命力量的估计，不仅夸大了红军的发展，尤其夸大了城市工人斗争的觉悟性和组织性。这种错误的阶级估量，使他犯了"左"倾冒险错误。

1930 年 8 月 5 日，中央政治局给共产国际主席团的报告对当时敌我力量对比形势作了完全不切实际的估计，认为"广泛工人群众都要求武装，要求暴动"，广大农民"都坚决的要求夺取中心城市"，"军阀军队极端动摇，到处哗变找寻党的领导与农民联合，特别是党在军阀军队中的政治影响与组织力量飞速扩大，现在镇江驻军主要部队完全在我们的领导之下，并且要求即刻暴动，汉口主要驻军的大部分，也都在我们影响之下"，因此，李立三认为，"现在已经到了历史上大转变的前夜，到了中国革命之最紧张的关头"①，在这种情况下，任何罢工斗争都会引起武装暴动的爆发，"假使武汉的总罢工在今天实现了，我敢说武装暴动一定要在今天开始，假使明日总罢工实现了，武装暴动也一定便要在明天实现"②。他还主观地判断，"在革命高潮到来的形势下，群众组织可以飞速的从极小的组织发展到几十万人甚至几百万人的伟大组织，同样，党的组织也可以在几星期甚至几日内变成广泛的群众的党"③。而革命"将在一瞬间，爆发出伟大的斗争"。正是基于这种对敌我力量的错误估计，李立三等制定了武汉、

① 《中共中央文件选集》第六册，中共中央党校出版社 1989 年版，第 246 页。
② 《中共中央文件选集》第六册，中共中央党校出版社 1989 年版，第 234 页。
③ 李立三：《论革命高潮》，《红旗》1930 年第 94 期。

南京暴动和上海总同盟罢工的冒险计划，并要求红军还在弱小的时候，就去配合工人暴动攻打敌人重兵设防的中心城市。

共产国际在1930年10月对中国共产党的指示信中批评了李立三对待敌我力量对比的这种错误估计，认为这是一种"神奇古怪的过分估量"，指出红军的发展虽然成绩很大，但"还很薄弱，还组织得不够，还没有完全掌握在中国共产党手里"，"还没有力量去占领最大的城市"；①"工人运动，的确是高涨着"，但是，"一般说来，工人运动的高涨，甚至于在有决定意义的工业中心城市里（长江流域的上海、武汉，更不用说广州、香港、大连、哈尔滨等）都要比农民运动落后些"；至于农民运动，它的发展速度和规模虽然"远远超过工人运动"，但发展还是很不平衡的。事实是，"立三同志提议在武汉举行武装起义的时候，中国共产党在武汉只有两百个党员，赤色工会只有一百五十个会员"，而"帝国主义当时在武汉则拥有等于十个师现代化欧洲军队的势力。"在这种情形下，如果举行武装起义，"一定会使中国无产阶级的精华受到帝国主义的直接打击"，一定会使"工人阶级受到很大的摧残"②。共产国际批评李立三，"不是从分析客观情况出发"，"不是从分析斗争力量的对比出发"，这种主观主义的阶级估计，其结果就"不能不在自己的发展之中，引导到盲动主义冒险主义的策略"③。

第三，在暴动的组织领导问题上，共产国际反对李立三等取消党、团、工会组织的独立活动，成立总行委的错误决定。李立三等为了推行他们的冒险计划，于8月3日的中央政治局会议上，宣布"立即成立中央总行委"，随后又将党、青年团、工会的各级领导机关，合并为准备武装起义的各级行动委员会。李立三声言这些组织的成

---

① 《中共中央文件选集》第六册，中共中央党校出版社1989年版，第650页。
② 《中共中央文件选集》第六册，中共中央党校出版社1989年版，第647页。
③ 《中共中央文件选集》第六册，中共中央党校出版社1989年版，第645页。

立,"是要使全党的指导更敏捷、更迅速、更巩固",① 实际上,"总行委"的组成,使各组织的一切经常工作完全陷于停顿,严重地妨碍了党对群众运动的领导。

共产国际反对李立三等为准备武装暴动而组成"总行委"的错误决定,指出"取消党、团和工会的单独组织","只剩了一个万能的中央总行委",这样就会使党"脱离群众"而处于软弱无力的地位。

共产国际在批评立三的上述错误观点的同时,对立三"左"倾冒险计划是极力反对的。早在1930年6月,中央讨论6月11日决议时,参加会议的共产国际远东局的代表就提出过异议,因此,当6月11日决议通过后,首先就遭到驻上海的共产国际远东局的代表的反对,谴责李立三等不尊重共产国际的意见,是犯了反对共产国际路线的错误。

李立三并没有接受远东局的批评,反而于7月13日,召开中央政治局会议,布置南京暴动和全国工作。李立三在会上强调,南京暴动是掀动全国革命高潮之起点,南京暴动的胜利必然引发上海八十万工人的大罢工,这是全国"革命高潮之标志",同时要争取武汉暴动的胜利,以便在这里建立中央苏维埃政府。接着,中央政治局在7月16日发信给共产国际主席团,要求批准南京暴动和建立全国苏维埃政权的计划,不久又通过8月1日、3日中央政治局会议,进一步部署了武汉、南京暴动和上海总同盟罢工;并且再次表示不同意国际意见,要求国际重新讨论和批准他们的城市暴动计划。在这种情况下,共产国际于8月间就远东局与中共中央的争论作了决议,批评了中共中央不尊重国际代表意见的态度。同时,指派中国共产党驻共产国际代表团的周恩来和瞿秋白由莫斯科相继回国,主持召开中共中央六届三中全会,纠正立三的错误。周恩来同志回国后,按照共产国际的意见,立即着手停止立三冒险计划的执行,并于9月23日召开的六届

---

① 《中共中央文件选集》第六册,中共中央党校出版社1989年版,第223页。

三中全会上传达了共产国际的七月指示。周恩来和瞿秋白一起，通过六届三中全会，批评了李立三的错误，纠正了立三"左"倾冒险暴动计划。10月间，共产国际又给中国共产党发来了关于立三路线问题的信，指责李立三所犯的错误不是策略上的错误，而是与共产国际对立的两条"根本不同的政治路线"，是在"左"的词句掩盖下的右倾机会主义实质。实际上他们分歧的焦点在于武汉、南京暴动的条件和时间是否完备，并非要不要暴动的问题。由此可见，两者分歧的性质系属策略性的。然而共产国际却批评三中全会仅仅把立三的错误看成是策略上的错误，犯了"调和主义"。随后，共产国际东方部和共产国际主席团，又先后在莫斯科召开了多次会议，对李立三同志的错误进行了批判。不久，共产国际代表米夫来华，以突然袭击的手法，召开了党的六届四中全会，使王明"左"倾教条主义再次在我们党内占了统治地位。

三、共产国际既反对李立三"左"倾冒险错误，又扶持王明"左"倾教条主义领导上台

共产国际既然反对李立三"左"倾冒险错误，为什么它又要支持另一个新的"左"倾机会主义领导上台呢？这两件事从历史现象上看似乎是矛盾的，但仔细分析起来，确有它内在的联系和历史的必然性。

如前所述，共产国际与李立三"左"倾冒险错误之间，就其思想理论体系来讲，在很大程度上是一致的。因此，共产国际反对李立三的错误，主要是反它的"左"倾冒险主义及其冒险计划的实施，如不顾中国革命发展的不平衡性要举行全国总暴动，不顾敌我力量对比的悬殊情况要马上举行武装起义，以及为举行武装暴动而组成的全国和各级总行委等，但是对于李立三的"左"倾思想理论体系来说，共产国际没有也不可能给以清算，没有也不可能从根本上解决在第一次大革命失败后敌强我弱的形势下，中国革命的战略方针和革命道路等这

样一些重大问题。这样，共产国际所要支持的，也只能是忠于共产国际及苏共的新的"左"倾领导。

实践证明，共产国际不但要否定李立三，撤销他的工作，并且处心积虑地攻击三中全会的中央，以实现其扶植直接由他们指挥和控制的"左"倾教条宗派取得在中央的领导地位的目的。

共产国际从七月指示到十月来信，这中间仅仅相隔两三个月的时间，然而在对李立三等错误性质的估计上却发生了突然的质的变化，这就是由原来认为是"个别问题上的策略错误"，上升为"两条根本对立的路线"，并且指责明明是按照共产国际的口径去批评李立三错误的中共中央没有按照共产国际路线去纠正李立三等的错误，是犯了"调和主义"。这种翻手为云覆手为雨的手法，真是惊人的。是什么原因促使共产国际发生这种变化呢？一个重要原因就是李立三"左"倾冒险错误这时有了新的发展，它在 6 月 11 日决议开始形成，8 月 1 日、3 日政治局会议进一步制定的南京、武汉暴动和上海总同盟罢工计划，则使这一错误达到高峰；李立三对于共产国际关于停发 6 月 11 日决议和停止武装暴动的指示也一再持对抗态度，加上李立三等反对共产国际远东局代表罗伯特对中国革命的指导，指责罗伯特有"一贯的右倾路线"，"妨碍中国党领导革命的工作，妨碍中国党与远东局的关系"，甚至要求共产国际改组远东局，调回罗伯特。立三中央的这一系列行动，对于作为有权指挥和控制各国党的共产国际来说，简直是"不能容忍的"，是对抗共产国际"路线"的。在这种情况下，共产国际把李立三等的错误的性质上纲为"两条根本对立的路线"，这就为否定和改组以李立三为代表的党中央，做了政治上的准备；接着就是对六届三中全会的否定。三中全会明明是按照共产国际七月指示精神纠正立三错误的，共产国际却指责它犯了"调和主义"，并号召开展反对三中全会"调和主义"的斗争。共产国际这样做，完全是为了否定三中全会在纠正立三"左"倾错误上的积极作用，进而否定了当时主持三中全会的中国共产党的领导人瞿秋白同志，为他们扶植王明等上台扫清道路。

十月来信之后不久，共产国际东方部在经过几天的讨论之后，向共产国际主席团写了《关于中国党三中全会与李立三同志的错误的报告》。这个报告，批判了李立三的"左"倾错误，指责立三中央有好几个星期没有服从共产国际的指示，再次给李立三戴上了"敌视布尔塞维主义""反共产国际"的帽子，并且判定三中全会犯有七大罪状："一、三中全会没有揭发立三路线的实质；二、三中全会模糊了这个路线和国际路线的原则上的不同；三、三中全会没有研究中国革命过去阶段的真正教训；四、三中全会没有提出并解决革命现在阶段的现实任务；五、三中全会对于全党同志没有解释领导机关所犯的错误，反而模糊了这些错误的实质；六、三中全会没有责备在一部分中央政治局和国际不同意的时期，所表现的那些反共产国际的言论；七、三中全会上表现了领导机关之中有不健全的小团体的两面三刀的空气。"① 会议还点名批评了主持三中全会的瞿秋白同志，完全否定了三中全会及其主持人瞿秋白在纠正立三错误上的积极作用。

接着在 12 月间，共产国际执委主席团又举行了关于立三路线的讨论。会议完全同意共产国际东方部《关于中国党三中全会与李立三同志的错误的报告》，对立三的"左"倾错误再次进行了批判。这次会议名曰对立三路线的讨论，但主要矛头是对着瞿秋白的。会议在严厉批判瞿秋白的同时，却为王明等一小批人喊冤叫苦，说王明等"起来说话防止党去做错误，却对他们实行摧残"，他们回国后，"不能够作到领导工作"完全是"小团体利益妨碍他们加入领导机关"。甚至公开称赞王明等人是一些"知道列宁主义布尔塞维克的理论和实践"的，是"为国际路线而斗争"的"很好的同志"。②

---

① 《国际东方部关于中国共产党三中全会与李立三同志的错误的报告》，《布尔塞维克》1931 年第 4 卷第 3 期。

② 《共产国际执委主席团关于立三路线的讨论》，《布尔塞维克》1931 年第 4 卷第 3 期。

共产国际通过对李立三和瞿秋白的严厉批判，和对于王明等人的称赞和美化，为通过中央会议扶植王明上台，在思想和政治上做了准备。1931 年 1 月 7 日，中国共产党的六届四中全会，在共产国际代表米夫的直接操纵下，让王明等以教条主义统治党中央，这使共产国际与立三"左"冒险错误关系发展演变为一个很不光彩的结局。但这却是共产国际按照他们的路线和指导思想反对立三"左"倾错误发展的必然结果。

共产国际反对李立三"左"倾冒险错误的历史表明，一个革命政党，在反对一种错误倾向的斗争中，必须站在正确的立场上，以马克思列宁主义的观点和方法分析问题，坚持从实际出发，实事求是，是'左'反'左'，是右反右，不宜过于追究个人的责任和组织处理，更重要的是要注意分析产生错误的社会根源、历史根源和思想根源，着眼于吸取历史教训，只有这样，才能真正纠正错误，防止或减少重犯类似错误；任何一个党，如果企图通过一个什么国际指挥中心来对各国发号施令，或以"老子党"自居，控制和决定其他党的领导班子，这种恶劣的做法，是违反国际主义原则的，只会给各国党带来更严重的破坏性的结果。

第四章　20 世纪 30 年代初的
周恩来与共产国际

20 世纪 20 年代末到 30 年代初，是党的历史上极不平静的岁月。在共产国际的操纵与影响下，中共继 1928 年第一次"左"倾盲动主义后，又连续出现了两次"左"倾冒险错误，并由此导致党内意见严重分歧与派别纠纷，一度陷入混乱。作为中央实际工作的主要领导者周恩来，以党的利益为重，为了维护团结，顾全大局，竭力支撑这座濒临分裂的大厦。

一、贯彻共产国际七月指示，纠正立三错误

1930 年 6 月发生的李立三"左"倾冒险错误，在急欲发动武汉南京暴动的策略上，虽然遭到共产国际的批评与制止，同共产国际发生严重分歧，然而就其以城市中心、武装暴动的总体思路说来，则是来源于共产国际的。共产国际从第六次代表大会到第十次执委会，在"第三时期"理论指导下制定的"左"倾进攻路线，对包括中国共产党在内的国际共产主义运动产生了重大影响。从 1929 年 10 月到 1931 年一年多的时间里，共产国际给中共中央发来一系列决议、指示。实际主持中央工作的周恩来同中央其他领导人都表示接受与贯彻。1929 年 12 月 20 日，中央政治局会议通过了由李立三起草经周恩来修改的《中国共产党接受共产国际第十次全体会议决议的决议》，

认为，目前中国共产党的状况如"国际决议案上最后所指出的'目前时代最大的危险，就是共产党有追赶不上群众运动发展的可能（尾巴主义）'，在中国党内表现得尤为严重"①。"必须依据国际第十次全体会议的精神与路线，继续坚决执行反右倾的斗争"②。12 月 27 日中央政治局又开会专门讨论共产国际 1929 年 10 月 26 日关于国民党改组派和中共任务的指示信，会议决定接受这一指示，由周恩来起草的《接受国际 1929 年 10 月 26 日指示信的决议》于 1930 年 1 月 11 日发出。该指示信认为，中国的形势是处于"深刻的全国危机"③，"必须用全部力量，去发展政治罢工，立定准备总同盟的政治罢工的方针"。"应当准备群众，去实行革命的推翻地主资产阶级联盟的政权，而建立苏维埃形式的工农独裁，积极地开展着并且日益扩大着阶级斗争的革命方式。"④ 国民党改组派也"都是帝国主义的走狗"⑤。周恩来在为中央起草的决议中表示完全同意国际指示信，认为改组派是目前危险之敌，"以反改组派的斗争为争取群众、巩固无产阶级领导之最主要的前提"⑥，并且表示这一指示"确给了中央更有力的督促与帮助"⑦。共产国际"第三时期"理论也引起李立三的极大兴趣。1930 年上半年他发表了一系列具有"左"倾思想的文章，介绍共产国际"第三时期"理论。特别在《第三时期与中国革命》一文中，对这一理论做了比较系统的论述，并在党内进行宣传，以期对中国革命发挥指导作用。

　　与此同时，在如何理解和贯彻共产国际第十次全会决议的若干问题上，中共中央包括周恩来在内同共产国际远东局（驻上海）都存

① 《中共中央文件选集》第五册，中共中央党校出版社 1989 年版，第 601 页。
② 《中共中央文件选集》第五册，中共中央党校出版社 1989 年版，第 600 页。
③ 《中共中央文件选集》第五册，中共中央党校出版社 1989 年版，第 791 页。
④ 《中共中央文件选集》第五册，中共中央党校出版社 1989 年版，第 797 页。
⑤ 《中共中央文件选集》第五册，中共中央党校出版社 1989 年版，第 798 页。
⑥ 《中共中央文件选集》第六册，中共中央党校出版社 1989 年版，第 8 页。
⑦ 《中共中央文件选集》第六册，中共中央党校出版社 1989 年版，第 1 页。

在分歧。1929 年 12 月，远东局在为接受共产国际第十次全会的决议中，无端指责中共中央离开布鲁塞维尔路线，在对待富农、黄色工会和广西改组派问题上"右倾动摇"。15 日，周恩来在为中央政治局起草的致共产国际主席团信中明确表示不同意远东局的指责。

中共中央为早日结束同远东局的争论，免于影响实际工作，决定派人去莫斯科。根据中央决定，周恩来于 1930 年 5 月抵达莫斯科报告工作，并处理中共代表团因解决中山大学派别斗争问题而与共产国际发生的分歧。周恩来的到来受到欢迎。在莫斯科期间，斯大林专门接见了他。7 月 5 日，他应邀出席联共（布）第十六次代表大会，16 日出席共产国际政治委员会，先后在两个会议上作了关于中国革命形势与党的任务问题的报告。报告指出："目前中国革命新高潮是在成熟的过程中，还没有形成全国直接革命的形势。"①

周恩来 1930 年 3 月离开中国后，实际上主持中央工作的李立三"左"倾思想急剧发展，6 月 11 日中共中央政治局会议正式通过由李立三起草的《新的革命高潮与一省或几省首先胜利》的决议，标志着李立三"左"倾冒险错误在中央领导机关占居统治地位。这个决议立即遭到远东局的反对，双方发生严重分歧与争论。6 月 24 日，远东局致信中共中央，表示不同意 6 月 11 日决议。翌日，中央政治局以总书记向忠发的名义致书远东局，反驳说："如果停止这一决议的发出，便是放弃对革命的领导。"与此同时，中央还向国际反映远东局罗伯特妨碍中国共产党执行国际路线，要求将其调回莫斯科。6 月 25 日，中央致书在莫斯科的周恩来，强调中国革命面临直接革命形势，告以在 6 月 11 日决议问题上同远东局发生争执，要周恩来务必向共产国际力争。

周恩来此前虽然与中央（向忠发、李立三）一道同远东局有过分歧。然而自 1929 年冬以来，在中国革命形势的估计和暴动的策略

---

① 《周恩来年谱（1898—1949）》（修订本），中央文献出版社 1998 年版，第 187 页。

上，同李立三也有分歧。而今对于 6 月 11 日决议的看法和态度同远东局及共产国际的意见则是一致的。共产国际接到 6 月 11 日决议后，于 7 月 23 日即发出《共产国际执委会政治秘书处关于中国问题议决案》，指出："中国革命运动的新的高涨，已经成为无可争辩的事实"，但"此刻还没有全中国的实现革命形势"，而在当前则是"准备和收集力量，迎接最近将来的决战"。7 月 30 日，共产国际复电中共中央政治局，批评"中国党的目下路线是盲动精神"，要求停止执行 6 月 11 日决议。共产国际的决议及复电给李立三"左"倾冒险错误及其同远东局关于 6 月 11 日决议问题的争执下了判决书，由此而引起向忠发、李立三对周恩来的猜忌与不满。中共中央接到共产国际复电后即于 8 月初连续召开政治局会议。李立三大发雷霆，无端指责在莫斯科的周恩来，认为共产国际不了解中国革命形势及其发展的总趋势，其原因是由于周恩来没有报告清楚所致。向忠发在作结论时也指责周恩来应负政治上的责任，暴露出在政治上、组织上的右倾危险。

为贯彻共产国际七月指示，阻止李立三武汉、南京暴动计划，根据共产国际指示，周恩来、瞿秋白相继回国，积极开展了卓有成效的工作。周恩来 8 月 19 日返回上海后，先是同向忠发、李立三进行了两次谈话，接着在中央临时政治局会议上，传达了共产国际七月指示精神说，中共中央与共产国际绝没有路线上的不同，只是在武汉暴动问题上，担心中国共产党的主观力量的领导能否实现这一任务，所以反对暴动。李立三承认共产国际指示"确与中央策略的决定有程度上的不同"。向忠发作结论表示过去有误会，坚决接受共产国际指示以补正过去不足。根据会议决定，周恩来负责为中央起草以向忠发名义致共产国际主席团电，表明中共对共产国际指示的态度。为贯彻共产国际七月指示，周恩来 9 月 1 日、4 日还连续为中央起草以向忠发名义致长江局的指示信。在分析了湘、鄂、粤、赣 4 省形势后指出："在今天武汉还不能暴动，还是暴动的前夜"。9 月 8 日，中央致电国际，表示完全接受共产国际关于停止武汉、南京暴动的指示电，并报告"中央即开扩大会议，接受国际七月决议与这一电示，将立即恢复党、工会、团的经常领导的工作"。

经过积极筹备，1930 年 9 月 24—28 日，由瞿秋白、周恩来主持召开中共扩大的六届三中全会。周恩来在会上作《关于传达国际决议的报告》，批评了李立三的"左"倾盲动主义错误，瞿秋白作政治讨论的结论。会议通过《关于政治状况和党的总任务议决案》。三中全会纠正了以"左"倾冒险错误为主要特征的"立三路线"。会后，周恩来随即出席领导中共江南省委扩大会议，传达贯彻六届三中全会精神，纠正立三"左"倾冒险错误，并发出由他起草的《中央通告第九十一号——三全扩大会的总结与精神》。

综上所述，周恩来在关于中共中央 6 月 11 日决议、纠正李立三"左"倾冒险错误问题上是站在维护国际路线的一方，并作出了重大贡献。

二、共产国际恼怒立三，恩来蒙受不白之冤

李立三"左"倾冒险错误的总体思想本来是来源于共产国际"第三时期"理论及其"左"的进攻路线，它们之间分歧的性质、内容并非两条根本对立的路线，仅仅是在对中国革命形势的估量和暴动时机条件的判断上存在的分歧，显然系属策略上的分歧。共产国际纠正李立三的七月指示信，也是以其进攻路线为指导思想，因而并没有从根本上否认中国革命形势已经掀起高潮，通过城市暴动夺取全国政权的路线。周恩来按照国际的指示，由莫斯科回国后积极贯彻七月指示信精神，为停止暴动计划，纠正李立三"左"倾冒险错误开展了艰巨的卓有成效的工作。在传达共产国际七月指示时，也清楚地阐明了共产国际与李立三在路线上的一致性及其在策略上的分歧，并批评了李立三力主即刻发动武汉、南京暴动和上海总同盟罢工的错误，维护了共产国际路线。

　　然而，由于共产国际对立三的恼怒，不到 3 个月的时间，竟把李立三错误的性质及其同共产国际的分歧上纲为两条根本对立的路线，认为其实质是在"左"的词句掩盖下的右倾机会主义。为此专门给中共中央发出十月指示信，并由此而导致对六届三中全会的严厉批评，指责其犯了右倾调和主义错误，没有揭示出李立三的错误是同共产国际两条对立的路线。显然，这实际上抹杀了瞿秋白、周恩来主持六届三中全会纠正李立三"左"倾冒险错误的历史功绩。尽管如此，11 月 25 日，中共中央仍发出由周恩来起草的《中央政治局关于最近国际来信的决议》，明确表示完全同意共产国际十月来信，并承认对李立三问题犯了"调和主义"错误，同时给赴苏的李立三写信，要他公开承认错误。

　　事实上，六届三中全会纠正李立三"左"倾错误，却是站在共产国际路线一边，以七月指示信为尚方宝剑，而该信只字未提路线错误。如今又公然指责六届三中全会为右倾调和主义，似乎令人难以理解。如果把共产国际从七月指示到十月指示的突然变化，李立三及中共中央对国际发来复电所持傲慢态度及国际操纵中共六届四中全会扶植陈绍禹上台的整个过程联系起来看，就不难揭示其历史真面目：

　　第一，共产国际把李立三错误同它的分歧上纲为两条根本对立的路线，是由于李立三在 8 月初中央几次会上坚持举行暴动的立场以及对共产国际的傲慢冒犯了共产国际的尊严，并扬言武汉暴动要苏联出兵配合；在作为世界各国共产党的总指挥部的共产国际心目中，李立三竟敢指挥共产国际，并对共产国际持对抗态度，这是不能容忍的。于是一改七月指示信的基调，视李立三的问题不是一般工作上的错误，而是路线错误。

　　第二，在共产国际看来，既然李立三的错误是同共产国际根本对立的两条路线，那么作为纠正李立三错误的六届三中全会，没有揭示其错误是路线性质，显然犯了右倾调和主义错误。而瞿秋白、周恩来又是会议的主持人，当然应负其责。这样，一箭双雕，共产国际十月指示信既批判了李立三，又否定了六届三中全会纠正李立三"左"倾冒险错误的历史功绩。这就严重地削弱了中共中央及其主要领导人的威信，使其对共产国际的指挥俯首就范，亦步亦趋，从而为扶植陈绍禹取得中央领导权扫清道路。特别是在莫斯科举办的李立三路线讨论会上，共产国际7名执委的发言矛头所向不能不引起人们的深思。名曰批李立三，实际上则异口同声地把矛头指向瞿秋白及六届三中全会，指责他耍"东方式外交手腕"，和"以两面派对待国际"，在党内搞小团体主义，并且最后决定李立三留莫斯科反省的首要任务就是揭露瞿秋白的所谓小团体主义。李立三犯了路线错误，理所当然地受到批评，为什么竟将矛头指向瞿秋白及六届三中全会？这使人们不能不联想到，原来共产国际担心李立三下台后中央领导权落在瞿秋白或周恩来肩上。

第三，共产国际在批瞿秋白和六届三中全会犯右倾调和主义错误的同时，还指责其压制陈绍禹等人。中共中央在国际的强大政治压力下，首先由周恩来起草，发出接受共产国际十月指示信的九十六号通告，承认犯了右倾调和主义错误。随即取消陈绍禹等人因反六届三中全会所受的处分，并根据共产国际代表米夫的提议委以重任——代江南省委书记，从而使其有机会出席在上海召开的六届四中全会。

另外，从远东局在收到共产国际十月指示信后，竟将发给中共中央的信件先交给陈绍禹阅读一事，不难看出共产国际旨在授意陈抢先领会共产国际精神。果然，陈绍禹当即心领神会，并将共产国际对李立三错误的定性及对六届三中全会的批评的基调，及时写进正在起草的《两条路线的斗争》小册子，以显示他是"百分之百的布尔塞维克"，从而为进入四中全会的中央领导机构捞取政治资本。这样，共产国际十月指示信一举两得，而贯彻共产国际路线的周恩来却蒙受了不白之冤。

三、"照顾大局，相忍为党"

从党的六届三中全会到四中全会及其随后一段时间里，共产国际对李立三的错误定性上的剧变及由此而导致的对纠正李立三错误的三中全会的否定，引起党内意见分歧、思想上的混乱及派别组织的小动作，党陷入濒临分裂的危险境地。

当时有三种力量或小组织的派别活动，在党内形成一股反中央的风潮。陈绍禹等人公开打出"反对三中全会的调和路线"的旗号，指责中央已"没有保障执行国际路线的可能"，"不能领导全党工作"。罗章龙等把持全总阵地，即大声疾呼反立三路线，又猛烈抨击纠正立三路线的三中全会。霎时，陈绍禹等同罗章龙一伙形成一股合力，联名上书共产国际，要求召开紧急会议，彻底改组中央。与此同时，党内一些受过李立三和三中全会批评的或对立三路线不满的同志也纷纷要求召开紧急会议。

在强大的政治压力和小组织的派别活动面前，周恩来站在坚决维护党的团结的立场，做了大量说服工作。而陈绍禹等人自恃有共产国际的支持，肆无忌惮。周恩来在中央政治局会议上，一方面严正指出：党内发生的争议和派别纠纷，影响党中央的威信，对党有危害，为了顾全大局，同意召开紧急会议，并发出《中央政治局12月9日的决议》，承认六届三中全会是站在调和主义立场上接受国际路线的，"必须通过新的政治议决案，以纠正三中全会的严重错误"。12月16日，中央政治局决定撤销李立三中央政治局委员职务。另一方面，为了消除党内的派别纠纷，使全党统一到共产国际路线上来，周恩来还在河南省委会议上，根据中央紧急通告精神说服了多数人，但仍遭到王克全等人的攻击，他们要撤销周恩来、瞿秋白等人的中央领导职务。为了避免严重分歧继续下去，使党免遭分裂的危险，周恩来"照顾大局，相忍为党"，同瞿秋白再度承担六届三中全会犯调和主义错误的责任后，提出退出中央政治局，并愿团结反对李立三路线的人一起，执行共产国际路线。

共产国际代表米夫于 1930 年 12 月中旬来到上海后，出乎意料地否决了中央召开紧急会议的决定，提出尽快召开四中全会的主张。这主要是鉴于三中全会的中央对共产国际的批评已经接受并通过相应的决议，听从共产国际意见已毋庸置疑。在此情况下，假如仍召开紧急会议，则很可能事与愿违，因为那会使六届现任中央委员失掉表决权，势必形成陈绍禹等人同反三中全会的罗章龙等争夺中央领导权的局面。与其如此，莫如召开四中全会更有把握实现扶植陈绍禹上台的意图，因为这样还会得到周恩来等中央委员的支持，获得多数票。

1930 年 1 月 7 日在上海秘密召开的党的六届四中全会是共产国际扶植陈绍禹进入中央领导机构、掌握领导权的一次会议。会上周恩来按共产国际代表的意旨，代表六届三中全会中央提出中央委员、政治局委员候选人名单，遭到罗章龙一伙强烈反对。在激烈争论的情况下，会议由三中全会主要领导人轮流主持，最后经过选举表决，终于以相对多数通过了候选人名单，使陈绍禹等人进入中央最高领导机构，达到了共产国际预期的目的。周恩来和三中全会维护了党的团结，孤立了罗章龙等少数分裂主义分子，从而为四中全会后清除坚持分裂主义立场、进行非组织活动的派别提供了组织保证。

综上所述，周恩来在 20 世纪 30 年代初由于共产国际的操纵与影响而引起的党内濒临分裂危难的情况下，"照顾大局，相忍为党"，贯彻国际路线，维护了党中央的团结，保证了组织上的统一，使党度过了艰难的岁月，为后来彻底纠正全盘照搬共产国际路线的"左"倾教条主义，使党的路线转移到以毛泽东为代表的马克思主义路线上来创造了条件。

第五章　共产国际与毛泽东领导核心地位的最终确立

遵义会议以后，毛泽东在党内的领导地位经受了来自张国焘和王明的两次严重挑战。在共产国际的大力支持下，以毛泽东为首的新的中央领导集体共同努力，成功地克服了张国焘分裂行动与王明右倾错误给党的事业造成的危害，极大地维护和强化了党中央的权威。从六届六中全会毛泽东作为五大书记之首主持工作，到1943年3月中央政治局会议毛泽东被选为中央政治局主席、中共中央书记处主席，经过延安整风运动和党的七大，最终确立和巩固了毛泽东在党中央的领导核心地位。毛泽东的领导核心地位不是共产国际封的，靠的是毛泽东路线的正确、战略家的杰出智慧和开展党内斗争的高超艺术及中央委员的拥护。共产国际对毛泽东的支持，不只是针对毛泽东本人，而是对中国革命形势和党内领导层状况进行科学判断基础上的理性选择。共产国际对毛泽东的认可也有利地促进了毛泽东领导核心地位的最终确立。

一、共产国际与战胜张国焘右倾分裂主义错误

1935年6月，红一方面军与红四方面军在四川懋功地区会师后，以毛泽东为核心的党中央的权威首先遭到了红四方面军领导人张国焘的挑战。以毛泽东为核心的党中央在同张国焘作坚决斗争的同时，

"毛泽东、张闻天、周恩来还商请刚从共产国际回来的中共代表团成员张浩（即林育英）做张国焘的工作"①。张浩以中共驻共产国际代表团名义给张国焘发了一系列电报，加速了张国焘分裂行动的结束。共产国际在战胜张国焘右倾分裂主义错误中主要发挥了四方面作用：

第一，张浩在陕北以中共驻共产国际代表团名义致电张国焘，肯定了以毛泽东为首的中共中央的正确领导。1936 年 1 月 24 日，张浩致电张国焘等，传达共产国际指示："（甲）共产国际完全同意中国党中央的政治路线，并认为中国党在共产国际队伍中除联共外是属于第一位，中国革命已成为世界革命伟大因素，中国红军在世界上有很高地位，中央红军的万里长征是胜利了。（乙）兄处可即成立西南局，直属代表团。兄等对中央的原则上争论可提交国际解决。"② 张国焘是中共一大代表，他了解中国共产党是共产国际的支部之一，要遵守共产国际的章程，中央领导成员的任免必须征得共产国际的同意。作为支部党，从党的一大到六大，中共在重大的人事任免问题上一直受到共产国际的控制。张国焘当然知道共产国际对以毛泽东为核心的党中央的认可意味着什么，这封电报对张国焘起到了强大的震慑作用。

第二，张浩在陕北以中共驻共产国际代表团名义致电张国焘，动摇了他坚持第二"中央"的决心。收到 1936 年 1 月 24 日张浩的电报之后，1 月 27 日，张国焘致电林育英和张闻天打出急谋党内统一的旗号，提出："此时或由国际代表团暂代中央，如一时不能召集七次大会，由国际和代表团商同我们双方意见，重新宣布政治局的组成和指导方法，亦可兄处和此间同时改为西北局和西南局"③。从这封电报可以看出，他虽然不想服从党中央的领导，但是还是服从于共产国

① 金冲及：《毛泽东传》（一），中央文献出版社 2013 年版，第 396 页。
② 《中国工农红军第四方面军战史资料选编（长征时期）》，解放军出版社 1992 年版，第 328 页。
③ 《中国工农红军第四方面军战史资料选编（长征时期）》，解放军出版社 1992 年版，第 331—332 页。

际的，同意改为西南局，直属共产国际代表团，张国焘坚持第二"中央"的决心已经动摇。

第三，张浩在陕北以中共驻共产国际代表团名义致电张国焘，分化了张国焘与陈昌浩，使张国焘成为孤家寡人。与张国焘一起南下的朱德、刘伯承、徐向前等早就反对他的分裂行为，一再"规劝张国焘，说你这个'中央'，不是中央，你要服从党中央的领导，不能另起炉灶，闹独立性"。在朱德等人的有力制约作用下，张国焘所谓的"中央"和"军委"都没有成气候。这使张国焘另立"中央"以来，虽然一直以"中央"名义发号施令，但总有一种"做贼心虚"的感觉。只有红四方面军的政委陈昌浩是张国焘的老部下，是张国焘的支持者。在张浩给张国焘发电报之后，"陈昌浩也转变了态度，表示服从共产国际的决定"①。这就使张国焘在政治上彻底成了孤家寡人。

第四，张浩在陕北以中共驻共产国际代表团名义致电张国焘，指出了解决问题的新出路，使张国焘的错误分步骤得以纠正。当时解决张国焘的问题，关键的步骤是"取消这边的'中央'，其他分歧意见，待日后坐下来慢慢解决"②。为了解决这个主要矛盾，张浩早在1935年12月22日就致电张国焘，指出："国际对中国党的组织问题本来有如下的意见：因为中国土地之广大，交通之不便，政治经济的不统一与发展之不平衡，特别是中国革命在各地的爆发等原因，中共中央势难全部顾及，因此可以组织中共中央北方局、上海局、广州局、满洲局、西北局、西南局等，根据各种关系，有的直属中央，有的可由驻莫中共代表团代管，此或目前使全党统一的一种方法，此项意见望兄深思。"这封电报实际上为张国焘指出了新的出路，也就是后来张闻天对张国焘指出的："兄处仿东北局例，成立西南局直属国际代表团，暂时与此间发生横的关系，弟等可同意。"1936年

①　徐向前：《历史的回顾》中册，解放军出版社1985年版，第475、456页。

②　徐向前：《历史的回顾》中册，解放军出版社1985年版，第456页。

1 月 27 日，张国焘致电林育英、张闻天，表示"原则上完全同意"瓦窑堡会议"关于目前形势与党的任务决议"①。这就表明张国焘已经完全接受共产国际代表团的领导，向取消第二"中央"迈了重要的一步。

在敦促张国焘取消第二"中央"取得进展的基础上，张浩开始劝张国焘北上，采取了解决分裂的第二个步骤。1936 年 2 月 14 日，张浩、张闻天致电朱德、张国焘，指出关于战略方针问题："育英动身时，曾得斯大林同志同意，主力红军可向西北及北方发展，并不反对靠近苏联"，这方针"自是上策"②。张国焘因为南下失利，又见斯大林同意主力红军靠近苏联，准备与苏联红军联合抗日，于是也就顺水推舟，同意北上。这是日后彻底解决张国焘问题的重要步骤。

总之，张浩的一系列电报在四方面军中引起了极大震动，对结束张国焘的分裂活动发挥了举足轻重的作用。徐向前回忆："张国焘上不着天，下不着地，心里着慌。特别是张浩来电，传达共产国际的指示，肯定中央北进路线是正确的，高度评价中央红军的英勇长征，这对张国焘的分裂主义，无疑是当头一棒。"③处于南下困境中的张国焘不得不终于结束其分裂行为。在这个过程中，张浩作为共产国际代表坚定地站在以毛泽东为首的党中央一边，使张国焘"在党内的地位开始转居劣势"④。张浩对毛泽东的支持，体现了斯大林和共产国际对毛泽东的态度。1942 年张浩病逝时，毛泽东、朱德亲自为他执绋，毛泽东还亲笔为他的墓碑写了"张浩同志之墓"六个大字，表达了对这位曾经鼎力支持过他的共产国际特使的深切怀念。

---

① 《朱德年谱》（新编本）上册，中央文献出版社 2006 年版，第 552、556 页。

② 《朱德年谱》（新编本）上册，中央文献出版社 2006 年版，第 558 页。

③ 徐向前：《历史的回顾》中册，解放军出版社 1985 年版，第 456 页。

④ 张国焘：《我的回忆》第 3 册，现代史料编刊社 1980 年版，第 297 页。

二、共产国际与战胜王明右倾投降主义错误

抗战爆发后，王明于 1937 年 11 月 29 日由莫斯科回到延安。他一回国，自恃其共产国际执委和主席团成员身份，觊觎党的领袖地位。王明在 1937 年 12 月和 1938 年 3 月的政治局会议上作出报告，提出"一切经过统一战线，一切服从统一战线"的右倾投降主义主张，批判洛川会议以来及毛泽东为核心的党中央采取的正确方针和政策，毛泽东的领导核心地位受到了严峻的挑战。王明右倾错误的产生及其在党内的影响，根源来自共产国际关于中国抗日民族统一战线政策的右倾，中共中央要纠正王明的错误，须取得共产国际一定程度的支持。共产国际在毛泽东战胜王明右倾投降主义错误中主要发挥了三方面作用。

第一，明确肯定中共中央的政治路线是正确的，激发了毛泽东把马克思主义中国化的责任感和使命感。1938 年 9 月，党的六届六中全会召开前，刚刚从莫斯科回国的王稼祥向中央政治局传达了共产国际和季米特洛夫的指示："根据国际讨论时季米特洛夫的发言，认为中共一年来建立了抗日统一战线，尤其是朱、毛等领导了八路军执行了党的新政策，国际认为中共的政治路线是正确的，中共在复杂的环境及困难条件下真正运用了马列主义。"[1] 这一明确指示极大地鼓舞和坚定了毛泽东的信心和决心，激发了把马克思主义中国化的责任感和使命感。为了使全党切实肩负起领导抗日战争的历史重任，在随后召开的六届六中全会上，毛泽东庄重地提出了马克思主义中国化的命题，指出："成为伟大中华民族之一部分而与这个民族血肉相联的共产党员，离开中国特点来谈马克思主义，只是抽象的空洞的马克思主义。因此，马克思主义的中国化，使之在其每一表现中带着中国的特

---

① 《王稼祥选集》，人民出版社 1989 年版，第 138 页。

性，即是说，按照中国的特点去应用它，成为全党亟待了解并亟须解决的问题"①。在整风运动中，毛泽东把理论联系实际、实事求是作为关系革命成败的关键加以强调，并把它作为党的思想原则确定下来，指明了马克思主义中国化的路子和学风，推动和促进了马克思主义中国化的历史进程。

第二，明确肯定毛泽东是中国人民、中国革命和党的真正领袖，使王明放弃了对毛泽东取而代之的意图。王稼祥在向中央政治局传达共产国际指示时委婉地表达了动身回国前夕季米特洛夫同其谈话的中心思想是中共中央要以毛泽东为核心解决统一领导问题，即"应该承认毛泽东同志是中国革命实际斗争中产生出来的领袖，告诉王明，不要争了吧！"② 这一明确指示和意见，恰逢时机，既彻底剥夺了王明以共产国际"钦差大臣"自居、觊觎党的领袖地位的资本，又充分肯定了毛泽东在中共中央的领导地位，说明毛泽东在党内的地位得到了共产国际最高领导人的承认和信服。当然，共产国际之所以表这个态，主要是由于遵义会议以后中国共产党已经确立毛泽东正确路线的领导地位，形成了新的局面，而这个局面已经不是他们能轻易改变的，特别是任弼时专程去莫斯科汇报，共产国际了解了抗战情况和中央政策之后表示支持毛泽东为首来解决中国共产党的领导问题是理智的选择。共产国际的明确意见在当时的情况下有力地遏制了王明的错误主张，使毛泽东成为党的最高领袖成为共识，中共领导层迅速形成推举毛泽东为党的正式领袖的热烈气氛。

第三，共产国际的指示推动和促进了中共内部的团结，使毛泽东的领导核心地位得以最终确立。共产国际的指示澄清了派王明回国的真实意图，使王明失去了护身符，不能够再以莫斯科代言人的角色说话办事，人们也不再把他的话奉为共产国际的指示。王明回国

---

① 《中共中央文件选集》第十一册，中共中央党校出版社1991年版，第658—659页。

② 《任弼时年谱（1904—1950）》，中央文献出版社2004年版，第372页。

前，季米特洛夫即严肃地告诫他："你是共产国际书记之一，但不要以共产国际书记身份出现，要尊重国内同志，尤其要尊重毛泽东同志。""你回国去要与中国同志关系弄好，你与国内同志不熟悉，就是他们要推你当总书记，你也不要担任。"① 实际上共产国际派王明回国，不是要他与毛泽东争夺领导权，而是希望王明帮助中共中央转变政策。"当王明 1937 年被派到中国时，共产国际主要的只关心它的政策的实施而不是关心王明是否入选中央领导。"② 所以，王稼祥在向中央政治局传达的共产国际指示中强调指出："在领导机关中要在毛泽东为首的领导下解决，领导机关中要有亲密团结的空气"③。这就很明确地指出，王明与毛泽东之间的斗争，共产国际是明确地站在毛泽东一边的，表明共产国际认可的中共合适的领导人不是张闻天，也不是王明，而是毛泽东。这就为以毛泽东为核心的党内团结奠定了坚实的基础。在随后召开的中共六届六中全会上，毛泽东的领导核心地位得以稳定，这与共产国际特别是季米特洛夫对毛泽东的支持是分不开的。毛泽东后来说："六中全会以前虽然有些著作，如《论持久战》，但是如果没有共产国际指示，六中全会还是很难解决问题的"④，"季米特洛夫是个好同志，他帮过我们很多的忙。抗日战争中他帮助我们抵抗了右倾机会主义，这个右倾机会主义的领导就是过去'左'倾机会主义的领导王明。"⑤

---

① 王稼祥 1941 年 10 月 8 日下午在中央书记处工作会议上的发言，转引自申长友：《毛泽东与共产国际》，党建读物出版社 1994 年版，第 223 页。

② 托马斯·卡姆平：《从十二月会议到六中全会》，《党史研究与教学》1991 年第 6 期。

③ 《王稼祥选集》，人民出版社 1989 年版，第 141 页。

④ 《毛泽东文集》第三卷，人民出版社 1996 年版，第 425 页。

⑤ 青石：《如果季米特洛夫不支持毛泽东》，《百年潮》1998 年第 1 期。

三、共产国际与毛泽东领导核心地位的最终确立

毛泽东的领导核心的最终确立是个漫长而艰难的过程，既需要战胜外部敌人的军事进攻，又需要战胜党内张国焘右倾分裂主义和王明右倾错误的挑战，纠正党内的教条主义错误路线。在这个过程中，六届六中全会、延安整风与党的七大是最重要的环节。延安整风与党的七大最终确立了毛泽东领导核心地位。如果说提出马克思主义中国化的命题在六届六中全会，完成马克思主义中国化的任务却是在此后的延安整风和党的七大。经过延安整风运动，全党对毛泽东思想的认识发生了突破性的进展，达到了一个新的高度。1943 年 3 月政治会议正式推选毛泽东为政治局主席，并决定他为书记处主席，从领导职务上正式确认毛泽东的领导核心地位。党的六届七中全会通过的《关于若干历史问题的决议》科学地评价了毛泽东同志的历史地位和毛泽东思想。在中国共产党第七次全国代表大会上，刘少奇科学地阐述了毛泽东思想，指出："毛泽东思想，就是马克思列宁主义的理论与中国革命的实践之统一的思想，就是中国的共产主义，中国的马克思主义。"[1] 党的七大把毛泽东思想作为全党的一切工作的指导思想，写入了党章。

共产国际对毛泽东的认可与毛泽东领导核心地位的确立是同步的。1938 年春，鉴于王明从莫斯科回国后以"钦差大臣"自居，否定了党中央洛川会议确定的正确路线，推行其"一切经过统一战线、一切服从统一战线"的右倾路线，造成党内高层指导思想上混乱的严峻形势，中央派任弼时赴莫斯科向共产国际详细汇报了中国国内的情况。季米特洛夫在详细了解了各方面情况后，代表共产国际对毛泽东给予了高度评价："中国共产党的领导人毛泽东同志是久经考验的马

---

① 《刘少奇选集》上卷，人民出版社 1981 年版，第 333 页。

克思列宁主义者。""你们应该告诉中国共产党全体党员，应该支持毛泽东同志为中国共产党的领导人，他是在实际斗争中锻炼出来的领袖"①。这种认可同样表现在中共六届六中全会后共产国际和苏联媒体对毛泽东频繁和集中的宣传中。1938 年 10 月，《共产国际》杂志发表了《毛泽东和世界学联代表团的谈话》；1939 年 4 月，《共产国际》（俄文版）刊载了毛泽东在党的六届六中全会上的报告《论新阶段》一文；6 月《共产国际》刊载介绍毛泽东生平的文章，高度评价毛泽东；最有典型意义的是苏共驻共产国际代表团在苏联共产党第十八次代表大会上的报告中特别指出，"中国共产党的优秀人物毛泽东和朱德，是政治领导者和天才将领品质俱优的人物"②。此后，共产国际和季米特洛夫一直很重视中共内部团结和领导层的一致。据七大代表李士英回忆，1941 年夏他离开苏联前夕，季米特洛夫也几次同设在莫斯科的中国党校学生谈话，"中心的内容是嘱咐这些学生回到中国以后要听毛泽东的意见，不能听其他什么路线的；在中国革命问题上只有毛泽东是正确的"③。共产国际的高度评价和认可，对于最终确立毛泽东的领导核心地位上发挥了不可替代的作用，这从七大以前中国共产党的历史上重大人事变动即可见一斑。中国共产党重大的人事安排都受到共产国际、联共（布）的干预和影响。陈独秀、瞿秋白、李立三的上台和下台都同共产国际、联共（布）有关，向忠发、王明等更是共产国际、联共（布）直接扶上台的。在中国共产党属于共产国际的一个支部的历史条件下，党的路线和领导人人选都受到共产国际、联共（布）的控制，共产国际对毛泽东的支持无疑使毛泽东的领导核心地位更具"合法性"，有力地促进了毛泽东在全党领导核心地位的

① 王稼祥：《回忆毛主席革命路线与王明机会主义路线的斗争》，《红旗飘飘》第 18 期，中国青年出版社 1979 年版，第 53 页。
② 《解放周刊》，1939 年 7 月号。
③ 李士英：《回忆我参加七大前后》，载《七大代表忆七大》下，上海人民出版社 2006 年版，第 1038 页。

最终确立。

当然，共产国际与毛泽东也有分歧、矛盾和斗争。共产国际对毛泽东提出的把马克思列宁主义中国化，是持不同看法的，他们认为中国共产党依靠农民，"对成长中的工人阶级估计不足，而这远不能不给中国共产党的意识形态、口号及其对革命政治任务的理解方面打下烙印。中国共产党中的民族主义倾向相当严重。在中国共产党队伍中国际主义团结感发扬得不够"[1]。他们担心中共以乡村为中心，远离工人阶级、不能够使党布尔什维克化。[2] 对于延安整风运动，他们认为"'教条主义者'这个叫法，体现出中共领导对苏联、马克思列宁主义和国际主义的公开厌恶"[3]。苏德战争爆发后，由于中共没有完全按照苏联出于民族利己主义立场对中共提出的过分要求而行动，共产国际、联共（布）竟无端指责中共有民族利己主义严重倾向。抗日战争胜利前后，苏联领导人甚而否认中国共产党是真正的共产党，说中共虽自称共产党人，但与共产主义不发生任何关系。所有这些，说明共产国际对中国共产党抱有根深蒂固的偏见。但是，中国共产党此时已经是个成熟的党，完全遵循独立自主原则，能够正确认识和处理同莫斯科的关系，他们这些偏见已不可能对推进马克思主义中国化的历史进程造成多大阻碍和干扰了。

---

[1] 瓦·伊·崔可夫：《在华使命——一个军事顾问的笔记》，新华出版社1980年版，第34页。

[2] 参见《周恩来选集》上卷，人民出版社1980年版，第178—179页。

[3] 彼得·弗拉基米洛夫：《延安日记》，东方出版社2004年版，第122页。

专题研究篇

第六章 关于"土地革命战争" 时期的几个问题

一、"土地革命战争"的历史特点

"土地革命战争"是党的历史上一个极其重要时期，在这个时期里，党在革命低潮形势下，在极端艰难困苦的环境中，领导人民进行了艰苦卓绝的斗争。由于共产国际的错误路线以及其他方面的因素，党的领导机关连续犯了三次"左"倾错误，特别是以王明为代表的"左"倾冒险错误给中国革命带来严重危害，这个时期党经历了失败的考验，正反两个方面的历史经验教育了党和干部，以毛泽东同志为代表的中国共产党人，坚持把马列主义普遍原理与中国革命实际相结合的原则，在同曾经盛行的把共产国际决议和苏联经验教条化和神圣化的错误倾向斗争中，总结了中国革命经验，发展了马列主义。在党的建设、中国革命战争战略、战术、中国革命道路以及政治策略等一系列重大问题上提出了符合中国革命实际的科学理论，主要是乡村包围城市道路的理论。遵义会议在危急中挽救了党和中国革命，实现了党的历史上的伟大转折，并取得了红军长征的胜利。华北事变后，由于中日民族矛盾上升为主要矛盾，国内阶级关系发生重大变化，党坚决地实行了政治策略和军事战略上的转变，并为建立抗日民族统一战线进行了不懈的努力。西安事变的和平解决，实现了国内和平，迎来了伟大的抗日民族解放战争的新高潮。

这个时期的历史特点主要有以下几点。

第一，这个时期革命形势的低潮时间最长，是党和人民处于极端艰难困苦的时期。

民主革命 28 年间，中国革命出现三次高潮。从第一次大革命经过"土地革命战争"，抗战到解放战争夺取全国胜利，"土地革命战争"时期革命形势虽有起伏，但总的说来十年有八年时间基本上处于低潮形势下。这个时期低潮时间最长，敌我力量悬殊，白色恐怖最严重。军事上的"围剿"与反"围剿"多次反复，战争环境最艰苦。

第二，这个时期是党独立地领导武装革命，开创中国革命新道路的时期。

第一次大革命是在国共合作的统一战线情况下进行的。这个时期中国共产党领导革命，主要是在政治上通过改组以后的国民党实行的；党直接领导工农群众运动是以国民党面貌出现的；国民革命军的北伐战争也是在国民党的旗帜下进行的。"四一二"蒋介石集团的叛变，"七一五"汪精卫集团的叛变，表明国共合作的统一战线的完全破裂。蒋介石集团在帝国主义支持下，建立反革命政权，中心城市被强大敌人的反革命武装所占据。在新形势下，中国共产党独立地领导武装革命，从城市撤退到敌人统治力量薄弱的农村，开辟了中国武装夺取政权的正确道路。也就是在农村建立根据地和苏维埃政权，建立发展工农红军，实行土地革命进行武装斗争，积蓄革命力量，以农村包围城市，最后夺取全面胜利。

第三，民主革命时期，是党的领导机关犯"左"倾错误次数最多、统治时间最长、危害最大的一个时期。

民主革命时期，党中央犯了四次路线错误，其中三次"左"倾错误集中在"土地革命战争"时期，而且每次错误之间，间隔很短。1928 年 4 月第一次"左"倾被纠正之后，间隔两年，1930 年 6 月又犯了第二次"左"倾错误，1930 年 9 月刚刚纠正了二次"左"倾，

1931 年 1 月第三次"左"倾又统治了中央达四年之久，结果 90% 的根据地不得不放弃，白区党的组织绝大部分受到严重破坏。

第四，毛泽东思想逐步形成，党从幼年达到成熟的时期。

第一次大革命时期，建立了国共合作的统一战线，党在政治上领导了北伐战争，工农运动迅猛发展，然而当蒋、汪集团叛变对共产党进行突然袭击时，党的领导机关犯了右倾投降主义错误，不能进行有效反抗，挽救大革命的失败。这固然是共产国际和陈独秀负有主要责任，另一方面也却反映了党处于幼年时期，对马克思主义理论和中国革命实际不甚了解，没有经验，没有形成一条符合中国革命实际的马克思主义路线。大革命的惨痛失败教育了党，在武装反抗国民党反动派的斗争中探索中国革命的正确道路。但是，在这期间，由于共产国际指导路线的错误，加上党中央的主要领导人，对国际决议和苏联经验抱着教条化神圣化的态度，他们不懂得马克思主义与中国革命实际相结合的原则，无视中国革命实际，又犯了"左"倾冒险错误，给革命带来严重危害。正反两方面的历史经验教育了党，以毛泽东为代表的中国共产党人，从中国革命实际出发，总结了中国革命的经验教训，并从反对把共产国际决议和苏联经验教条化神圣化的错误倾向的斗争中，逐步形成毛泽东思想，树立起指导中国革命胜利的伟大旗帜。

1935 年 1 月，具有伟大历史意义的遵义会议，批判了错误军事路线，肯定了毛泽东的军事路线，把党的路线转移到马克思主义轨道上来。选举毛泽东为政治局常委，直接参加领导当时具有决定意义的军事工作，确立了他在党和红军的领导地位，使红军和党中央得以在极其危急的情况下保存下来，并在这以后能够战胜张国焘的分裂主义，胜利地完成长征，打开中国革命的新局面。毛泽东思想的形成和通过遵义会议党的路线转移到马克思主义轨道上来，标志着党从幼年到成熟的伟大历史转折。

研究这时期党史应注意以下几个问题。

第一，全面正确地分析形势。形势和阶级关系状况是党制定路线政策的客观依据和出发点，能否正确估量形势和阶级状况对于制定什么样的路线政策关系极大。八七会议正是由于正确地分析了形势，总结了大革命失败的教训，才能够制定实行土地革命和武装斗争的总方针。毛泽东同志正是由于正确地分析了形势和阶级关系的变化，才把秋收起义和进军方向适时地由中心城市转向农村；在井冈山时期，正确区别了统治阶级政权的暂时稳定时期和破裂时期，采取了不同的策略，才有军事斗争的胜利。瓦窑堡会议，正是由于科学地分析了华北事变后的形势和国内阶级关系的重大变化，才确定了建立抗日民族统一战线的策略。相反，犯"左"倾错误的领导人，对于形势和阶级关系总是作主观主义的估量。把低潮看成高潮，把局部看成整体，因而主张冒险主义的进攻；抹杀了九一八事变后由于民族矛盾上升而引起的国内阶级关系的变化，面对中间势力抗日民主的要求，竟采取了"左"倾关门主义政策。因此，我们应认识到正确分析形势的重要性，分清主流和支流，局部与整体，现象与本质。"土地革命战争"时期正确分析形势的关键是如何分析大革命失败后各地武装起义以及开辟根据地，创建红军的斗争。从战略上看，这些都应当是防御性质的，要把战略上的退却、防御同战役战斗上的进攻区别看待，把全局和局部区别开来。不能由于各地兴起的武装反抗国民党反动派的斗争如火如荼，就认为革命达到高潮。瞿秋白、李立三正是错误地估计了形势，因而犯了"左"倾冒险错误。

第二，全面评价"左"倾错误统治时期的党和党领导的中国革命斗争。从六届四中全会到遵义会议四年之久，以王明为代表的"左"倾冒险主义统治了党。然而这期间在党中央领导下，中国人民为反对日本帝国主义侵略和国民党的反革命围剿进行了不屈不挠的英勇斗争。建立了革命根据地，实行土地革命，壮大了红军。这都是历史事实。全面正确评价这段党的历史应注意两点：一是肯定"左"倾领导在抗日、土地革命、反蒋斗争上是坚决的；二是肯定广大指战员和人民进行革命斗争是有历史功绩的。另一方面，要从路线上总体上否定"左"倾路线。如果不肯定党中央领导人民坚决反抗日本帝国主义侵略和国民党反动派及地主豪绅封建势力的业绩，既不符合历史实际又会影响人们对党的光荣伟大正确的看法。同样，如果不从根本上否定"左"倾冒险主义的路线和政策，则是非不分，不能吸取历史的教训。今天也难以正确理解和坚决贯彻三中全会以来的正确路线和政策。

第三，关于毛泽东思想的形成，要强调几个基本观点。一是坚持理论与实际相结合的原则。正是由于毛泽东同志重视调查研究，强调从实际出发，反对本本主义，自觉地认识到马克思主义普遍真理必须同中国革命实际相结合，才有可能提出符合中国革命实际的新结论。"土地革命战争"时期共产党"左"倾中央完全忽视中国革命实际，始终坚持进攻路线和城市中心论，经毛泽东为代表的中国共产党人同那种把共产国际决议和苏联经验教条化神圣化的错误倾向进行斗争，才提出农村包围城市道路的理论，逐步形成毛泽东思想。二是用群众路线的方法，集中全党的智慧。老一辈革命家在领导中国革命斗争中，在不同程度上，从不同的角度对中国革命经验作出总结，对毛泽东思想的形成作出积极的贡献。毛泽东同志正是善于集中全党的智慧，系统地总结了中国革命的经验，提出符合中国革命实际的科学理论。三是有个实践、认识、再实践、再认识，由幼稚到成熟的发展过程，因而不能要求它一开始就是完满的，一成不变的。只是掌握这些基本观点，才能正确理解毛泽东思想，引导学生学习理论，联系实际，把坚持毛泽东思想与发展毛泽东思想结合起来。

二、关于农村包围城市道路理论的形成

农村包围城市武装夺取政权的理论，是以毛泽东为代表的中国共产党人创造性地把马列主义普遍真理与中国革命实际结合得出的实

现武装夺取政权的新结论，为马克思主义理论宝库增添了新内容，是马列主义普遍真理与中国革命实际相结合的光辉典范，也是毛泽东思想产生（或形成）的一个重要标志。它在党的历史上，毛泽东思想发展史上具有极为重要的地位。

近年党史界发表的论文对农村包围城市的理论形成时间及内容的理解存在着不同的看法，大体有三种意见：一是认为 1928 年 10 月《中国的红色政权为什么能够存在?》标志着它的形成；二是认为 1930 年 1 月《星星之火，可以燎原》标志着它的形成；三是认为 1936 年或 1938 年《中国革命战争的战略问题》、《战争与战略问题》标志着它的形成。之所以有上述三种不同的看法，主要是由于对构成这一理论的几篇重要著作的理解和评价、对"工农武装割据"的思想与农村包围城市道路两个概念的含义有不同的理解。

（一）形成的过程与标志

1928 年 10 月，毛泽东同志在为湘赣边界党的第二代表大会写的决议的一部分《政治问题和边界党的任务》（即《中国的红色政权为什么能够存在?》）中提出了"工农武装割据"的思想，着重阐述了在四周白色政权包围之中，一块或若干小块红色政权能够存在的原因和条件。1930 年 1 月，毛泽东为批判当时党内以林彪为代表的主张流动游击的观点而写通信（即《星星之火，可以燎原》），着重阐述了建立红色政权的历史意义，概括了建立红色政权的正确路线和政策。它的正确路线和政策是"朱德毛泽东式，方志敏式之有根据地，有计划地建设政权的，深入土地革命的，扩大人民武装的路线"，"政权发展是波浪式的向前扩大的"。要区分统治政权，发展及稳定时期和分裂时期。它的作用和意义是"半殖民地中国在无产阶级领导之下的农民斗争的最高形式和半殖民地农民斗争发展的必须结果；并且无疑义地是促进全国革命高潮的最重要因素"，"成为将来大革命的主要工具"。这里初步地把红军和小块红色政权的建立同未来夺取全国胜利联系起来，把它当作取得革命胜利的中心和重点。这就初步具备了农村包围城市，武装夺取全国政权道路的思想。1936 年 12 月，毛泽东在《中国革命战争的战略问题》中总结了中国革命战争的特点，阐述了半殖民地中国政治经济发展不平衡的规律，并由此而指出中国革命战争有发展和胜利的可能性。到了 1938 年 11 月 6 日，毛泽东在党的六届六中全会上，根据中国社会的特点，指出在实现武装夺取政权的道路上，中国与俄国不同。他指出：由于中国是半殖民地社会，对内没有民主，无议会可以利用，对外没有独立。"在这里，共产党的任务，基本地不是经过长期合法斗争以进入起义和战争，也不是先占城市后取乡村，而是走相反的道路"①。这就明确概括了中国革命道路问题。翌年 12 月，毛泽东同志亲自写的《中国革命和中国共产党》第二章第二节，在分析中国革命对象和国情时，又进一步论述了首先在农村建立根据地的必要性、可能性，提出必须将落后的农村造成巩固的根据地，才能在长期战争中逐步争取革命的全部胜利。这样，使农村包围城市的理论更加系统化完整化并且有了发展。

由此可见，作为农村包围城市的理论的初步形成是 1930 年上半年，系统化完整化则是 1938 年。

（二）两篇著作的评价及两个概念的理解

人们对于农村包围城市道路理论形成的时间之所以有不同的看法，主要是由于对构成这一理论内容是《中国的红色政权为什么能够存在?》、《星星之火，可以燎原》两篇著作的理解和评价不同；对于"工农武装割据"思想与农村包围城市，最后夺取全国革命胜利的两个概念的理解不同及其关系不清的结果。因此，必须对两篇著作作出恰如其分的评价，对于"工农武装割据"与农村包围城市两个概念的含义作出科学的比较严谨的说明。

---

① 《毛泽东选集》第二卷，人民出版社 1991 年版，第 542 页。

《中国的红色政权为什么能够存在?》写作的背景是针对井冈山时期红军内存在着的红旗能够打多久的疑问。该文集中回答了在四周白色政权包围中小块政权能够存在的原因和条件。当时根据地仅仅局限于井冈山地区而且遭到三月失败和八月失败。在强敌包围,敌我力量极为悬殊的环境下,毛泽东同志深刻分析了半殖民地半封建中国的社会特点,提出"实行工农武装割据"的思想,从理论上说明红色政权能够存在和发展的原因和条件,这在马克思主义发展史上是个新的突破,为农村包围城市道路理论的形成,创造了前提,奠定了基础。从这个意义上来说,它本身即构成农村包围城市的理论的重要组成部分。然而这并不等于说已经形成农村包围城市的这个理论,因为它还没有把局部的小块红色政权建立同夺取全国胜利联系在一起;没有解决党的工作重点要以农村为中心。由于受到当时历史条件的限制和革命实践的局限,而仅仅是把小块红色政权作为配合全国革命形势和城市斗争,取得全国胜利的许多力量中间的一个力量而已。而到了1930 年 1 月所写的《星星之火,可以燎原》一文,则大不相同。该文虽然也没有概括出农村包围城市的概念,但在阐述红军、游击队和红色区域的建立和发展的意义和作用时却初步解决了以农村斗争为中心,把局部政权与取得全国胜利联系起来。正如周恩来同志在《关于党的"六大"研究》中评价《星星之火,可以燎原》一文中所说的,这封信"明确指出要创造红色区域,实行割据,认为这是促进全国革命高潮的重要因素,也就是要以乡村为中心",当然作为农村包围城市,最后取得全国胜利的科学理论的概括,它的内容应该包括,四周白色政权包围之中小块红色政权能够存在的原因和条件、在半殖民地半封建中国建立红色政权的必要性和它的历史意义以及这条路线所必须具备的内容即武装斗争、根据地、土地革命相结合。如果按照这样的理解,这一理论问题到了 1938 年才得到完满的解决。这不等于说在 1930 年还基本没有形成。正如新民主主义革命总路线的形成一样,作为它的基本思想和内容,实际上早已逐步形成,然而作为公式化的概括则一直到解放战争时期。显然不能因此就说一直到解放战争时期才有了新民主主义革命总路线。

由此可见，"工农武装割据"与农村包围城市两者内含不完全相同，如果混用不能说错，但严格说起来是不够确切的。

（三）《反对本本主义》在毛泽东思想形成中的重要意义

1930 年 5 月，毛泽东同志所著《反对本本主义》一文，冲破了教条主义的束缚，第一次大胆地提出了中国共产党人所应坚持的思想路线。它对于农村包围城市道路理论形成及对毛泽东思想的形成具有极为重要的历史意义。过去在党史界，对这篇著作的历史意义没引起重视，值得注意。

当时在国际共产主义运动中、在中国共产党内盛行着把共产国际决议和苏联经验教条化、神圣化的错误倾向。共产国际滥用职权，从主观主义愿望出发，一味地推行它的进攻路线，在党内反倾向斗争问题上，不问中国革命实际，也按照反布哈林的调子，一味地指示中国共产党开展反右倾斗争。在这种政治气氛的笼罩下，毛泽东同志基于他坚定的马克思主义原则精神和他对中国国情的深刻了解，突破政治上的压力和习惯势力，提出反对本本主义。一是批评"唯上"的思想，深刻指出，不根据实际情况，对上级指示一味盲目执行，单纯建立在"上级"观念上的形式主义的态度是很不对的。二是批评"唯书"的思想，深刻指出，"本本主义"的社会科学的研究方法是危险的。强调读马列的书，必须坚持理论与实际结合的原则，搞调查研究，否则就要产生唯心的阶级力量和唯心的工作指导，就会犯机会主义或盲动主义错误。当时中国共产党的"上级"指导中国的革命的"本本"是什么呢？显然就是共产国际的指示和马列的"本本"，毛泽东同志以辩证唯物主义与历史唯物主义观点，深刻指出："共产党的正确而不动摇的斗争策略，决不是少数人坐在房子里能够产生的，它是要在群众的斗争过程中才能产生的，这就是说要在实际经验中才能产生……那些具有一成不变的保守的形式的空洞乐观的头脑的同志们，以为现在的斗争策略已经是再好没有了，党的第六次全国代表大会的'本本'保障了永久的胜利，这些想法是完全错误的，完全不是共产党人从斗争中创造新局面的思想路线，完全是一种保守路线。"①这是同共产党人从斗争中创造新局面的思想路线不相容的。这种保守路线如不根本丢掉，将来会给革命造成很大损失，也会害了这些同志。中国革命斗争的胜利要靠中国同志了解中国情况，从中国实际出发，总结中国革命斗争经验，得出符合中国革命的科学结论，去指导中国革命。毛泽东同志在这篇文章中所提出的观点是极其可贵的。它表明了中国共产党人已经开始从迷信"本本"，照搬国际指示的束缚中有所觉悟，主张坚持马克思主义的思想路线，坚持马列主义与中国革命实际相结合的原则，独立自主地解决中国革命问题。这是马克思主义的觉悟，是产生马列主义与中国革命实际相结合的毛泽东思想的极其重要的思想条件。有了这种觉悟才有可能把马列主义普遍原理运用于中国革命实际，提出新的科学结论，形成符合中国革命需要的科学思想。很难设想，把马克思列宁的书、共产国际的指示教条化神圣化就会产生符合中国革命实际的科学理论。事实上也正是这个时期，在这一思想路线指导下毛泽东同志总结了中国革命经验，集中全党智慧，提出关于农村包围城市，最后取得全国胜利的理论，并相应地提出了在一个落后的农业国里，以农民为主要成分，长期生活在游击战争的环境里的共产党如何建设成为无产阶级先锋队，以及建设一支共产党领导下的人民军队的重要思想。到了1937年，毛泽东同志在他所著《实践论》、《矛盾论》中，又从哲学上系统地总结了中国革命经验，进一步阐述了党的思想路线，表明了毛泽东思想逐渐达到成熟。

---

① 《毛泽东选集》第一卷，人民出版社1991年版，第115页。

（四）农村包围城市道路理论是中国革命客观规律的反映，是党的集体智慧的结晶

毛泽东同志所总结出的农村包围城市道路的理论之所以正确，成为指引中国革命走向胜利的航道，是因为它是符合中国国情的，是中国革命客观规律的反映。在大革命失败以后的新形势下，中国革命走什么道路的问题尖锐地摆在中国共产党人面前，要坚持革命必然要探索中国革命的道路。在"八七"紧急会议所确定的实行土地革命和武装反抗国民党反动派的总方针指引下，全国各地举行了多次的武装起义。发动这些起义，开始时对于中国革命的道路问题还处于不自觉的状态，在强敌围攻下遭到了失败，然而在大多数地区在不同程度上保存下革命力量，转向农村或山区，开展游击战争，为创建中国工农红军及农村革命根据地提供了有利的条件。在这个斗争实践中许多老一辈革命家，在不同程度上为农村包围城市道路理论的形成提出了有益的思想，作出了贡献。

在八七会议上毛泽东总结了大革命失败的沉痛教训，抓住了要害，明确指出："以后要非常注意军事。须知政权是由枪杆子中取得的。"①

1927 年 8 月 8 日、9 日，中央两次以前委的信中指出："南昌暴动其主要意义在于广大地发动土地革命斗争。这一暴动应与中央决定的秋收暴动计划汇合为一贯的斗争"，其目的"在以军事力量帮助四省暴动的实现的成功，不然则失掉暴动的意义。"

1927 年 12 月 7 日，《中央通迅》第八期《湖南省委工作计划决议案》提到"暴动创造一独立割据的局面。"

1927 年 12 月 10 日，瞿秋白的《武装暴动的问题》虽然是城市中心观点，然而也提出了某些有益的思想，他认为"由于中国资本主义落后，豪绅资产阶级没有组织全国中央集权政府的能力，因此，革

---

① 《毛泽东文集》第一卷，人民出版社 1993 年版，第 47 页。

命不能有夺取'首都一击而中的发展形势'。游击战争必须进行革命地域的建立"。

1927 年 12 月 21 日中央给朱德的信，要朱德同毛泽东"确定联络，共同计划发动群众以这些武装造成割据的暴动局面，建立工农兵代表会议——苏维埃政权"认为这是一件"刻不容缓的事。"

1927 年 12 月 28 日，李立三（广东省委书记）给中央的信讲到暴动的策略时说："先从农运较有基础的地方发动暴动，造成一县或数县的割据的局面，形成包围广州的形势。"

1928 年 6 月，赣东北横峰会议上，方志敏同志针对有人主张解散武装转移到城市及流动游击的意见，提出依靠根据地的群众，就地展开游击战争的正确方针。

1928 年 6 月 18 日—7 月 11 日召开的"六大"尽管有缺点，但它的路线是正确的。就农村斗争方面来说，会议明确规定了建立红军、建立根据地、实行土地革命三大任务。这三者都是走农村包围城市道路所必需的。当然这些见解、提法还不能说是农村包围城市的道路的理论。不过对于这个理论的形成说来，却是在不同程度上反映出的可贵的思想。这些思想火花为毛泽东同志所集中概括，在认识上有个飞跃，从而逐步形成马克思主义的新结论。由此可见，农村包围城市的道路的理论是中国革命规律的正确反映，是实践中提出要求人们回答的问题，因此全党都在探索，并提出一些有关的见解；而毛泽东同志则是作为这个道路探索中的杰出代表并对之作出科学的理论概括，得出马克思主义的新结论。

三、关于党的土地革命路线

一条正确的土地革命路线是完成土地革命的根本保证。学术界对于土地革命路线形成的时间有不同的意见。一种意见认为是 1930年"二七"会议，这是粉碎"四人帮"以前一段时间内的通常说法；

另一种意见认为是 1931 年上半年，这是近年来提出的新看法，两种意见分歧之所以产生主要是由于人们对于土地革命路线同阶级路线的内容界定不完全相同，内含大小不等所致。其关键在于是否包括土地私有权的确定。

第一，关于土地革命路线同阶级路线的内含。

这里所说的土地革命路线同阶级路线，不是从抽象的概念出发，先下定义，适用于任何国家、任何历史时期的路线，而是指党在土地革命战争时期所制定的路线。它不是哪一天，哪一个人，一下子明确和确定下来的，而是经过几年的实践，不断纠正"左"的、右的偏向，反复总结经验逐步形成完善起来的。关于阶级路线，在历史文献里用词不同。"六大"农民问题决议案里称"共产党的策略路线"，指出："现阶段党的主要策略是创建大多数反封建剥削的统一路线，从贫农起到中农止，特别注意防止富农争夺领导权，巩固贫农、雇农的领导权，使富农中立；联合中农是保证土地革命的重要条件。"

1929 年 6 月，党的六届二中全会政治决议案规定：在策略上必须认定贫农是斗争中的中坚。中农是巩固的同盟者，坚决反对富农。

同年 9 月 1 日，中央关于接受共产国际对农民问题的指示的决议案规定：党在农民斗争中总的路线，是建立广大农民群众反封建势力的革命路线，贫农是土地革命的主要动力，中农是巩固的同盟者，雇农是党在农村中的基础，坚决反对富农。

1933 年 6 月 2 日，中央局关于查田运动的决议规定：党的正确的策略应该是依靠雇农及贫农与中农群众组成巩固的联盟，并使雇农群众在查田运动中起先锋队的领导作用，来消灭地主阶级的残余势力，削弱富农经济上的势力，与打击他们窃取土地革命果实的企图。同年 10 月，《怎样分析农村阶级》为正确地贯彻阶级路线提供了理论上政策上的依据。接着，党的六届五中全会给二次全苏大会党团的信又进一步作了明确规定。

阶级路线是整个土地革命路线的核心。土地革命路线除阶级路线外，还有土地分配的标准和原则（或办法）以及土地农民所有权的确定。当然，这些规定正确与否归根到底也是有利于哪个阶级或不利于哪个阶级的问题，就这个意义来说，阶级路线也可以说是土地革命路线的核心和实质。不过两者内涵不完全相同，人们往往混用，严格来说是不够确切的。

第二，土地没收的对象和范围。

党的历史上围绕土地没收的对象和范围是有过多次争论的。争论的焦点一是没收整个地主阶级的土地，还是仅仅没收大中地主的土地，也就是说小地主的土地是否也没收？二是没收一切土地还是仅仅没收地主阶级的土地，农民的土地是否也没收？

关于小地主要不要没收的问题，从南昌起义前委经八七会议到改组后的湖南省委一直存在着分歧。南昌起义后，前委内部多数人开始主张没收二百亩以上大地主的土地，到了上杭又改为五十亩以上的。八七会议上，毛泽东同志不赞成仅仅没收大地主的土地，主张小地主的土地也没收，否则难以满足雇农的要求。这个意见没被采纳。他们的理由是为了使城乡的小私有者中立。8月23日，中央复函给湖南、安徽省委仍然采纳这个观点，改组后湖南省委内毛泽东同志同易礼容也有分歧。

1927年9月23日，中央致广东函，提法有变化，指出：对于小地主的土地必须全部没收，实现"耕者有其田"的原则。1928年5月5日，中央通告第三十七号规定没收一切地主阶级的土地。

关于农民的土地要不要没收的问题，也有个认识的过程。农民根据地第一个土地法——《井冈山土地法》规定：没收一切土地归苏维埃政府所有。1928年6、7月间党的第六次代表大会《土地问题决议案》规定：没收豪绅地主阶级的土地财产，纠正了没收一切土地的口号。根据"六大"的规定，1929年2月，中央通告第二十八号作出了相同的规定。同年4月，《兴国县土地法》对《井冈山土地法》

作了修正。7月，闽西党第一次代表大会也都根据"六大"精神作出相同的规定。关于要不要没收农民的土地问题，从"六大"开始全党有了统一的认识，得到及时地解决。

第三，分配土地的标准和原则。

这个问题在"土地革命战争"时期一直争论较大，并且经过多次反复。争论的重点就是以人口为标准，还是以劳力及工具为标准。

1928年5月5日，中央通告第三十七号第三条规定：土地的分配以土地的肥瘠和人口的多寡为标准。同年12月，《井冈山土地法》也是以人口为标准，男女老幼平均分配。从此在这个问题上出现了多次反复。到了1930年5月，在上海召开的全国苏维埃区域代表大会通过的《土地暂行法》略有改变。第九条规定：土地分配有两种办法：(1) 一切土地平均分配；(2) 只就没收的土地分配，原耕农民不动。分配的标准也有两种：(1) 按人口分配；(2) 按劳动力分配。各乡苏维埃可以按照本乡的实际情况来决定适当的办法。同年8月，中国革命军事委员会颁布的苏维埃土地法，纠正了按劳动力和工具作为分配标准的规定。1929年7月27日，在毛泽东同志领导下召开的闽西党的第一次代表大会关于土地问题决议案规定：土地分配方法，应该以乡为单位，按原耕为基础，"抽多补少"，按人口平均分配，对在乡的地主，"将酌量分与田地"。南阳会议又增加了"抽肥补瘦"的原则，使闽西"一大"提出的方法更加完善。分配标准争论的实质关系到有利于哪个阶级的问题。一般说来以劳动力和工具为标准是有利于富农、富裕中农的。因为富农和富裕中农劳动力强，生产工具（畜力、农具）和资本比较雄厚。按人口平均分配则有利于贫农、雇农。因为一般说来他们的家庭人口多，劳动力少，生产工具少，没有畜力。两种分配标准的实质，还反映当时分配土地的现实的直接目的是争取群众，发动群众，支援战争，不是着眼于发展生产的问题。从长远看或从根本上来说两者是一致的，是互为条件的，但在土地革命战争初期根据地很不稳定，得失难断的军事形势下，最迫切的问题还是如何争取群众的问题。其次才是发展生产问题。如果是这样，则应以人口作为分配的标准。这样可以首先满足贫农、雇农对土地的迫切要求。关于分配标准争论的实质和阶级实质，1930年6月的前委、闽西特委联席会议作出的《富农问题》的决议对此有比较深刻的认识和鲜明的规定。第十条指出，分配土地不按人口平分而以劳动力为标准分配于富农有利；第十一条指出，争取群众是目前策略的第一标准，发展生产不是目前策略的第一标准。第十二条还进一步说明即使按人口平分也不会减少生产，反而是增加生产的条件。并根据闽西分配土地后的实际情况加以论证。

第四，土地所有权问题。

所谓土地所有权问题，是指地主阶级的土地没收后，归苏维埃政府所有，还是归农民私有。这是中国土地革命的一个十分重大的原则问题。因为我国国情同俄国不同，俄国的富农经济比较发达，十月革命后土地可以归苏维埃所有，实行集体农庄。中国小农个体经济占绝对优势，历史上形成的农民私有观念较深，农民土地私有权不确定是个大问题，必将严重影响农民生产的积极性。当年在没收地主阶级土地后分配给农民使用是毫无异议的，问题是在较长的时间内土地使用权与所有权分离，从井冈山土地法及中央有关土地政策的规定，直到1930年以前这个问题一直没有解决。到了1930年9月，党的六届三中全会才指出，目前革命阶级中尚未到整个取消私有制，不禁止土地买卖和在法律允许的范围内的租佃。1930年10月，中央政治局《关于苏维埃区域目前工作计划》指出，现在以政府的法令或者以决议禁止土地买卖和租佃是脱离全体农民群众的过早办法，应予纠正。1931年2月8日，中共苏区中央局通告第九号明确指出，必须使广大农民在革命斗争中取得他们唯一热望的土地所有权，才能取得革命的胜利。同年2月27日，毛泽东同志在兴国、东塘进行社会调查，总结土地革命经验的基础上，给江西省苏维埃政府写了一封信，题为《民权革命中的土地私有制度》，说明了确立土地归农民所有的重要性，明确提出必须确定土地私有权的问题。接着，同年 3 月 15 日，江西省苏维埃发表文章《土地是我们的，耕种起来啊!》说："省苏维埃已经宣布了土地归农民，土地已经分定，土地使用权，所有权通通归农民。"这样解决了使用权与所有权分离问题。不久，江西省县区苏维埃主席联席会议通过的《土地问题提纲》正式确定土地归农民私有。作为中央政府明文规定土地归农民所有则是 1933 年 6 月 1 日。当时，中华苏维埃共和国中央政府土地人民委员部布告说：为确定土地所有权，为发展国民经济，为肃清瞒田现象，配合查田运动实行土地登记，颁发土地证，限 7 月 10 日前办完。

土地私有权的确定，对于稳定农民情绪，调动生产积极性，巩固发展土地革命的成果具有重要意义。如果说，没收地主阶级的土地归农民使用是消灭封建经济基础的话；那么，确定土地归农民私有则是形成的马克思主义土地革命路线的一个极为重要的内容。

第五，对待富农的政策。

如何对待富农和富农经济是土地革命中的一个比较复杂的重要问题。由于中国富农封建主义剥削比重大，在一个比较长的时间内，怎样对待富农的政策并没有得到正确的解决。曾发生过右的、"左"的偏向。1928 年党的第六次代表大会所通过的农民决议案，主要是从政治上区分农民几种情况，主张建立反封建剥削统一战线，同时注意防止富农争夺领导权，使富农中立。

1929 年 2 月 3 日，中央通告第二十八号第一部分明确指出，建立农村统一战线的最主要的问题就是对富农的策略。"中国现在的富农，因他的经济关系，社会关系和农村中阶级分化不同的关系，而发生对于土地革命的各种不同的态度，因此我们对于富农的策略不能是机械的联合，而是要看客观上富农表现的态度决定各种不同的策略。"这就是说："还同情革命的富农，必须吸引到反地主阶级的战线之内。已经反革命的必须在反地主反军阀的斗争中同时反对富农。摇摆于革命与反革命之间的，那就不必故意加紧对他们的斗争，而使之中立。"① 总之，一方面要吸引富农到革命战线内来，同时又要与富农积极地斗争。1929 年 6 月 7 日，共产国际给中共中央关于富农的问题的信，批评了联合富农的政策，主张反对富农。同月，六届二中全会关于政治决议案指出，必须坚决地反对富农才能彻底完成土地革命。1929 年 7 月 28 日，党的闽西"一大"，规定自耕农不没收，富农多余部分没收。这个规定是在对待富农的政策上前进了一步。

1931 年 2 月 8 日，中共苏区中央局通告第九号指出：反对富农不是消灭富农，批评反对所谓"初期性富农"。

1931 年 11 月 10 日，中央致苏区中央局的信，纠正没收一切土地的口号，提出对富农采取"抵制的总方针"，《中华苏维埃共和国土地法》也有同样的规定。

1935 年 12 月 6 日，为了适应国内政治形势的变化，中共中央作出《关于改变对富农策略的决定》，指出对于富农只取消其封建性剥削的部分，其经营的土地、商业的财产不予没收；苏维埃政府应保障富农扩大生产与发展工商业等自由。

由此可见，党对富农政策，由联合中立、反对，没收土地、没收多余部分，采取抑制的方针等变化过程逐步形成的，并有过反复。

---

① 《中共中央文件选集》第五册，中共中央党校出版社 1990 年版，第 17、18 页。

第七章　九一八事变论析

　　九一八事变是日本军国主义为推行其"大陆政策"，吞并"满蒙"，征服"支那"、称霸亚洲而采取的一个蓄谋已久的严重侵略步骤；是发动全面侵华战争的前奏和序曲，是关系到中华民族生死存亡的重大历史事件。面对日本军国主义的疯狂侵略和肆意挑衅，国民党政府却置国家与民族利益于不顾，竟采取"不抵抗政策"，寄希望于国联调停，致使东北全境沦陷。1932 年 3 月，伪满洲国宣布成立，日本军国主义通过操纵傀儡政权对东北进行长达十四年的血腥残暴殖民统治，并以东北为跳板与后方基地发动全面侵华战争，又给中国人民带来八年深重灾难。沉痛的历史教训不能忘记，国家领土主权不容侵犯。

一、日本军国主义发动九一八事变的图谋与动因

　　日本自明治维新后，国力迅速提升，很快由一个后发的资本主义国家一跃而成为亚洲强国。伴随着军国主义势力的日益壮大，日本海外殖民扩张的野心极度膨胀，为了实现"开拓万里波涛"，"使国威布于四方"的对外方针，日本把目光聚焦于古老而落后的邻邦中国，虎视眈眈，视为脍炙，妄想把中国变为其独占的殖民地。为此，制定了先夺取台湾，继而侵占朝鲜，再以"满蒙"为基地，征服中国，称

霸世界的"大陆政策"。在他们看来,"满蒙"地广人稀,资源丰富,在经济上是掠夺资源,移植人口的基地和倾销商品的重要市场;在军事上是防止"赤化",征服"支那"的立足点和战略基地。日俄战争后,日本旋即将东北划入它的势力范围,先后设置了关东厅、关东军司令部、南满铁道株式会社等殖民统治机构。

1927年4月19日,日本政府由田中义一组阁,作为一个狂热的军国主义分子,他力主以武力征服东北。1927年6月27日,田中义一内阁召集"满蒙关系之文武官员"在东京举行"东方会议"。会后,田中根据会议精神,向日本裕仁天皇呈报一份题为《帝国对满蒙之积极根本政策》的文件(即《田中奏折》)。这份文件用赤裸裸的语言概括了日本对外扩张政策的总战略:"惟欲征服中国,必先征服满蒙,如欲征服世界,必先征服中国……我大和民族欲步武于亚洲之第一大关键,在于把握满蒙权利。"[1]1929年7月5日,时任日本关东军作战部主任的石原莞尔拟定了一份《解决满蒙问题方案》,无耻地声称"从历史关系等方面考察,满蒙与其属于汉族,毋宁属于日本民族","解决满蒙问题,唯有日本占领该地,才能完全实现"[2]。1931年3月,九一八事变的罪魁祸首坂垣征四郎在日本陆军学校发表演讲:"满蒙对帝国的国防和国民的经济生活有很深的特殊关系","我敢于毫无顾忌地公然向世界宣布,这是帝国的现实问题。""在这里形成了帝国国防的第一线"。他认为"在对俄作战上,满蒙是主要战场;在对美作战上,满蒙是补给的源泉。""满蒙在对美、俄、中的作战上都有最重大的关系。"而目前,"如果单用外交的和平手段,毕竟不能达到解决满蒙问题的目的"[3]。同年6月中旬,由日本陆军中央机关制定的《解决满洲问题方案大纲》出笼。《大纲》规定了有关侵略东北的方针、

---

① 秦孝仪:《中华民国重要史料初编——对日抗战时期》绪编,台湾中国国民党党史委员会1981年版,第58—59页。

② 本庄繁:《本庄日记》,日本原书房1967年版,第304—305页。

③ 《日本帝国主义对外侵略史料选编》,上海人民出版社1975年版,第3、12页。

步骤和措施，公然提出对满洲"不得不采取军事行动"①，这是日本武装侵占东北的行动纲领。随即日本关东军参谋部确定"要立即着手"挑起事端，蓄意制造了万宝山事件和中村事件，并集结部队准备发动侵略战争。1931 年 9 月 18 日夜，日本关东军密谋炸毁沈阳柳条湖附近的南满铁路路轨，反诬是中国军人所为，并以此为由炮轰东北军北大营，骤然发动九一八事变。

　　日本军国主义者发动九一八事变，既是其推行"大陆政策"，贯彻东方会议精神的必然，也是与当时它所面对的国内外形势分不开的。一是应对席卷而至的资本主义经济危机，转移民众视线，缓解国内阶级矛盾。1929 年秋，世界资本主义经济危机爆发，日本经济受到了前所未有的巨大冲击。1931 年工业总产值降到 1929 年的 67.5%，失业人数达 300 万。工农运动和人民斗争的火焰日益炽烈，阶级矛盾不断激化。当时的日本统治集团认为："要想从眼下的经济危机中摆脱出来，缓和国内矛盾，必须把国内斗争引向国外，而其具体实施办法就是武装占领中国东北。"② 二是与英美等列强争夺在华利益，极力摆脱"华盛顿体系"的束缚。第一次世界大战结束后，英美等国对日本欲独霸中国的行径十分不满，尤其是美国更是竭力遏制日本在远东、太平洋的扩张。在华盛顿会议上，英美联合施压日本被迫将山东主权归还中国，并在《九国公约》中确立了对华"门户开放、机会均等"的原则，这些对日本在华特殊地位造成严重威胁。日本不愿长期受到"华盛顿体系"的压抑与束缚，于是想借助地缘优势逐步蚕食并最终以武力强行占领东北。三是企图利用地方军阀势力控制东北的计谋受阻。东北是日本长期盘踞的势力范围，多年来日本军国主义不断利用和扶植地方军阀加强对东北的地域控制。1928 年 4 月，张学良任东北保安总司令，主政东北，他不惧日本威逼，毅然宣布改旗易帜；采用经济、

---

① 《日本帝国主义对外侵略史料选编》，上海人民出版社 1975 年版，第 13 页。

② 井上清：《昭和史五十年》，天津人民出版社 1979 年版，第 24—26 页。

行政手段抵制日本对东北的侵蚀；拒绝履行《山本和张作霖密约》，并先后修筑了 10 条铁路，此举打破了日本长期控制东北铁路干线和垄断铁路运输的局面，使日本在东北的利益受到直接影响。

二、九一八事变引发的危机与后果

日本军国主义者占领东北后，策划并组建了伪满洲国傀儡政权，凭借着庞大的法西斯武装力量，对东北人民实行野蛮血腥的殖民统治；以东北为物资供应基地，疯狂地掠夺自然资源与人力资源，源源不断地运往国内及前线。事变发生后，国民党政府的不抵抗政策日益明朗化，日军更加肆无忌惮，加快侵略步伐，引发民族危机，导致严重后果。

（一）日本军国主义在侵占东北后，对东北实行极其残暴的殖民统治

一是日本军国主义为了巩固其在东北地区的殖民统治，对东北人民的抗日武装力量进行疯狂剿杀。从 1932 年 4 月伪满傀儡政府建立起，日伪军对东北各地抗日武装进行了连续不断的"扫荡"、"讨伐"，所到之处实行灭绝人性的杀光、烧光、抢光的"三光"政策，并以"通匪"的罪名制造了平顶山惨案、土龙山地区惨案、老黑沟惨案、白家堡子惨案等一桩桩骇人听闻的血案。据日方统计："自 1932 年至 1936 年，日伪军共捕杀东北抗日军民 89100 人，其中杀害 49279 人，逮捕 8213 人。"[①] 日本军国主义在进行"讨伐"、屠杀的同时，为孤立东北各地抗日武装力量，压制民众的反日情绪，还大面积地推行清乡归屯的"集团部落"政策，组成在日伪军警直接控制下的

---

① 王承礼：《中国东北沦陷四十年史纲要》，中国大百科全书出版社 1991 年版，第 164 页。

大村落。在大村落里，实行严酷的法西斯统治，不许民众有任何言行自由。据不完全统计，至 1938 年，日伪在东北各地共建立 1.2 万多个集团部落。

二是推行所谓"日满融合"的经济统制政策，不断强化对东北人民的经济掠夺与压榨。首先，通过增加赋税、强制发售国债券、强制储蓄、增发纸币等方式从东北民众手中榨取巨额金钱。伪政府从 1941 年至 1943 年三次战时增税，共增加税收 7 亿多元；其次，通过强制回收民间金银铜铁、对粮谷及其他生活必需品实行"统制"、"配给"政策，不断扩大对东北民众的物资掠夺。据统计，1943—1944 年，日本军国主义在"农产品统制"和"粮谷出荷"名义下，从农民手中抢夺了 760 万吨和 870 万吨粮食，各占当年东北粮食总产量的 40% 和 50%。

三是对东北人民实施奴化教育，企图彻底磨灭东北人民的民族意识，使东北人民成为侵略战争的战争奴隶。伪满时期东北的新闻通讯、出版发行、广播电影等宣传工具和文化教育机构都操纵在日伪统治者手中，日本侵略者以此为阵地对东北人民尤其是青少年实行"同化教育"与"奴化教育"，强令不得悬挂中国地图，不得使用中国教材，并把日语作为"国语"，肆意篡改历史。伪满还借助日本的偶像神灵推行"惟神之道"，极力鼓吹"日满亲善"、"王道乐土"的"建国精神"，并修建了专门供奉日本"天照大神"的"建国神庙"及其摄庙"建国忠灵庙"，强令机关、学校、团体每日都必须向神庙"遥拜"。1942 年 7 月 15 日，伪满政府以溥仪敕令形式颁布的《对于建国神庙及其摄庙之不敬罪之处罚法》中规定：对于建国神庙及其摄庙有不敬行为者将会被处以一年以上、七年以下徒刑。

（二）疯狂掠夺东北的自然资源与人力资源，并使其成为进一步侵略中国的跳板和主要后方基地

一是对东北钢铁煤炭等战略物资的垄断与掠夺。九一八事变后，

日本侵略者对东北富庶的自然资源进行强盗式的开发掠夺。为了配合战争局势的需要，有计划、分步骤地掠夺资源。伪满政府于1937年与1941年先后制定了两个"五年计划"，并不断加大资金投入建立了昭和钢铁所、本溪煤铁公司、满洲炭矿会社、满洲油化会社、满洲采金会社等多个所谓的"特殊会社"对军事或"公共、公益性质的事业"进行垄断经营，开采的重工业原料和战略物资90%以上或被运往日本本土或直接运往前线。

二是对东北土地资源的侵占与剥夺。日本侵略者通过低价"收买"、没收"国有地"、"公有地"及所谓"逆产地"、销毁地契、驱逐和屠杀东北民众制造无人区等手段，大量掠夺东北的土地资源。从1932—1936年，日本侵略者曾先后对东北进行过5次大规模的移民，抢占良田180万亩，使无数东北农民流离失所，无家可归。

三是对东北劳工的奴役与迫害。日本侵略者对东北的劳动力实行严格的统制与奴役。1938年12月，伪满洲国公布了《劳动统制法》。日伪统治者在战时新劳动统制的名义下，凶狠残暴地驱使和奴役大批的东北劳工为侵略战争卖命，压榨他们的劳动果实。从1939年开始，伪满政治组织"协和会"在东北全境开展了"勤劳奉仕"运动，大规模地强迫中国民众包括在校学生服劳役。仅1941年，在"勤劳奉仕"名义下被迫服劳役的中国民众即达33万余人。

（三）九一八事变后，在国民党政府"不抵抗"政策的纵容下，日军肆无忌惮、步步进逼，直至发动全面侵华战争，给中国人民又带来八年深重灾难

九一八事变是日本军国主义精心策划的侵略行动。原本在侵略的方式与时机的选择上，日本政府与军部曾存在争议。可是在事变发生后，蒋介石不仅宣称"对日本侵略者应采取逆来顺受的态度"，而且对中国军民的抗日行动进行抵制与破坏，致使日军长驱直入，从发动事变到占领东北仅用了四个多月。在这样的情形下，日本政府迅速

转变态度，积极主张扩大侵华战果，甚至"比军部更热衷于战争"①。伴随着军事上的快速推进，日军的骄横气焰节节攀升，关东军司令官本庄繁等在向日本天皇的"奏折"中竟公然叫嚣："臣等敢言之，对中国领土，可于三个月完全占领也。"② 日本海军陆战队司令官盐泽也吹嘘说："四个钟头占领上海，二十四小时占领南京。"1932 年年初，日本军国主义者为了转移国际视线，又在上海制造了一·二八事变，而蒋介石却在所谓"国际调停"下与日方签署了《淞沪停战协定》，至此中国军队只能停留在昆山、苏州一带，而上海市区却由日军驻防。1933 年，日军趁势攻占热河，进犯华北。国民党政府面对日军的步步进逼，一让再让，甚至不惜屈膝求和与日方先后签订了《塘沽协定》、《何梅协定》、《秦土协定》，在事实上承认了日本对东北的占领，让出了冀察两省大部分主权，为日本策动"华北五省自治运动"大开方便之门，中国半壁河山惨遭日军铁蹄践踏。

三、九一八事变的沉痛教训与深刻历史反思

九一八事变是日军发动全面侵华战争的前奏和序曲，是十四年抗战的开端，是一起关系到中华民族生死存亡的重大历史事件。我们应总结历史经验，记取沉痛教训。

（一）落后就要挨打，只有国家强大才能免受外敌入侵

恃强凌弱、对外扩张、武装侵略是军国主义的本质特征。日本是一个带有军事封建性的帝国主义，这一特点决定了它特别富于侵略性。日本著名史学家井上清在《日本近代史》中指出：在世界近代史上，像日本"这样没有间断地从战争走向战争的国家"，"除日本外找

---

① 井上清、铃木正四：《日本现代史》，商务印书馆 1972 年版，第 561 页。
② 参见陈觉主编：《九一八国难痛史资料》第四卷，上海书店 1932 年影印版，第141 页。

不到第二国"。而且"战争的规模也一次比一次大"。但是日本发动战争的对象是有选择性的，它按照"弱肉强食"的原则，很早就已经确定了一条"远交近攻"、"失之于欧美，取之于邻国"的政策。九一八事变就是其推行这一政策的结果。

九一八事变前，日本虽然已跻身世界发达资本主义国家之列，但毕竟国土面积狭小、资源匮乏，且兵员不足，它之所以敢公然向中国这样的庞然大物发动侵略战争主要原因在于，中国自1840年后，饱受列强瓜分、欺凌，天灾人祸接连不断，已是恹恹病弱之国。经济凋敝，生产技术落后；军事装备落后，士兵素质低下；民心不知所向，几尽一盘散沙；国家四分五裂，战乱频发。但反观日本，却是另外一番景象。国土狭小，但国力日渐强盛，工业化水平迅速提升；兵员数量虽然不足，但武器装备先进，士兵都有较高文化水平；大部分国民都经过军国主义的洗脑，拥有强烈的民族危机意识。由此看来，中日两国实力对比是日本军国主义敢于以小凌大、以寡凌众发动九一八的重要因素之一。

落后就要挨打，发展才能自强，这是九一八留给我们的最为深刻的历史启示。事实说明，作为弱国想要彻底摆脱落后就要挨打的境地，只有发展这条唯一的出路，只有不断的发展自己、壮大自己，只有经济发展、国家富强，才能让那些觊觎者望而却步，才能防止战争悲剧的重演。

（二）外敌入侵必须以国家民族利益为重，团结御侮，共赴国难

一般情况下，一个国家或民族处于内部团结统一、政治稳定、社会和谐之时，则较少受到外敌侵犯，即便外敌入侵也必能战而胜之。反之，如果国家山河破碎，烽烟四起，民穷财尽、生灵涂炭，则必招致外敌觊觎、践踏。

九一八事变前，中国正处在一个政局动荡，内战频发的时期。1928年北伐结束后，国民党政权虽然在形式上实现了南北统一，但

中央军的势力不出五省，各地军事集团仍各自为政、盘踞一方，新老军阀之间矛盾重重、战事不断。仅 1928—1930 年，国内就相继爆发了蒋桂战争、蒋冯战争、中原大战。从 1930 年 12 月起，蒋介石又醉心于"剿共"，致使日军趁机进犯东北。九一八事变发生后，正在倾全力"剿共"的蒋介石又命令东北军："日本此举不过寻衅性质，为免事态扩大，绝对不抵抗。"1932 年 3 月 14 日，蒋介石发布《告剿匪政治宣传人员攘外必须安内条示》，说中国之大患在于内部共产党的活动，"吾人攘外必须安内"。1933 年 4 月，蒋介石对其将领声言，侈言抗日，是好高骛远，投机取巧，是本末倒置，先后颠倒。各将领再有要求北上抗日而无意剿共者，当以偷生视之，立斩无赦，并将力主抗战的东北军与十九路军调往江西"剿共"。蒋介石的种种行径，严重阻碍与削弱了中华民族抵御外敌的力量，助涨了日军侵华的气焰。

九一八事变的惨痛教训表明，国家的统一，民族的团结，直接关系到国家的兴亡和民族的命运。一个国家遭受外敌入侵、国难当头，各种政治势力必须以国家民族利益为重，团结御侮，共赴国难，捍卫国家领土主权不受侵犯。

（三）抵抗外敌必须立足本国，坚持独立自主原则，以自力更生为主

九一八事变后，国民党政府不但不予抵抗，反而压制中国军民的反日爱国运动，寄希望于国际联盟"调停"，"要求国人镇静忍耐"，"信赖国联公理处断"。事变翌日，国民党政府外交部致电中国驻日内瓦代表，提出申诉，"请求国际联合会立即并有效的依照盟约条款，取适当之措置，使日军退出占领区域，"表示中国政府对于"国际联合会对于本案之任何决议，均愿完全遵行"①。但是，以英美法为

————————

① 秦孝仪：《中华民国重要史料初编——对日抗战时期》，台湾中国国民党党史委员会 1981 年版，第 320 页。

代表的国际联盟各成员国对日本的侵华行径实际上却采取了纵容态度。1931 年 12 月 10 日，国际联盟派出以英人李顿为首的调查团来华。1932 年 9 月 4 日调查团向"国联"提交了《国际联合会调查团对于中日问题报告书》。《报告书》刻意抹杀中日之间侵略与被侵略的事实，并得出了事变责任"因在于当事两方"① 的结论，甚而提出要"承认日本在满洲之利益，日本在满洲之权利及利益乃不容漠视之事实，凡不承认此点或忽略日本与该地历史上关系之解决，不能认为满意"②。显然这是一种赤裸裸的强盗逻辑。然而尽管国际联盟为日本做了种种开脱，毕竟与日本独霸东北乃至中国的利益相冲突，因此没被日本接受。日本旋即宣布退出国联，以不受其约束而更加为所欲为，继续扩大对中国的侵略。国际联盟调停的失败和日本军国主义侵略的加深，宣告了蒋介石采取不抵抗主义，诉诸国联政策的破产。

历史告诉我们，当一个国家遭受外敌入侵，争取外援是必要的，但必须把立足点放在独立自主、自力更生的基础上。国家领土主权不容侵犯，国土是一个民族赖以生存的空间和保障，一旦遭受外敌入侵就必须彻底揭露其侵略行径，依靠自身力量发动广大军民给侵略者以迎头痛击，只有这样才能使侵略者不能得逞，维护国家领土主权的安全。

---

① 秦孝仪：《中华民国重要史料初编——对日抗战时期》，台湾中国国民党党史委员会 1981 年版，第 406 页。

② 秦孝仪：《中华民国重要史料初编——对日抗战时期》，台湾中国国民党党史委员会 1981 年版，第 408 页。

第八章　宁都会议若干问题释疑

宁都会议是土地革命战争时期，党内"左"倾军事思想排挤毛泽东正确军事方针的一次中共苏区中央局全体会议。由于当时未留下会议记录，有关会议召开的时间、中心议题、毛泽东被排挤以及周恩来就任红军领导职务等若干情况，曾引起争议和猜测。改革开放以来，中共中央党史研究室、中共中央文献研究室对宁都会议的一些情况已有所说明。进一步弄清这些历史事实，对于我们正确评价宁都会议、正确评价毛泽东和周恩来在这一时期的作用与贡献，具有重要意义。本章就这些问题做些探讨。

一、关于宁都会议召开时间的更正问题

早在 1945 年 4 月 20 日党的六届七中全会通过的《关于若干历史问题的决议》中，已有宁都会议召开时间的明确表述，认为会议是在 1932 年 8 月召开的①，1981 年 10 月中共中央党史研究室编著的《中共党史大事年表》将其更正为"10 月上旬"②。1991 年第二版《毛泽东选集》附录的《关于若干历史问题的决议》，将宁都会议召开的时间更正为 1932 年 10 月。③1996 年中共中央文献研究室编著《毛泽东

---

① 参见《关于若干历史问题的决议》，人民出版社 1953 年版，第 19 页。
② 《中共党史大事年表》，人民出版社 1981 年版，第 34 页。
③ 参见《毛泽东选集》第三卷，人民出版社 1991 年版，第 966 页。

传》又肯定会议的时间是"10 月 3 日至 8 日"①。1998 年中共中央文献研究室编著《周恩来传》也说会议是在 10 月上旬召开的②。"大事年表"和"两传"应是十一届三中全会以后中央权威研究机构编著出版的权威性著作。三者在宁都会议召开的时间问题上相一致，都是对《关于若干历史问题的决议》中关于宁都会议召开时间的更正。

为什么要对《关于若干历史问题的决议》进行更正呢？笔者 20 世纪 80 年代初因承担编写"大事年表"工作任务的需要，查阅了有关宁都会议召开前后的档案文献。其中 1932 年 9 月 29 日至 10 月 1 日的三封电报引起了笔者的注意。这三封电报都是中共苏区中央局发送给前线指挥机关即由周恩来、毛泽东、朱德、王稼祥组成的前方最高军事会议的。关于中共苏区中央局全体会议召开的时间与地点问题，电报一方面要周恩来改变回后方（瑞金）开会的意见，决定立即在前线召开会议；另一方面则通过电报查询，周恩来是否已经动身，如果没动身，会议可在前线开，抓紧准备，三天即可开成。直到 9 月 30 日的电报，中共苏区中央局和前线最高军事会议还在商讨会议召开的地点与时间。另据《苏区中央局宁都会议经过简报》："会议中经过讨论后，一致接受中央行动方针的指示电"③，该电系由 1932 年 9 月 30 日苏区中央局转发的。据此可见，9 月下旬显然尚未召开宁都会议，而只能是 10 月上旬。看来，"大事年表"和"两传"所说 10 月上旬和 10 月 3 日至 8 日间的开会日期是可信的。

既然如此，为什么直到 20 世纪 80 年代初才对《关于若干历史问题的决议》中宁都会议的召开时间予以更正？因为十一届三中全会以后，全党上下解放思想，实事求是，史学界也抖落历史的尘埃，还以本来面目。档案解密程度放宽了，在第一线工作的党史工作者便有了机会接触和研究党的文献和档案。宁都会议召开时间的更正当不无道理。

---

① 金冲及：《毛泽东传》上，中央文献出版社 1996 年版，第 296 页。
② 金冲及：《周恩来传》，中央文献出版社 1998 年版，第 314 页。
③ 《中共中央文件选集》第八册，中共中央党校出版社 1991 年版，第 529 页。

二、关于宁都会议的中心议题

宁都会议的中心议题是关于第四次反"围剿"军事方针的问题。争议主要是在以周恩来、毛泽东、朱德、王稼祥组成的前方最高军事会议同临时中央、苏区中央局其他委员之间展开的。

1932 年 6 月，蒋介石调集 50 万大军分左、中、右三路向中央苏区发动第四次"围剿"，使中央苏区面临敌军合力围攻的严重局面。在这种军事形势面前，究竟应该采取什么样的军事方针，才能有把握地粉碎敌人的大规模军事进攻？在此问题上，负责前线指挥作战的周恩来、毛泽东、朱德、王稼祥等，同临时中央以及贯彻中央"左"倾错误方针的以项英为代表的苏区中央局其他几名成员之间发生了原则性分歧。临时中央不顾敌强我弱的军事形势，不进行战前的认真准备工作，竟要求红军在敌人合围之前立即出击，攻城打援，迅速击破敌人，求得速胜，以夺取中心城市，实现江西一省的首先胜利。

前方最高军事会议不同意临时中央和苏区中央局这一"左"倾军事方针，9 月 25 日致电苏区中央局，指出："在目前敌情与方面军现有力量条件下，攻城打增援部队是无把握的，若因求战心切，鲁莽从事，结果反会费时无功，徒劳兵力，欲速反慢，而造成更不利局面"①。因此，前方最高军事会议一方面提议召开苏区中央局会议，讨论和解决当时的军事行动和作战方针等重大问题；另一方面则根据前线斗争的紧迫形势，26 日又向前线作战部队发出了《关于部队向北工作一时期的训令》。这个"训令"是以红一方面军总司令朱德、总政委毛泽东的名义，并经前方最高军事会议主席周恩来同意发出的，它要求在目前敌军坚守据点、向中央苏区游击进扰与迅速布置大举进攻的条件下，红一方面军应该抓紧时间，在向北地区做群众工作，

———————————

① 《周恩来军事文选》第一卷，人民出版社 1997 年版，第 189 页。

"争取和赤化北面敌人这些据点附近的地区和群众"，以求"造成更有利于与北面敌人决战和消灭敌人主力的条件"。其实，这是毛泽东思索多日为粉碎敌人第四次"围剿"而提出的一个正确的战前准备的军事行动方案。但这一方案从前方传回瑞金以后，却遭到了苏区中央局的坚决反对。9月29日，苏区中央局致电周、毛、朱、王："九月沿（廿六）日训令收到，我们认为这完全是离开了原则，极危险的布置。中央局决定暂时停止行动，立即在前方开中央局全体会议。"①9月30日，苏区中央局又单独给周恩来去电："我们现重新向你提出前方前次分散赤化南丰河两岸，做一时期扩大苏区工作等意见，是对形势估计不足"，要求周恩来对"分散赤化的观点，应给以无情的打击"②。10月1日，苏区中央局再度致电周、毛、朱、王："我们坚决不同意九月二十六日训令的军事布置。"

由此可见，中共临时中央、苏区中央局同周、毛、朱、王最高军事会议在关于第四次反"围剿"的军事方针问题上发生了原则性的分歧。而最高军事会议采纳的实际上就是毛泽东的军事思想。分歧的焦点是按照脱离实际的军事方针行事，还是从实际出发，采取积极防御的正确军事方针。1932年10月上旬在宁都举行的苏区中央局全体会议，就是在上述背景下召开的。会上展开了激烈的争论，多数人支持了苏区中央局的主张。然而会议仍然要求红军"采取积极向外发展民族革命战争，夺取中心城市，争取江西首先胜利策略"③。为此，会议讨论了在整个根据地紧急动员群众、扩大红军、开展白区工作等问题。不仅如此，会议还把毛泽东积极防御的军事方针当作所谓"右倾机会主义"的军事思想进行了批判。

---

① 金冲及：《毛泽东传》（一），中央文献出版社 2013 年版，第 299 页。
② 《周恩来年谱（1898—1949）》（修订本），中央文献出版社 1998 年版，第 234 页。
③ 《中共中央文件选集》第八册，中共中央党校出版社 1991 年版，第 528 页。

三、关于宁都会议上毛泽东被排挤的情况

宁都会议错误地批评了毛泽东的正确主张，开展了所谓"中央局从未有过的反倾向的斗争"。会议对毛泽东的批评主要集中于两点：一是"过去向赣东发展路线"，一是"不尊重党领导机关与组织观念的错误"①。

毛泽东与"左"倾中央领导在军事方针上的分歧由来已久。早在 1931 年 11 月的赣南会议上，毛泽东的军事思想就被不点名地批评为"狭隘的经验论"，阻挠军事技术发展的"游击主义"，并且在组织上以所谓加强党对红军的领导作用为由，取消了红一方面军的政治委员制，从而排挤毛泽东对红军的领导。1932 年 1 月初，临时中央发布了《中央关于争取一省与数省首先胜利的决议》，错误地分析了形势，要求红军与游击队"扩大苏区，将零星的苏区联系成整个的苏区，利用目前顺利的政治与军事的条件，占取一二个重要的中心城市，以开始革命在一省数省的首先胜利"②。从这一错误观点出发，临时中央 2 月间强令中央红军攻打敌人重兵设防的赣州，结果遭到失败。但"左"倾领导并未从中汲取教训，相反苏区中央局却在 1932 年 3 月中旬的江口会议上进一步提出了"向北发展"、"夹赣江而下"，逐次夺取赣江领域和中心城市的冒险主张。毛泽东坚决反对这一计划，批评围攻赣州的军事错误，提出了红军应集中主力向赣东北方向发展，在赣江以东、闽浙沿海以西、长江以南、南岭山脉以北地区开展广泛的游击战争，扩大革命根据地的主张。并指出这些地区敌人统治力量薄弱，而党和群众的基础较好，便于革命力量发展。但是，江口会议拒绝了毛泽东的正确意见。后来随着军事斗争形势的发展，为

---

① 《中共中央文件选集》第八册，中共中央党校出版社 1991 年版，第 629 页。
② 《中共中央文件选集》第八册，中共中央党校出版社 1991 年版，第 42 页。

了加强前线指挥机关的领导，1932 年 8 月 8 日中央军委重新任命毛泽东为红一方面军总政委，要求全军指战员"今后应坚决在朱德总司令毛总政治委员领导之下"，为发展有利形势、争取革命更大胜利而努力。随后中央军委向红一方面军下达消灭乐安、宜黄之敌，进而威胁和夺取吉安、抚州等中心城市的训令。红一方面军在朱德、毛泽东指挥下，在取得乐安、宜黄两个战役胜利后即抵制了继续攻打中心城市的冒险计划，当攻取南丰未成时，即将红军集中于宜黄以南地区待机歼敌，使红军保存了有生力量，取得了战争主动权。但毛泽东与"左"倾领导在军事指导方针问题上的分歧却随着反"围剿"战争形势的发展日趋尖锐，宁都会议上两条不同军事方针的斗争达到了一个新的高峰。

首先，宁都会议对毛泽东和他在红军中实行的战略战术进行了错误的批评和指责。毛泽东领导红军在以前反"围剿"战争中实行积极防御和"诱敌深入"的军事方针，被指责为"对革命胜利估计不足、对敌人大举进攻的恐慌动摇失却胜利信心，专去等待敌人进攻的右倾主要危险"[1]；他在江口会议上提出的向赣东北方向发展的主张，被指责为对夺取中心城市方针的"消极怠工"、"守株待兔"[2]；他对苏区中央局"过去七个月都错了"的批评，被指责为"动摇并否认过去胜利成绩，掩盖了领导上所犯错误"[3]。其次，宁都会议还批评毛泽东所谓"不尊重党领导机关与组织观念的错误"[4]。这主要指两个方面，一是 1932 年 5 月 3 日毛泽东在给临时中央的复电中提出的反批评；二是 1932 年 9 月 26 日毛泽东未经临时中央和苏区中央局许可，擅自发布《训令》。

---

① 《中共中央文件选集》第八册，中共中央党校出版社 1991 年版，第 530 页。
② 王稼祥：《回忆毛主席革命路线与王明机会主义路线的斗争》，《红旗飘飘》第 18 期，中国青年出版社 1979 年版，第 52 页。
③ 《中共中央文件选集》第八册，中共中央党校出版社 1991 年版，第 529 页。
④ 《中共中央文件选集》第八册，中共中央党校出版社 1991 年版，第 530 页。

由于参加宁都会议的"大多数同志认为毛泽东同志承认与了解错误不够，如他主持战争，在政治与行动方针上容易发生错误"①，会议决定对毛泽东进行组织处理，因而讨论了毛泽东的军职问题。但是在处理的方式、方法上却有所思考。先是"批准毛同志暂时请病假，必要时到前方"②，实际是以给毛泽东病假回后方养病为由，将他调离前线指挥岗位；不久又以中央革命军事委员会的名义发布通令，说毛泽东"为了苏维埃工作的需要，暂回中央政府主持一切工作。所遗总政治委员一职，由周恩来同志代理"③。从表面上看，毛泽东属"正常工作调动"，实际上是被排挤了对红军的领导。会议之所以对毛泽东如此处理，而没有惯用"残酷斗争、无情打击"的方法，笔者认为这恰恰表明了毛泽东指挥前三次反"围剿"战争胜利的业绩及其在广大红军指战员心目中的影响，迫使苏区中央局领导不得不费一番思索。

四、关于周恩来奉命取代毛泽东 红军领导职务的问题

宁都会议后，周恩来取代了毛泽东出任红一方面军总政委，从而给人造成一种错觉和误解，以至于被一些不明真相的人说成是"周恩来夺了毛泽东的军权"。其实并非如此。

首先，在宁都会议进行中，周恩来就多方提议力图使毛泽东留在前方。对前方的战争领导，留在后方的苏区中央局同志"对于过去前方领导不能统一，认为战争领导必须求得专一独断，迅速决定问题，提出由恩来同志负战争领导总责，泽东同志回后方负中央政府工作责任"。周恩来虽在口头上承认了"前方同志在会议前与发言中确

①《中共中央文件选集》第八册，中共中央党校出版社1991年版，第530页。
②《中共中央文件选集》第八册，中共中央党校出版社1991年版，第530页。
③ 叶永烈：《毛泽东之初》，作家出版社1998年版，第259页。

有以准备为中心的观念，泽东表现最多，对中央电示迅速击破一面开始不同意，有等待倾向"，但明确表示不同意把毛泽东召回后方的意见，认为："泽东积年的经验多偏于作战，他的兴趣亦在于主持战争"，"如在前方则可吸引他贡献不少意见，对战争有帮助。"① 因此周恩来提出两种方案供会议讨论：一种是由他本人负战争全责，"毛同志在前方助理"；另一种则"由毛同志负主持战争责任，恩来同志亦在前方负监督行动总方针责任"②。两种方案都是要毛泽东留在前方，指挥第四次反"围剿"战争。周恩来的后一种方案，显然是苏区中央局领导不能接受的。经过讨论，"最后是通过了恩来同志第一种意见，但最后批准毛同志暂时请病假，必要时到前方"③。毛泽东最终还是离开了前方。

其次，在宁都会议结束后，从苏区中央局领导和周恩来分别给临时中央的电报中可以看出，周恩来在毛泽东危难之际维护了毛泽东。1932 年 11 月 12 日，苏区中央局领导致电临时中央，认为"周恩来同志会前与前方其他同志意见没有什么明显的不同，在报告中更未提到积极进攻，以准备为中心的精神来解释中央指示"。周恩来还"不给泽东错误以明确的批评，反而有些地方替他解释掩护，这不能说只是态度温和的问题"。因此，苏区中央局认为："恩来在斗争中不坚决，这是他个人最大的弱点，他应该深刻了解此弱点加以克服。"④与此同时，周恩来也致电临时中央，一方面指正了苏区中央局领导对毛泽东的"过分批评"，另一方面反驳了苏区中央局领导对他的指责："认为未将这次斗争局面展开，是调和，是模糊了斗争路线，我不能同意。"⑤从上述围绕宁都会议给临时中央两个电报的不同观点来看，

---

① 《周恩来年谱（1898—1949）》（修订本），中央文献出版社 1998 年版，第 235 页。

② 《中共中央文件选集》第八册，中共中央党校出版社 1991 年版，第 629 页。

③ 《中共中央文件选集》第八册，中共中央党校出版社 1991 年版，第 530 页。

④ 《周恩来年谱（1898—1949）》（修订本），中央文献出版社 1998 年版，第 238 页。

⑤ 《周恩来年谱（1898—1949）》（修订本），中央文献出版社 1998 年版，第 238 页。

把毛泽东调回后方，只是苏区中央局领导在会上突然提出的，事前并未征得周恩来的同意。

再次，在第四次反"围剿"战争中，周恩来、朱德等运用和发展前三次反"围剿"的成功经验，从实际出发，没有机械执行苏区中央局进攻南丰的命令。在红军处于受敌夹击的不利态势时，他们适时下定决心，毅然采取退却的步骤，由被动转为主动，从而取得了第四次反"围剿"的胜利，并且创造了红军战争史上前所未有的大兵团山地伏击战的成功范例，歼灭蒋嫡系近三个师，俘其师长以下官兵万余人及大批武器装备。由此可见，毛泽东虽然离开了前方，但周恩来仍然采取了毛泽东正确的战略战术思想，因此第四次反"围剿"战争的胜利，实质上就是毛泽东军事思想的胜利。

上述情况充分证明，周恩来取代毛泽东担任红一方面军总政委职务，并不是他"夺了毛泽东的军权"，而只是执行临时中央的命令。他本人虽受到临时中央的信任与重用，但他处处以党的事业为重，以大局为重，仍然提出与苏区中央局不同的意见，挽留毛泽东在前线，继续指导军事斗争，这也是周恩来一贯的政治品格和思想境界。尽管如此，由于宁都会议毕竟是解除了毛泽东在红军中的领导职务，迫使他暂时离开红军。这不仅是对毛泽东的打击，而且最终导致了第五次反"围剿"战争的失败和中央革命根据地的丧失。

第九章 遵义会议与红军长征胜利

遵义会议是党的历史上生死攸关的转折点，这是因为，此次会议是在 1935 年 1 月，红军、党中央和中国革命陷入危急关头而召开的中共中央政治局扩大会议。会议集中解决了当时最迫切需要解决的两个相互关联的根本问题：一是军事方针问题，一是组织领导问题。会议结束了王明"左"倾教条主义路线的统治，确立了以毛泽东为代表的正确领导。在危急关头挽救了红军、挽救了党、挽救了中国革命。遵义会议后，在以毛泽东为核心的党中央的正确领导下，红军粉碎了敌军的围追堵截，历尽了千难万险，经受了无数次严峻的生死考验，终于胜利地完成了长征任务，到达了陕北革命大本营。

一、遵义会议的召开

中国共产党自从它诞生之日起，就在马克思列宁主义旗帜下朝着理想的彼岸——共产主义，坚定不移地迈进。然而，革命的征途没有平坦的大道可走。九十余年的风风雨雨，在惊涛骇浪中曲折前进。中国革命发生在一个被若干帝国主义宰割的以农业为主体的极度落后的半殖民地半封建社会，面临的敌人既有帝国主义，又有封建主义和官僚资本主义，异常强大凶恶。在这样一个特殊国情里，要推翻压在中国人民头上的三座大山，走什么道路，需要艰辛的探索，披荆斩棘去开拓。在党诞生以前的八十余年间，中国人民和许多志士仁人、爱国将士，为反抗外敌入侵曾进行了前仆后继的英勇斗争。虽然打击和阻滞了帝国主义妄图鲸吞中国的贪婪行径，但由于统治阶级的腐朽无能，为了维护它们的利益或者屈服于压力或者相互勾结，致使这些反抗斗争都没能改变日趋衰败的民族命运。此间，封建地主阶级的改良派发动的洋务运动，只是一种幻想罢了。资产阶级改良派的戊戌变法，也只不过是昙花一现，就被扼杀于摇篮。资产阶级革命派领导的辛亥革命，把皇帝拉下了马，推翻了几千年的帝制。然而，革命成果却被封建军阀袁世凯窃取。国民党新军阀打着"革命"的旗号，实则实行大地主大资产阶级的专政……这一切都没有也不可能把中国从半殖民地半封建的深渊中解放出来，帝国主义的压迫、封建势力的桎梏，依然是中国贫穷落后的根源。

中国共产党肩负着极其艰巨而繁重的历史使命，以史为鉴，以马克思列宁主义为指导，勇于开拓探索一条中国特色革命道路——新民主主义革命。从大革命失败到土地革命战争兴起，表明中国共产党人没有被白色恐怖所吓倒，掩埋好伙伴的尸体，站起来继续战斗了。在武装反抗国民党反动派和土地革命的战斗口号下，中国共产党开创了建立农村根据地，走农村包围城市，最后夺取全国政权的道路。土地革命战争的烽火，大有星火燎原之势。然而，什么叫作马克思列宁主义，如何理解以马列主义指导中国革命，对于年幼的中国共产党人来说，还十分陌生。像毛泽东那样真正能够通晓马列主义原理的，还属凤毛麟角。只有在长期革命斗争中，在正反两方面历史教训中，多数人才能逐步醒悟：马列主义必须与中国革命实际相结合，中国革命必须从中国特殊国情出发，制定符合中国实际的路线。否则，如果照搬苏联经验，照抄马克思主义本本，猛打硬拼，只能遭致惨败。红军第五次反"围剿"的失败，正是"左"倾教条主义推行冒险主义路线的恶果。他们站在更"左"的立场上，反对李立三"左"倾错误，并具有理论形态，气焰嚣张。他们照搬苏联十月革命城市起义的模式，提出新形势下党的任务是"占领一二个重要城市，以开始在一省数省的首先胜利"。为了全面推行"左"倾路线，排挤、打击毛泽东的正确领导，并进一步发展组织上的宗派主义，开展反对赞成毛泽东正确主张的"罗明路线"，打击邓（小平）、毛（泽东）、谢（维俊）、古（柏）的斗争。

更令人痛心的是，博古竟将中央红军的指挥大权交给一名毫不了解中国国情的"洋人"——共产国际代表德国人李德。李德所面临的对手恰恰是蒋介石的德国军事顾问团，他们策划了"围剿"红军的"步步为营，堡垒推进"寻求主力决战的新战略。博古对李德按照西方军事法典条例制定的军事方针俯首听命，一改前四次反"围剿"毛泽东行之有效的积极防御的战略方针。在强敌围攻面前，推行进攻中的冒险主义、防御中的保守主义、退却中的逃跑主义，致使红军兵日少地日蹙，陷于难以自拔的困境。不得不放弃浴血奋战艰苦创建的中央革命根据地，实行战略大转移。国民党军设四道封锁线，企图将红军围歼于湘江之滨。当红军突破第四道封锁线渡过湘江时，已损伤过半，由出发时 8 万人锐减到 3 万余人。这时蒋介石已察明中央红军同湘西红二、六军团会合的意图，又调集 40 万军队布防围歼。

在这紧急关头，毛泽东以其卓识远见，力主放弃原行军目标，改向敌军力量薄弱的贵州方向前进，以便甩开敌主力，打几个胜仗，争取有个休整补充的时机。1934 年 12 月 11 日，红军占领湖南边境通道城，党中央召开会议，讨论红军进军方向问题，毛泽东的主张虽有少数人反对，但却获得大多数人的赞同。会议改变行军方向，决定西进，为战略转变创造了有利条件。为了解决通道会议的分歧，进一步研究进军方向，中央政治局会议 18 日在黎平召开。经过争论，会议肯定了毛泽东的正确主张，通过了《关于黔边建立根据地的决定》。会议还决定在适当时机召开政治局扩大会议，审定黎平会议决定，总结第五次反"围剿"和长征以来军事指挥上的教训。黎平会议实际上否定了"左"倾领导的错误军事方针，使红军避免陷入五六倍优势敌军的围攻与覆没之险，鉴于博古、李德坚持不过乌江仍要回头和二、六军团会合，中央政治局又在猴场举行会议，批评了他们的意见，决定强渡乌江，并作了《关于渡江后新的行动方针的决定》，确定："首先在以遵义为中心的黔北地区，然后向川南发展，是目前最中心的任务。"同时，还决定，"关于作战方针以及作战时间与地点的选择，军委必须在政治局会议上作报告"，以改变李德一手包办的状况。

由上可见，博古、李德的错误军事指挥，已经把红军和中国革命推到山穷水尽、濒于危亡的关头。毛泽东的雄才大略已经得到中央领导中多数人的赞赏。改组中央领导，纠正"左"倾错误，确立新的正确领导，势在必行。

1935年1月15日至17日，中共中央政治局扩大会议在遵义举行。出席会议的有中央政治局委员博古、毛泽东、周恩来、朱德、张闻天、陈云，候补委员王稼祥、刘少奇、邓发、凯丰（何克全）。扩大参加者有红军总部和各军团主要负责人刘伯承、李富春、林彪、聂荣臻、彭德怀、杨尚昆、李卓然。列席的有中央秘书长邓小平以及共产国际代表李德、翻译伍修权。会上，首先由博古作关于五次反"围剿"的报告，他对反"围剿"的失败推卸责任，不承认军事指挥上的错误，强调敌人强大和后方支前不力。周恩来作副报告，主动承担责任并做了自我批评。毛泽东作重要发言。他对"左"倾教条主义者的错误军事方针进行了切中要害的分析批判，阐述了中国革命战争的战略问题。张闻天、王稼祥、朱德、刘少奇等许多同志都发言支持毛泽东的意见。会议委托张闻天根据毛泽东的意见起草了《中共中央关于反对敌人五次"围剿"的总结决议》。会议决定增选毛泽东为政治局常委，取消博古、李德的最高军事指挥权，仍由军委主要负责人周恩来、朱德指挥军事。随后，常委分工，由张闻天负总责，毛泽东、周恩来负责军事。不久又成立了由毛泽东、周恩来、王稼祥组成的三人军事小组，统一指挥红军的行动。

遵义会议保证了红军长征的胜利，为在西北奠定革命大本营，开创中国革命新局面，迎来抗日民族解放战争的胜利奠定了基础。它是中国共产党第一次独立自主地运用马列主义原理解决中国革命问题的一次重要会议，是党的历史上生死攸关的转折点，标志着党从幼年走向成熟。

二、遵义会议是党历史上的转折点

（一）从"左"倾的错误领导转为马克思主义的正确领导，确立毛泽东在中央的领导地位

红军第五次反"围剿"失败惨重，不得不被迫放弃多年浴血奋斗创建的中央根据地，实行战略转移。长征过程中的"左"倾军事路线又犯了退却中的逃跑主义，使党中央和中央红军面临全军覆没的危险。在中国革命的危急关头，遵义会议果断地改组中央领导机构，选毛泽东进入政治局常委会，决定会后常委再分工；撤销长征前由"左"倾中央组建的负责最高军事指挥的"三人团"（博古、李德、周恩来），形成新的权力机构；会后根据毛泽东的提议，张闻天代替博古负总责；在红军转战途中，为便于集中指挥，根据毛泽东的提议，又成立由毛泽东、周恩来、王稼祥组成的三人军事领导小组（亦被称为新的"三人团"），受中央委托负责军事领导和指挥。这样遵义会议在党中央和红军生死存亡的危急时刻，结束了统治党四年之久的"左"倾中央的领导，确立毛泽东在党中央和红军的领导地位。这就为从根本上纠正"左"倾教条主义路线，推行马克思主义的正确路线提供了组织保证，从而解决了最迫切需要解决的关系党和红军命运的关键问题，保证了长征转危为安。这不仅仅是一次中央政治局（扩大）会议，而是标志着以毛泽东为核心的第一代中央领导集体开始形成。从此党中央的最高领导权由"左"倾教条主义集团转移到马克思主义领导集体手里，为夺取红军长征的胜利和中国革命的胜利提供了根本保证。

（二）从"左"倾教条主义路线转为马克思主义路线，标志着党从幼年到成熟的新起点

遵义会议深刻地揭示了第五次反"围剿"失败的根本原因，集中地批判了"左"倾军事路线。会上毛泽东作了长篇发言，批判了"左"倾中央主要领导博古在报告中强调客观原因而推脱责任的辩解，指出，第五次反"围剿"失败的主要原因是军事上的单纯防御路线，实行进攻中的冒险主义、防御中的保守主义、退却中的逃跑主义。还尖锐地批判了李德的错误指挥：不问是山路还是河道，只知道纸上谈兵，照地图一划，就限定时间完成。毛泽东的发言理论联系实际，有理有据，并阐述了中国革命战争的战略问题，反映了广大指战员的愿望和心声，博得与会者大多数的赞赏。会上，中央领导人也相继发言，一致赞同毛泽东的军事路线，批判博古、李德的错误，周恩来还主动承担责任。以毛泽东为代表的马克思主义路线指导地位在中央的确立，标志着党从幼年走向成熟。

（三）共产党从顺从和受制于共产国际转为独立自主地解决自己的问题

中国共产党是在共产国际帮助下成立起来的，党的二大决定加入共产国际，成为它的一个支部，按章程规定要遵守和执行它的决议。而共产国际却权力高度集中，对各国党的工作干涉过多，实行控制。在20世纪20年代的国际国内环境里，幼年时期的中国共产党处境极为艰难，任务十分艰巨，确实需要得到国际的援助与支持。另一方面，中国共产党的领导对共产国际又言听计从，对它的决议照抄照搬。尽管陈独秀曾对共产国际有过争论与质疑，但他的右倾投降主义也是与共产国际的右倾分不开的。至于以王明为首的第三次"左"倾路线，则更加仰其鼻息，唯命是从，完全受制于共产国际。共产国际对中国共产党中央、中国革命经常地做决议、发指示。对党中央的领导机构、政治、军事事宜无不干预。这样一个远离中国的共产国际机

构到处发号施令，不犯错误倒是怪事。既然共产国际对中国共产党控制得那样严，遵义会议何以能够独立自主地成功地解决中国共产党领导人选和路线问题？第一是因为党中央多数领导和广大指战员们受共产国际派来的军事顾问指挥中"左"倾教条主义危害太深，教训惨重。第二是因为毛泽东的独特品格。毛泽东一贯重视调查研究，从中国实际出发，主张不唯上、不唯书，坚持实事求是原则，坚持马克思主义基本原理同中国实际相结合，反对本本主义，并同"左"倾教条主义作不懈地斗争。第三是因为中央红军经湘江战役失掉了电台，中断了同共产国际的电讯联系，这在客观上为免受共产国际的干涉，独立自主地解决中国共产党自己的问题提供了有利时机。从此，中国共产党在毛泽东的领导下，坚持马列主义同中国实际相结合的理论和路线，正确处理同共产国际的关系，既维护团结，又坚持独立自主原则。这对于抗日战争时期坚持统一战线中的独立自主原则，克服王明秉承共产国际旨意，主张"一切经过统一战线"，"一切服从统一战线"的右倾错误，乃至夺取全国革命的胜利和推动社会主义建设事业的发展具有深远意义。

（四）中国革命从失败转为胜利，挽救了党和红军，挽救了中国革命

长征初期和遵义会议前的敌我双方军事态势相当严峻，国民党当局觉察红军移向湘西与二、六军团会合的战略意图后，设四道封锁线，以五六倍的绝对优势兵力发动全线进攻，企图全歼红军于湘江两岸。红军与之展开了殊死决战，中央机关和其他部队虽然强渡湘江，但付出巨大代价，担任掩护任务的部队一个师零一个团被困湘江东岸，最后弹尽粮绝，大部分壮烈牺牲。渡过湘江后，中央红军和中央机关人员由长征时的 8.6 万人锐减至 3 万人。这时蒋介石又断定红军将由湘桂边境北上湘西与二、六军团会合，重新集结兵力，构筑碉堡线，企图将中央红军一网打尽。中央红军和党中央已全部陷入敌军

重围，又处于一个非常危急的时刻。在多数领导和指战员的大力争取下，中央领导被迫接受了毛泽东的战略主张，改向北挺进，抢渡乌江，甩开尾追之敌，攻占遵义城，乘喘息之机召开政治局（扩大）会议。

遵义会议后，中央红军重整旗鼓，振奋精神，在新的中央领导和毛泽东的马克思主义军事路线指引下，一改过去被动挨打的局面，采取机动灵活的战略战术，在运动战中突破敌军的围追堵截，四渡赤水，取得红军长征以来第一次胜仗——遵义战役。红军四渡赤水后佯攻贵阳，诱出滇军来援，虚晃一枪，主力又向西北方向前进，巧渡金沙江，取得了战略转移中具有决定意义的胜利。最后，粉碎张国焘右倾分裂主义，红军三大主力会师陕甘，宣告红军长征的胜利，保存了革命的火种，建立了西北大本营，为掀起抗日战争高潮奠定了坚实基础。

遵义会议取得成功并非偶然，原因是多方面的，毛泽东发挥了关键性作用。

第一，前四次反"围剿"的胜利同第五次反"围剿"的失败形成鲜明的对比，深刻地教育了广大干部和指战员，引起他们的觉醒和反思，认识到军事路线、战略方针至关重要，首要的问题是中央和红军领导权掌握在什么人手里的问题。第五次反"围剿"初期，特别是湘江战役中央红军迭次失利，中央红军伤亡过半，面临全军覆没的危险，引起广大指战员的反思，纷纷对"左"倾中央指挥表示不满，怀念毛泽东的军事路线，期盼着有朝一日纠正"左"倾错误，重新回到前四次反"围剿"的正确领导和路线上来。这为遵义会议的成功召开奠定了思想基础。遵义会议调整中央和红军的领导，批判"左"倾冒险主义军事路线，反映了广大干部和指战员的愿望与心声，顺应民意也是党心所向，解决了最迫切需要解决的要害问题。

第二，毛泽东对第五次反"围剿"和长征的正确军事战略方针赢得了绝大多数指战员的赞同和拥护。第五次反"围剿"战斗不利，毛泽东以高度的政治责任感，虽"不在其位"但仍"谋其政"，敢于提出自己的意见，主张跳出敌人的包围圈，转入外线威胁敌人后方，在运动中歼灭敌军，不能以"堡垒"对"堡垒"，此建议被拒绝。湘江战役失败后，主力红军面临全军覆灭的危急时刻，毛泽东力主改变与二、六军团会合的战略计划，幸被中央多数赞同，免于灭顶之灾。毛泽东在遵义会议上的有力发言，有理有据，赢得绝大多数指战员的赞同和拥护，从而确保在遵义会议上确立了毛泽东的军事路线的领导地位。

第三，毛泽东顾全大局、团结全党、防止分裂、细致耐心的思想教育工作起到了关键性作用。毛泽东的正确主张虽然不断遭到"左"倾中央主要领导和李德的拒绝，但却引起其他领导人的关注和思考。毛泽东以正确处理党内斗争的高超艺术，极力说服争取绝大多数包括中央领导成员（顽固坚持听从李德的个别主要领导人除外）的支持。在长征途中，毛泽东利用一切可能的机会，向有关领导干部和红军指战员进行说服教育，不仅把过去曾经拥护过教条主义的干部同王明路线的主要负责人严格区分，也对教条宗派内部的同志进行细致的思想工作，团结争取其转变，从"左"倾路线中分化出来。王稼祥当时是红军总政治部主任，对"左"倾路线有所察觉，毛泽东与他同行中经常交谈红军的前途，强调马克思主义普遍真理必须同中国实际相结合的道理，得到他的赞同；中央主要领导之一张闻天，虽然犯过错误，但多半是由于认识问题，为人正派，不搞宗派活动，在军事战略上曾与博古发生过争论，在毛泽东细致的思想工作影响下，也逐渐站在毛泽东的正确路线方面；周恩来是长征前组成的"三人团"成员之一，负责督促贯彻李德的军事决策，有时也提出一些建议和意见，并在失败的教训中，更感"左"倾路线的错误危害，转向支持毛泽东的正确路线。这对于开成遵义会议，确立以毛泽东为代表的正确路线，撤换"左"倾中央主要领导，摆脱李德的控制，具有关键性作用。

三、夺取长征的伟大胜利

在两万五千里的辗转颠沛中，坚强的中国共产党、英雄的红军指战员们，战胜了优势敌军的围追堵截，经受了血与火的战争考验；征服了人间罕见的恶劣自然条件，经受了险恶环境的考验；纠正了党内错误，经受了军阀主义分裂危机的考验。他们靠崇高的共产主义理想、坚定的必胜信念、顽强的革命意志，创造了人间奇迹，以无可辩驳的事实向全世界宣告，中国共产党及其领导下的人民军队，是任何困难吓不倒、任何力量摧不垮的。

（一）万里征战突重围——战胜强大敌人追堵，经受严酷战争的考验

长征是一次战略大退却。由于第五次反"围剿"战争的失败，在蒋介石企图一举消灭红军主力的危急关头，从 1934 年 10 月起，红一、二、四方面军和红二十五军，相继被迫离开浴血奋战创建的革命根据地，踏上了战略转移的艰难征途。

中央红军的转移目标，初定移师湘西，与红二、六军团会合，以期恢复中央苏区；由于突破敌封锁线，特别是湘江一战，兵力折损过半，为避强敌围歼覆没危险，黎平会议采纳了毛泽东的建议，决定弃湘西计划而转向敌人力量较薄弱的贵州进军，建立川黔边根据地；当发现这一地区地瘠人稀，群众基础差，给养困难，不适于建立根据地时，遵义会议改变了黔北计划，确定渡江北上，与红四方面军配合，建立川西根据地计划；由于对敌情估计不足和张国焘的不配合，这一计划不得不暂时放弃，而仍以川滇黔边境为发展地区；根据敌我双方军事态势新变化，又放弃了川滇黔计划，继续执行北渡长江的川西计划；一、四方面军会合后，鉴于全国抗日救亡运动高涨的形势，西河口会议确定继续北上，建立川陕甘根据地的战略方针；北上途中

得悉陕北红军和根据地仍然存在后，直罗镇会议决定以陕北为革命大本营，红军长征的最后落脚点。

长征的战略目标几经转变，迂回曲折，先西后北，都是基于突破敌军重围，保存兵力的目的。

长征是战略防御的继续。长征初期，在"左"倾路线统治下，实行消极防御，犯了逃跑主义错误，遵义会议纠正了"左"倾领导者推行的错误军事路线，变消极防御为积极防御。在毛泽东正确军事路线指导下，3万红军在先进武器装备起来的40万蒋军重兵包围的严峻形势面前，运用机动灵活的战略战术，忽南忽北，声东击西，巧妙穿插于敌人重兵集团之间，使敌人晕头转向，手忙脚乱，取得了四渡赤水战役的胜利。红军纵横驰骋于川黔滇边界地区，牢牢地掌握了战场主动权，终于跳出了几十万蒋军围追堵截的圈子，改变了长征以来被动作战的军事态势，取得了战略转移中具有决定意义的胜利。

（二）雪山草地历艰危——征服大自然，经受险恶环境的考验

长征是被迫进行的战略转移。前有堵兵，后有追兵，空中还有敌机的袭扰。为了保存力量，红军不得不穿行于人迹罕至的崇山峻岭之中，爬雪山、过草地，与敌人周旋战斗。

终年积雪覆盖的夹金山、梦笔山、长板山、打鼓山、仓德山，是1935年红军长征途中连续翻越的五座大雪山。这些雪山海拔四五千米，山顶终年积雪，空气稀薄。令人心慌气喘，四肢无力，气候也十分恶劣，云雾弥漫，雪雨霏霏，山顶与山下温差达40℃，时有风暴、冰雹。连续作战的劳顿，加上高山反应，一些红军战士永远长眠在雪山里。衣衫单薄、食不果腹的红军战士，靠团结互助精神和钢铁意志终于征服了雪山，迎来了一、四方面军的会合。

一、四方面军会合后，由于张国焘的分裂和反党错误，红军贻误了北上战机，不得不迎战另一个自然界的"敌人"——大草地。

草地位于川西海拔3500多米的若尔盖大草原。红军经过之处地势较低平，由于排水不良，形成沼泽化的平坦高原。远看草地如一片绿色的平原，进入草地，举目四望，天连草，草连天，茫茫无际，杳无人烟。草地上空阴森迷蒙，终日阴云密布，细雨连绵，不见太阳，连只飞鸟也看不到。草底下河沟交错，积水泛滥，根本无路可走，稍不留意就会"人陷不见头，马陷不见额"。草地的气候变化无常，忽而漫天大雪，忽而冰雹骤降，草地蚊虫肆虐，瘴气弥漫，深夜更是寒气逼人。战士们只能找一小块高地，三两人背靠背坐着取暖歇息。过草地是长征中最艰难的时日，粮食吃尽了，以野菜充饥；野菜吃尽了，就水煮皮带。雨雪、浊水、泥潭、饥饿、寒冷、疾病日夜威胁着红军，吞噬了许多战士年轻而宝贵的生命。广大指战员团结互助，以"红军不怕远征难，万水千山只等闲"的豪迈气概，经过六天六夜的艰苦跋涉，终于走出了大草地，行程 6000 余里。

1935 年 6 月至 9 月，是中央红军长征中最艰苦的时期。有着高度政治觉悟的红军指战员，怀着必胜的信心，以钢铁般的意志，翻越了高耸入云、白雪皑皑的千年雪山，横跨茫茫无际、荒无人烟的大草地，以超常的忍耐力和负荷力，战胜了大自然的挑战，经受了一次人间罕见的险恶环境的考验。

（三）相忍为党申大义——克服党内军阀主义错误，经受分裂危机的考验

1935 年 6 月，中央红军历经千辛万苦与红四方面军在四川懋功会师了。两军会师后，总兵力达十余万人。当时，全国抗日救亡运动更加高涨，在新的形势下，党中央制定了北上建立川陕甘根据地的战略方针。不久，两个方面军混合编成左、右路军分头北上，党中央随右路军同行，改变了一方面军孤军作战的局面。出乎意料的是，担任四方面军军委主席的张国焘倚仗枪多势众，向党发难。党和红军面临分裂的挑战。党中央同张国焘的分裂主义展开了激烈的斗争。

张国焘被国民党优势军队的围追堵截吓破了胆，反对北上，顽固地坚持南下，向川康边退却，找个"避风港"。张国焘的做法不仅是同中央战略方针的分歧，而且实际上是以枪压党，否定遵义会议确立的以毛泽东为核心的党中央的领导。一、四方面军会合后，一方面军由于长途征战，特别是长征初期在"左"倾军事路线统治下，损伤严重，此时只剩下3万兵力，而四方面军则拥有8万人。张国焘的野心急剧膨胀，借口所谓"统一指挥"和"组织问题有待解决"，延宕红四方面军北上。并扬言要审查中央路线，策动一部分人向中央提出改组中央革命军事委员会和红军司令部，要求由张国焘担任中央军委主席，给予"独断专行"大权。更有甚者，给执行北上方针的右路军政委陈昌浩（原红四方面军政委）发密电："南下，彻底开展党内斗争"，妄图胁迫中央和右路军南下。中央得悉后，即率一、三军团迅速北上，摆脱了危险处境。而张国焘则于1935年10月5日，公然打出分裂党、分裂红军的旗帜，另立"中央"，与党中央分庭抗礼，自封为党中央"主席"，并宣布"开除"和"通缉"一些中央领导人，狂妄地要求中央"不得再冒用党中央名义"，只能称北方局，中央红军只能称北路军。至此，张国焘分裂党和红军的行动已发展到登峰造极的地步。他严重违反党的组织纪律，其错误性质是军阀主义与反党行为的综合。张国焘的分裂、反党行为激起了广大指战员的愤慨和不满。

在党和红军面临分裂危机的关头，以毛泽东为核心的党中央，考虑到红军正处于对敌斗争的战争环境，团结是压倒一切的大局，对张国焘的斗争采取十分慎重的态度，以大局为重，相忍为党，既坚持原则，又从实际出发。第一，坚持北上战略方针，强调必须加强党对红军的领导，大力提高党中央在红军中的威信。为此，一再催促张国焘北上，并耐心等待其觉悟。第二，为照顾红军团结，做了一些妥协和让步，增补张国焘为中央军委副主席；周恩来又将所担任的红军总政委职务让与他；决定以四方面军总指挥部为红军前敌总指挥部；增补四方面军的一些同志为中央委员、候补中央委员和政治局委员。第三，对张国焘采取党内斗争的方法，耐心说服、教育、挽救。根据其错误发展的程度及其态度，尽量给其认识错误、改正错误的机会。俄界会议虽然批判了张国焘分裂红军、对抗中央命令的严重错误，但未向全党传达，会议决定只发给党的中央委员。即使在他另立中央后，党中央在与其进行坚决斗争的同时，仍未放弃对他的挽救。四方面军最终北上，到达陕北革命大本营后，中央仍建议由他担任陕甘宁边区副主席职务。第四，坚持把同张国焘的斗争与团结四方面军广大指战员紧密结合起来，反对把与张国焘分裂主义的斗争曲解为与四方面军干部的斗争，指出，四方面军的干部是党的干部，不是张国焘个人的干部。过去四方面军所犯的错误，应由张国焘负最主要责任。号召全党全军在反对张国焘斗争中要像一个人一样团结在中央的周围，完成党的伟大任务。

红军是一个团结统一的战斗集体，珍视团结、反对分裂是红军的光荣传统。四方面军虽然一度与一方面军分离，但以徐向前为代表的红四军广大党员、干部、战士心向党中央，与张国焘反党分裂主义进行了坚决斗争，自觉地维护了红军的团结。编入左路军的军委领导及与四方面军会合的二方面军领导干部朱德、刘伯承、任弼时等坚持原则，讲大局，讲团结，反对张国焘的右倾分裂主义活动，力主四方面军北上，红军三大主力会师。这是张国焘分裂党、分裂红军的阴谋不能得逞的又一个重要条件。

经历了三次严峻考验的红军长征，终于以自己的胜利和敌人的失败而告终。长征的壮举震惊了世界。英国著名学者迪克·威尔逊盛赞长征："中国共产党人，以他们反复经受的考验证明，他们能够忍受难以言状的艰难困苦；能够战胜征途中大自然好像决意要阻挠他们前进而向他们提出的一切挑战；能够击败下定决心要消灭他们的敌人而达到自己的目的。"① 长征以铁的事实说明这样一个真理：中国共产

---

① 转引自王应一：《西方学者谈红军长征的历史意义》，《党史通讯》1986 年第 9 期。

党有能力战胜来自外界和内部的一切困难和挑战，中国共产党坚强而正确的领导是中国革命取得胜利的可靠保证。

艰苦卓绝的长征已经过去七十多年了。七十多个春秋，风风雨雨，沧海桑田。如今的神州大地发生了历史性的巨变：中国共产党已由当年的不足三万人发展成为拥有八千多万党员的、举世无双的大党，成为拥有全球五分之一人口的广袤土地上建设社会主义现代化的领导核心力量；当年的红军由小变大，由弱变强，如今已发展成为具有现代化装备的、兵种齐全、政治合格、军事过硬、作风优良、纪律严明、保障有力的现代化人民军队，成为保卫祖国的钢铁长城。中国共产党过去曾领导了史诗般雄伟的长征，今天正在领导着社会主义现代化建设的新长征。长征精神永远激励着后人胜利前进，一个富强、民主、文明的社会主义国家将巍然屹立于世界东方！

第十章　西安事变的和平解决
与若干问题新思考

1936年，震惊中外的西安事变是中国近现代史上具有重大意义的历史事件。它的和平解决成为中国由内战到和平、国共两党由分裂内战到合作抗日时局转换的枢纽。从此揭开了第二次国共合作和抗日战争的序幕。

西安事变的决策者与发动者张学良、杨虎城将军，舍身为国的浩然正气，在中华民族解放史上谱写了光辉篇章。

中共抗日民族统一战线政策及其为争取联合张、杨共同抗日所做的艰巨努力，有力地推动了张、杨从奉行剿共内战政策到主张逼蒋联共抗日的变化，中共关于和平解决西安事变的方针及其代表周恩来等卓有成效的活动，对于稳定局势，促使蒋介石接受停止内战、联共抗日政策，实现第二次国共合作作出了重要贡献。

一、西安事变和平解决诸因素评析

（一）张学良、杨虎城发动西安事变是蒋逼出来的

1931年日本侵略者制造了九一八事变，揭开了侵华战争的序幕。担任东北边防军司令长官和东北政务委员会主席的张学良将军奉蒋介石"力避冲突，以免事态扩大"的不抵抗密令，几乎不战而退，致使东北大好河山沦为日本殖民地。蒋介石实行的所谓"攘外

必先安内"政策，又破坏了"一·二八"上海抗战和长城抗战。日本侵略者得寸进尺，步步进逼，1933 年侵占热河、长城各口，威逼华北。1935 年又制造华北事变。国民党政府代表先后与日本签订丧权辱国的《秦土协定》、《何梅协定》，华北危在旦夕。在这民族危亡的历史关头，全国各界人民抗日救亡运动风起云涌，国民党将士守土抗日的英雄业绩层出不穷，流亡他乡的东北军广大官兵爱国思乡之情日益发展。这些因素促使了张、杨二将军思想认识的转变。

从 1936 年上半年红军和国民党东北军、十七路军三位一体的抗日统一战线建立以后，在中共实行逼蒋抗日方针的同时，张学良、杨虎城将军也开始从国民党内部劝蒋，企图说服蒋介石放弃"攘外必先安内"的错误政策，实行联共抗日的方针。

张学良将军在没有接受中共抗日民族统一战线思想以前是以拥蒋救国思想为主导的。

张学良由拥蒋救国思想走上联共抗日道路，是从他调到西北以后不久，才逐渐变化的。张学良拥蒋"剿共"救国到逼蒋联共抗日，这一思想上行动上的重大转变，则是由多方面因素促成的，但更主要的则是由于中共抗日民族统一战线政策的影响和多方面多渠道积极争取张、杨及其部下合作抗日的结果。1935 年 9 月、10 月、11 月，在岷山、榆林桥、直罗镇三役，东北军将近三个精锐师被红军歼灭。而蒋介石对张学良的损失不但不允许补充，反而冷淡他，并取消其番号。这个"剿共"军事上的失败和蒋介石借机消除异己的政策，对张学良思想震动是极大的，使他开始对蒋介石的错误政策产生怀疑。张学良到南京参加国民党四届六中全会和国民党五全大会之后到达上海，会见了抗日将军李杜，他要李杜设法寻找共产党的关系，之后又会见东北同乡爱国民主人士杜重远。杜劝说张一定要看清民族危亡之根本，一举改变过去固执实行的内战政策，东北军应用武于抗日疆场，立功于驱逐外侮的征战之中。李、杜的谈话对于处在矛盾徘徊中的张学良将军起了很大的促进作用。

这时，中共《八一宣言》已发表，瓦窑堡会议已经确立建立抗日民族统一战线的策略方针。中共中央分析了东北军、十七路军情况，决定对两军开展统战工作。为此，除早在 1933 年就已到东北军秘密工作的刘澜波（刘非）外，1936 年春又陆续派出一批共产党员如栗又文、苗勃然、宋黎等进入西安，开展了停止内战、团结抗日的政治宣传及争取张学良和广大官兵的工作。与此同时，中共中央对被俘的东北军官兵进行了抗日爱国教育，并表示红军愿帮助东北军打回老家去。经过教育的官兵，回到东北军起了很好的作用。在榆林战役中被俘的东北军团长高福源，经过学习，了解了中共抗日的坚决态度和建立抗日民族统一战线的方针，表示愿意返回东北军说服张学良将军联共抗日。1936 年 1 月，高福源见到了刚从上海回来急于要与共产党取得联系的张学良，递交了毛泽东给张学良将军的信，陈述了共产党爱国抗日方针，转达了红军同东北军停止内战、共同抗日的期望与建议。张学良表示要和中共正式代表会晤，愿意和共产党建立合作关系。1936 年 2、3 月间，中共中央派正式代表李克农去洛川会谈。张学良对这次会谈"十分满意"。洛川会谈表明张学良已经有了联共抗日行动。这时经李杜将军与中共上海党组织联系，刘鼎（后为中共驻张部代表）被派来东北军与张学良将军会见，对帮助张解决一些具体认识问题也起了一定作用。1936 年 4 月 9 日，张学良和周恩来在肤施（即延安）举行秘密会谈。这次会谈除对双方关系、帮助东北军整顿等达成协议外，主要讨论了抗日救国道路及联蒋抗日问题。张学良提出争取蒋介石参加抗日的问题。周恩来在揭露蒋介石的卖国独裁内战的政策后表示，赞赏张学良的意见，愿向中共中央转达张的意见。张逼蒋抗日的态度，对于促进中共及早改抗日反蒋为逼蒋抗日的方针，也有积极意义。中共逼蒋抗日方针确定后，刘鼎及时转告了张学良。

延安会谈后，红军和东北军正式达成了互不侵犯、互派代表、建立电台联络、通商以及红军帮助东北军进行抗日教育等项协议，进一步改善了双方的关系。当东北军奉令进瓦窑堡时，红军考虑张学良的处境主动撤出。在撤离时，在城门两侧写下对联："此系他乡非故乡，莫把友军当敌军"，横批为："山海关"。东北军官兵看后深受感动。不久，中共又派红军参谋长叶剑英为红军正式代表驻西安，协助张、杨改造部队准备抗日。

杨虎城将军和十七路军是一支受过革命影响的部队。杨虎城和共产党员南汉宸关系密切，南在杨部工作，后受蒋通缉，杨送南离开部队出国。1935年10月，直罗镇战役后，中共中央调汪锋作为中共代表去杨部联络。毛泽东对汪说，杨虎城有民族气节，是爱国将领，要争取和团结他。汪带毛泽东给杨虎城、杜斌丞、邓宝珊的信去杨部。汪锋和杨虎城会谈，诚恳地回答了杨提出的问题，消除了误会。应杨之邀中共北方局的王世英于1936年2月到达杨部。王、杨会谈，双方表示合作，并就互不侵犯、互派代表建立联络、准备抗日等项内容达成协议。从此，中共和杨虎城十七路军建立了合作关系。1936年春，中共驻共产国际代表团派王炳南回国到杨部工作。王到杨部后，进一步坚定了杨虎城将军联共救国思想，加强了中共与十七路军的联系。

在此前后，中共中央和毛泽东、周恩来等主要领导人还写信给张学良、杨虎城，帮助他们进一步正确认识政治形势，解除疑虑，鼓励他们继续前进。经过中共的一系列工作和张、杨的共同努力，红军和东北军、十七路军三位一体的统一战线建立起来了。张、杨从此走上了联共抗日救国的正确道路。

1936年10月下旬，蒋介石飞抵西安，部署"剿共"计划。张学良、杨虎城向蒋一再进谏，劝告其放弃"剿共"计划，为拯救国家和民族，停止内战，一致抗日，并恳切要求派东北军和十七路军开赴抗日前线，收复被日本侵占的国土。但蒋介石根本不听张、杨的劝告，一意孤行到底。"几次苦谏，均被申斥、拒绝，绝无改变他的主张的希望。"① 再加上蒋下令逮捕救国会领袖，命令枪杀西安纪念"一·二九"运动周年请愿学生，又要张惩治部下，等等。这一切促使张认识到蒋介石"坚持错误到底了"。正如张学良讲："我同蒋委员长政治上的冲突，到最近阶段大抵已经无法化解，非告一阶段不可，谁也不能放弃自己的主张。"② 张、杨"费尽千方百计，不能实现主张，逼得无路可走，方不得已而此"③，采取"兵谏"，扣留蒋介石，"使他反省"④，更改错误政策，实行联共抗日。

　　综上所述可见，张学良、杨虎城两将军由奉行蒋介石的"攘外必先安内"政策到坚定联共抗日是由诸种因素促成的，其中主要是由于他们的爱国思想及中共争取团结政策的结果。西安事变的发动正是张、杨坚持他们的政治主张与蒋威逼他们继续奉行"剿共"内战政策矛盾激化的结果。

（二）中共关于和平解决西安事变的方针对于实现张、杨发动"兵谏"的目的有极其重要的意义

　　张、杨在扣蒋后即于当天发表了著名的八项主张，并通电全国。他们以为扣蒋之举"除少数反动派而外，必成大快人心的事（实际上是大快了人心）"⑤，不料交通处长蒋斌竟将此电压下未发，并先向南京告发西安事变情形。而各地并未得到张、杨通电。于是南京政府得以有所准备，将国内邮电全部控制，严密封锁消息，"致使中外对于'双十二'事件，一时不得真相"⑥，因而张、杨的救国主张得不到各方面的真实反映。南京政府得到事变消息后，于 12 日夜立即召开国

① 《西安事变资料》第一辑，人民出版社 1980 年版，第 120 页。
② 《西安事变资料》第一辑，人民出版社 1980 年版，第 116 页。
③ 《吴家象的广播词》，《西北文化日报》1936 年 12 月 17 日。
④ 《西安事变资料》第一辑，人民出版社 1980 年版，第 118 页。
⑤ 《西安事变资料》第二辑，人民出版社 1981 年版，第 29 页。
⑥ 《西安事变资料》第二辑，人民出版社 1981 年版，第 27 页。

民党中央常务委员临时会议及中央政治委员会议，并行成以下决议：行政院由孔祥熙负责；加推何应钦等为军委会常委，并把指挥调动军队大权交何应钦掌握；张学良应先褫夺本兼各职，交军委会严办。孔祥熙代长行政院后，改变了起初对张学良比较委婉的态度。他分别致电各省市当局，要求"一本中央之意旨为一致之进行"并付阎锡山以"营救全权"，对张、杨所部施分化瓦解之策，孤立张、杨，对他们施加压力。"故当时张、杨所收到的电报，几乎千篇一律，都是大骂张、杨劫持统帅，为大逆不道。"① 当时"政府中人深受事变刺激，情态异常紧张"，对张学良"命令措词异常严峻"，"而军事方面复于此时，以立即动员军队讨伐西安，毫无商量余地"，致使当时力主用和平法解决西安事变的宋美龄有谓"此时余已陷入甲胄森严与战斗意识弥漫之重围中矣"② 的感觉。南京政府对张、杨所采取的这些激烈措施，加剧了南京与西安之间的对立气氛，而阎锡山的背弃前盟、盛世才的反复、东北军与十七路军个别将领的投靠南京等，也都在不同程度上影响到张、杨的情绪，对事变的妥善解决产生了不利的影响。特别是张、杨原来曾抱有很大希望得到支持的苏联，不但指责张学良"以抗日运动从事投机"，"助日本使中国分裂"③，而且声明"苏联政府无论直接与间接，皆未与张学良发生任何联系"，"与中国共产党亦无任何联系。"④ 这是张学良"最恼火的一件事情，也是他沉不住气的主要因素"⑤。

蒋介石被扣后与张、杨之间的对立情绪不仅没有改变，反而更加严重，张、杨与蒋一时无法对话。12月12—14日，张曾多次去见

---

① 《西安事变资料》第二辑，人民出版社1981年版，第27页。
② 宋美龄：《西安事变回忆录》，载朱文原编：《西安事变史料》第五册，台湾"国史馆"1996年版，第399—403页。
③ 《西安事变资料》第一辑，人民出版社1980年版，第220页。
④ 《西安事变资料》第一辑，人民出版社1980年版，第219页。
⑤ 《西安事变资料》第二辑，人民出版社1981年版，第28、29页。

蒋，蒋总是或闭口不言，或大声斥责，不容张分辩。直到 14 日端纳到西安，张把蒋从新城大楼移到高桂滋公馆后，才向蒋提出八项主张，但仍遭蒋严厉拒绝。而南京政府这时也未考虑与西安有和谈可言，并即刻决定讨伐西安，极力反对和阻挠宋美龄等赴西安救蒋。由于何应钦等的阻挠，直至 20 日，宋子文才得以私人资格赴西安。

　　同时，蒋介石被扣后，张、杨及其部下之间在对蒋的认识和处置上也发生了严重分歧。张学良以为他的坦率诚恳的态度和抗日救国的热忱，任何人都会受到感动，从而同情和支持他的主张，以为他是对事决非对人，因此善后亦非难，只要蒋答应抗战，就放他回南京，并且仍拥护他当领袖，这种忠心为国，仁至义尽的做法，蒋不至对他有什么仇恨。而杨虎城的看法则不同，他认为蒋一贯说话不算数，翻脸不认人，因而对蒋警惕性比较高，认为处理不当，必将遭到打击报复，不能轻易放蒋，要有相当保证。张、杨如此，他们部下的思想就更不一致了。不少人虽然拥护张、杨扣蒋的正义举动，但对张、杨特别是对张的真正意图并没理解，对如何处置蒋介石更是众说纷纭。许多人，尤其是东北军和十七路军中直接参与抓蒋的"少壮派"军官，心存疑虑，担心不杀蒋会放虎归山，后患无穷，主张杀掉蒋介石。也有个别将领从个人利害出发，在事变中甚至拒绝受命，公开投靠南京，致使张、杨防范南京进攻的军事部署遇到挫折。洛阳、潼关两地防线不攻自破，南京讨伐军得以长驱直入，其先锋部队竟进到华阴县（后被击退），更加剧了西安的紧张形势。

　　这样，西安事变发生后，在外有南京讨伐大军压境，内有两军之间及东北军内部的意见分歧，蒋介石又拒不同张、杨对话的情况下，单靠张、杨本身的力量，实现逼蒋联共抗日的"兵谏"的目的，并从而使蒋获释，使事变得以和平解决是十分困难的。在这一关系西安事变能否得到和平解决的重大关键问题上，中国共产党由于其所处的特殊地位和所做的巨大努力，发挥了举足轻重的作用。

　　西安事变系国民党内的一部分爱国将领逼迫蒋介石放弃"剿共"

内战，实行联共抗日政策的爱国行动。以"兵谏"方式扣留蒋介石，事前中共并不清楚。以下几个方面的材料可以论证。1936 年 12 月 15 日，在《红军将领关于西安事变致国民党政府电》中指出："西安事变，惊传蒋氏被幽，事出意外。然此实蒋氏对外退让、对内用兵、对民压迫三大错误政策之结果。"①1937 年 1 月 7 日，中共中央《关于西安事变宣传方针的指示》中也指出："西安事变系国民党南京政府的内部问题，本党绝未参与。但事变发生后，本党即通电和平解决。"而且电中还认为：为使蒋介石接受停止内战、一致抗日的主张，也不一定采取"兵谏"方式，"张、杨也许还可以找到更好的办法，实现他们的抗日主张"②。西安事变的发动者张学良、杨虎城将军也讲事变是他们自己发动的。驻张学良部中共代表刘鼎事前并不知道，扣留行动开始后，张学良才把行动消息告之与他。③蒋介石也承认中共没有参与西安事变的发动。他说："此事最出人意料之外的一点，就是其主动者，实是张学良本身，而首先提此一劫持主张者，则为杨虎城。且其事前，并未与共产党就此事有任何商量。"

中国共产党所以要参与事变的解决，一方面是由于这一事变所涉及的问题是联共抗日还是"剿共"内战，都关系到国家的前途命运，中共不能袖手旁观；另一方面也是由于张、杨在事变后向中共发出了参与解决事变的邀请。

中国共产党对西安事变的发生高度重视。事变当天，在接到关于事变的消息的电报后，立即召开紧急会议，决定指示上海、天津和西安等地党组织，推动人民团体向全国揭发蒋介石对外妥协退让，对内镇压人民，坚持内战并压迫部下"剿共"，不准红军和全国军队抗日之罪，罢免蒋介石，立即召集抗日代表大会，并争取宋子文、孙科、孔祥熙等同情与谅解西安义举；决定派周恩来前往西安与张、杨

---

① 《中共中央抗日民族统一战线文件选集》(中)，档案出版社 1985 年版，第 319 页。

② 《西安事变资料》第一辑，人民出版社 1980 年版，第 168 页。

③ 参见《西安事变资料》第一辑，人民出版社 1980 年版，第 131 页。

一起，共同主持大计；同时为配合张、杨防止中央军进攻西安作出了相应的军事部署。

毋庸讳言，中共在对蒋介石的处置上确曾有过由"审"到"放"的变化。对蒋介石个人的处置与对事变和平解决的方针固然密切相关，但当时中共并没有把两者当作一件事。当时中共曾考虑对蒋个人的处置可以有几种办法。毛泽东讲有上、中、下三策，即放、不杀不放、杀。认为杀是下策，不杀不放是中策，放是上策。①从争取和平解决的前途考虑，放蒋更为有利。

中共对事变和平解决的方针是始终一贯的。即使在要求"审蒋"阶段，也是竭力反对一切内战，坚决主张事变和平解决，并提出应该特别注意保护蒋介石的人身安全。中共和平解决西安事变的方针，坚持了其"停止内战，一致抗日"的一贯立场，是逼蒋抗日建设抗日民族统一战线基本策略的必然结果。

12月14日，为了阻止南京政府内亲日派借机发动内战的阴谋，中共中央书记处电示胡服（刘少奇），指出："我即应发动民众要求南京政府接受张学良之八项抗日要求，停止内战的军事行动，把全部军队开赴晋绥前线抗战，保卫晋绥，并要求南京即刻召集全国各党各派各界各军的救国会议，解决救亡大计。在各地可组织停止内战促进会，全国救国会议促进会之类的团体，以扩大运动，在运动中，我们还不要同南京处于对立，仍应采取督促与推动他们中的抗日派及中间派走向抗日的方针。但对于亲日派降日卖国，进行内战，镇压民众的罪恶行为，应坚决反对之。"②并指示此电速转上海。同日，人民通讯社发表《北方共产党人谈话》，宣布："绝对反对内战"，提出："只要南京彻底改正蒋委员长以往违反民族利益的错误政策和行动，召集各党各派各界各军队的代表，用民主的方法，解决一切对内对外救亡大

① 参见丁雍年：《关于我党和平解决西安事变的方针》，《党史研究资料》1982年第11期。

② 丁雍年：《关于我党和平解决西安事变的方针》，《党史研究资料》1982年第11期。

计，对内实行民主，对外即实行抗战，此事解决甚易。"① 这里，实际上已初步形成了和平解决西安事变的方针，但尚不完善。

12 月 15 日，中共由毛泽东领衔以红军将领的名义发表《关于西安事变致国民党政府电》，这是西安事变后中共给南京方面的第一个公开电文。电报首先肯定了张、杨发动"兵谏"的正义性质，指出，它是"蒋氏对外退让，对内用兵，对民压迫三大错误政策之结果"，"观其宣布之八项主张，实为全国人民之所言，厉行不暇，何可厚非"，"南京当局亟宜引为反省之资，而绝不可负气横决，反而发动空前之内战"；电报接着揭露了日本帝国主义和亲日派借西安事变挑动内战的阴谋，并引用"螳螂捕蝉，黄雀在后"、"鹬蚌相争，渔人得利"的比喻，指出南京决定讨伐张、杨，结果只能危害中国人民的利益，而有利于日本帝国主义的侵略，造成"亲痛仇快之讥，千秋万世，永难煎涤"；电报最后要求南京政府"立下决心，接受张、杨二氏主张，停止正在发动之内战，罢免蒋氏，交付国人裁判，联合各党、各派、各界、各军组织统一战线政府"，"开放言论自由，启封爱国刊物，释放爱国人犯，举内战之全军，立即开赴晋绥抗御日寇，化黑暗为光明，变不祥为大庆"。电文再次表示红军愿与国民党军队"联袂偕行，共赴民族革命之战场，为自由解放之祖国而血战"②。在这一文件中，虽然仍提出："罢免蒋氏，交付国人裁判"，但纵观全文，可以看出，要求和平解决事变，反对造成新的内战的基本立场还是非常明确的。

12 月 17 日，以周恩来为首的中共代表团到达西安。在听了张、杨关于事变情况和各方面对事变的反映以及蒋介石被扣后态度变化的介绍后，周恩来即明确提出在蒋接受抗日主张后就可以释放他，并与张、杨进一步商定了和平解决事变的条件。第一，立停内战，中央

---

① 丁雍年：《关于我党和平解决西安事变的方针》，《党史研究资料》1982 年第 11 期。
② 《中共中央抗日民族统一战线文件选集》（中），档案出版社 1985 年版，第 319、320 页。

军全部开出潼关；第二，下令全国援绥抗敌；第三，宋子文负责成立南京过渡政府，肃清一切亲日派；第四，成立抗日联军；第五，释放政治犯，实现民主，武装民众；第六，召开救国会议，先在西安开筹备会。①

12月18日，周恩来两次致电中共中央，报告到西安后的工作情况及各方面对事变的反映，中共中央根据已经掌握的情况和周恩来报告的新情况，主要是考虑到南京政府内亲日派在日本帝国主义怂恿下企图挑起内战的严重情况及蒋介石态度的变化，即刻决定放弃"审蒋"要求，以便利用事变全力推动蒋介石和南京政府改变其错误政策。同日，中共中央致电国民党中央，指出"即对于援救蒋氏个人，指出只要国民党能实现张、杨及全国人民的抗日民主要求，则不但国家民族从此得救，即蒋氏的安全自由亦不成问题"②。这里事实上已经明确提出了有条件放蒋的主张。

在此基础上，12月19日，中共中央发表《中华苏维埃中央政府及中共中央对西安事变通电》，向全国正式阐明了自己对于西安事变的方针。并向南京和西安提出了和平解决西安事变的建议：第一，双方军队暂以潼关为界，南京军队勿向潼关进攻，西安抗日军亦暂止陕甘境内，听候和平会议解决；第二，由南京立即召集和平会议。除南京西安各派代表外，并通知全国各党各派各界各军选派代表参加，本党本政府亦准备派代表参加；第三，在和平会议前，由各党各派各界各军先提出抗日救亡草案，并讨论蒋介石先生处置问题，但基本纲领，应是团结全国，反对一切内战，一致抗日；第四，会议地址暂定南京。中国共产党认为，上述建议，实为解决目前紧急关头之合理有效办法，希望南京方面立即决定国策。

同日，中共中央还对党内发出了《中央关于西安事变及我们任

---

① 金冲及：《毛泽东传》（一），中央文献出版社2013年版，第419、421页。
② 金冲及：《毛泽东传》（一），中央文献出版社2013年版，第421页。

务的指示》。《指示》正确地分析了西安事变发生的原因，充分肯定了西安事变对于推动全国抗日统一战线的积极意义，同时也指出了它所带来的消极影响；正确地估计了西安事变的发展前途，全面阐述了中国共产党为争取西安事变和平解决的前途，避免内战爆发的前途的基本方针：第一，坚持停止一切内战一致抗日的组织者与领导者的立场，反对新的内战，主张南京与西安间在团结抗日的基础上和平解决；第二，用一切方法联合南京左派，争取中派，反对亲日派，以达到推动南京走向进一步抗日的立场，揭破日寇及亲日派利用拥蒋的号召，发动内战的阴谋；第三，同情西安的发动，给张杨以积极的实际上的援助（军事上的与政治上的），使之彻底实现西安发动的抗日主张；第四，切实准备"讨伐军"进攻时的防御战，给讨伐军以严重的打击，促其反省，这种防御战不是为了要以扩大内战的方针代替一致抗日的方针，而依然是为了促成全国性抗日统一战线的建立与全国性的抗日战争的发动。①

12 月 20 日，在中共中央已经正式确定了和平解决西安事变的一整套方针以后，共产国际执委会的来电亦表示了大体相同的意见。西安事变发生的当天，中共中央即向共产国际报告了西安事变及中共将采取的应急措施，之后又曾多次致电共产国际，共产国际一直没有回电，直到 12 月 16 日始有电报致中共中央。但这个电报又因电码错误，"完全译不出"，中共中央不得不要求共产国际"即检查重发"，共产国际重新来电是 12 月 20 日。来电称："针对你们的来电，建议你们采取如下立场：一、张学良的行动，无论其动机如何，客观上只能有损于中国抗日民族统一战线力量的团结，并鼓励日本的侵略。二、既然事变已经发生，中国共产党应考虑到上述情况，并坚决主张在以下基础上和平解决事变：（1）通过吸收抗日运动的若干代表及拥护中

---

① 《中共中央抗日民族统一战线文件选集》（中），档案出版社 1985 年版，第 326、327 页。

国完整、独立的人士参加政府的方式改组政府；（2）保证中国人民的民主权利；（3）停止围剿红军的政策，并在反对日本侵略的斗争中与红军合作；（4）同那些同情中国人民抵抗日本帝国主义进攻的国家合作，但不要提联合苏联的口号。"①

中国共产党关于和平解决西安事变方针的提出具有极其重要的意义。它指明了处理西安事变的正确方向，规定了实现和平解决前途的一整套具体措施，极大地鼓舞了张、杨为实现"兵谏"既定目的的斗争，有力地推动了南京政府政策的转变，促进了西安事变向着有利于团结抗日的方向发展，促进了西安事变的和平解决。

（三）西安事变的和平解决是由多方面因素促成的

西安事变的和平解决，有张学良、杨虎城的作用，有中国共产党的作用，也有南京政府中宋子文、宋美龄等亲英美派的作用。尤其是，作为西安事变的发动者和组织者的张学良、杨虎城，对于事变的和平解决所起的重要作用，必须给予充分的估计和高度评价。他们发动事变的无私动机和逼蒋联共抗日的目的，是事变得以和平解决的主要原因。但是，中国共产党作为西北"三位一体"大联合中的重要一方，作为西安与南京之间实际上的"调停人"，特别是作为当时全国停止一切内战一致抗日的组织者与发动者，对于西安事变和平解决所起的作用也是非常重要的，不应低估。

中国共产党不仅提出了和平解决西安事变的一整套方针，从而为事变的和平解决指明了方向，而且作为一方直接参加了西安与南京为和平解决事变而进行的谈判，并最终促成了蒋介石毅然接受西安方面之抗日救国要求，促成了蒋介石被释放和西安事变的和平解决。

中共中央正式确定和平解决西安事变的方针后，即指示周恩来等与张、杨商量实现和平解决西安事变的具体步骤。12月21日，中

---

① 《共产国际执委会1936年文件集》。

共中央致电周恩来，明确指出"我们与西安策略应扶助左派，争取中间派，打倒右派，变内战为抗战"，提出与蒋介石等进行谈判的条件："第一，南京政府中增加几个抗日运动之领袖人物，排除亲日派，实行初步改组。第二，取消何应钦等之权力，停止讨伐，讨伐军退出陕甘，承认西安之抗日军。第三，保障民主权利。第四，停止剿共政策并与红军联合抗日。第五，与同情中国抗日运动之国家建立合作关系。第六，在上述条件有相当保证时，恢复蒋介石之自由，并在上述条件下赞助中国统一，一致抗日。"①

12月22日，宋子文、宋美龄等到达西安。23日周恩来、张学良、杨虎城与蒋介石的代表宋子文举行正式谈判。这时，"蒋暗示宋改组政府，三个月后开救国会议，改组国民党，同意联俄联共"②。谈判中，首先由周恩来代表张、杨及中共提出和平解决西安事变的具体条件："子、停战，撤兵至潼关外。丑、改组南京政府，排逐亲日派，加入抗日分子。寅、释放政治犯，保障民主权利。卯、停止剿共，联合红军抗日，共产党公开活动（红军保存独立组织领导。在召开民主国会前，苏区仍旧，名称可冠抗日或救国）。辰、召开各党各派各界各军救国会议。已、与同情抗日国家合作。以上六项要蒋接受并保证实行。中共、红军赞助他统一中国，一致对日。"对周恩来所提条件，宋子文表示"个人同意，承认转达蒋"③。会上，宋子文提议先组织过渡政府，三个月后再改造成抗日政府，目前先将何应钦、张群等撤换。对此，周、张、杨表示原则同意，要宋负责，并就过渡政府人选交换了意见。宋提议由蒋下令撤兵，蒋即回京，到后再释放爱国七领袖。周、张、杨坚持中央军先撤走，爱国领袖先释放。

12月24日，在宋子文向蒋报告了谈判情况后，周恩来、张学良、杨虎城与宋子文继续进行谈判，宋美龄也参加了谈判。会上，宋子文

---

① 《西安事变资料》第一辑，人民出版社1980年版，第166页。

② 《周恩来选集》（上），人民出版社1980年版，第70页。

③ 《周恩来选集》（上），人民出版社1980年版，第71页。

表示原则上同意周恩来 23 日所提各项条件，并保证：组织满人意之政府，肃清亲日派；前线撤兵，并调胡宗南等中央军离西北；蒋归后释放爱国领袖；停止剿共政策，三个月后抗战发动，红军再改番号，共产党公开；先召开国民党会，开放政权，然后再召集各党各派救国会议，三个月后改组国民党；分批释放一批政治犯；外交政策，联俄，与英、美、法联络；蒋回后发表通电自责，辞行政院长。宋子文还表示要中共等进步势力"为他抗日反亲日派后盾，并派专人驻沪与他秘密接洽"①。

在与宋氏兄妹谈判达成协议后，为进一步了解蒋介石态度并使谈判结果得到蒋的明确承认，周恩来于 12 月 24 日晚亲自面见蒋介石。这是自 1927 年"四一二"事变后国共两党高级领导人之间的第一次会晤。为了尽量解除蒋介石对中共的疑惧心理，使国共两党已经开始的上层接触继续保持下去，以便早日实现国内和平与一致抗日，周恩来向蒋介石详细解释了中共在现阶段的方针。周恩来严正指出，当此民族危机之严重关头，非抗日无以图存，非团结无以救国，坚持内战无非自趋灭亡。蒋介石对中共以民族利益为重坚持和平解决西安事变的诚意深感意外，当即向周恩来明确表示：第一，停止剿共，联红抗日，统一中国，受他指挥；第二，由宋、宋、张全权代表他与周解决一切；第三，他回南京后，周可直接去谈判。② 至此，南京与西安之间关于和平解决西安事变的谈判基本结束。

中共和周恩来对和平解决西安事变的作用，不仅表现在促成西安与南京之间达成协议、蒋介石获释上，而且表现在张送蒋回南京被扣后南京与西安之间再度出现严重紧张局势的情况下，对缓和西安与南京之间的紧张关系，稳定西安内部局势，团结各方，推动蒋介石实现其所允诺言，转变政策，以实现西安事变的基本要求和既定目的所

---

① 《周恩来选集》（上），人民出版社 1980 年版，第 72 页。

② 参见《周恩来选集》（上），人民出版社 1980 年版，第 73 页。

起的极为重要的作用。本来，经过三方谈判使蒋介石获释，如无节外生枝，西安事变已算和平解决。但是，由于蒋介石背信弃义扣押张学良，西安事变能否和平解决又成问题。张学良送蒋被扣后，西安大为震动，引起了不亚于因蒋被扣所造成的紧张局势，如果处理不好，不仅会使已经取得的成果丧失，而且可能导致新的内战。因此，能否稳定西安局势，促使西安与南京之间的最后和解，就成为和平解决西安事变的重要部分。在这个问题上，以前的研究者都未能给予充分注意，似乎蒋介石被释放，西安事变就最后和平解决了，笔者认为这是不够全面的，和平解决西安事变应该包括处理善后这一阶段。

蒋介石回南京后导演了"审张"、"赦张"、"管束张"的丑剧。蒋扣张的意图，一是可以借此维护自己的权威，惩罚张、杨所谓犯上作乱，施个人报复并警告其他反蒋势力；二是为了拆散西北三位一体的大联合。他认为三位一体的存在对他的统治是不利的，扣张后三位一体就会分化；三是可以同时达到瓦解东北军、十七路军，消灭异己的目的。于是他不顾宋子文等的反对，扣留了张学良，同时指使已经准备撤退的讨伐军继续进逼西安。

当时西安内部，特别是东北军内部，由于张学良被扣，在如何对待南京方面的军事威胁，如何营救张学良等问题上发生严重分歧，这种意见分歧与原来对蒋介石处置上的分歧相结合，形成了"主战"、"主和"两派。部分中下级军官，主要是原来主张杀蒋的"少壮派"，由于对蒋介石背信弃义的愤慨，坚决要求和南京打一下，以营救张学良回西安；王以哲等将领则认为，事变的发动和解决都是从国家民族利益出发的，只要东北军、十七路军和红军三位一体的力量好好团结，张学良是可以回来的，营救张不一定非打仗不可。也有少数将领从个人利害出发借机向南京"输诚"，极力洗刷自己。杨虎城对张匆忙放蒋事先毫无思想准备，当时无法劝阻，又被动地出乎意料地接受了张学良临时交给的代理指挥东北军的任务，他既不能否认自己是两军最高统帅，实际上又对东北军无能为力。所有这些就使西安内部和与战之间的分歧更加错综复杂，处理不好就会导致新的内战，使已经取得的和平成果付之东流。为了巩固已经取得的初步和平成果，避免新的内战，进而实现团结抗战，中共及其代表又进行了许多艰苦细致的工作。

12月27日，中共中央发出《关于蒋介石释放后的指示》，确定了自己目前的任务和方针。这一指示正确地估计了当时的形势，提出了许多切合实际、具有远见的措施，有力地指导了事变善后沿着和平民主的方向发展。

12月28日，针对蒋介石所谓《离陕前对张杨的训词》毛泽东发表了《关于蒋介石声明的声明》，对蒋介石在"训词"中颠倒是非、混淆黑白，隐瞒和歪曲事实真相，攻击诬蔑张、杨的荒谬论调进行了深刻地剖析和有力地批驳。

为了进一步逼迫蒋介石站到抗日战线上来，毛泽东把蒋介石在西安被迫接受的六项条件一一开列，公布在全国人民面前，让全国人民监督与逼迫蒋介石实现他所允诺的条件。毛泽东还严肃指出，蒋氏应当记忆，他之所以能够安然离开西安，除西安事变的领导者张、杨二将军之外，共产党的调停，实与有力。"现在蒋氏已因接受西安条件而恢复自由了。今后的问题是蒋氏是否不打折扣地实行他自己'言必信，行必果'的诺言，将全部救亡条件切实兑现。""蒋氏如欲在抗日问题上徘徊，推迟其诺言的实践，则全国人民的革命浪潮势将席卷蒋氏以去。"① 毛泽东的声明，揭露了蒋介石对西安事变真相的严重歪曲，对于提高全国人民的政治觉悟，推动蒋介石政策的转变起了重大作用。

1937年1月8日，中国共产党中央委员会、苏维埃中央政府发表为号召和平停止内战通电。指出："这次事变对于蒋先生之政治人格与其'言必行，行必果'之格言实为重大之试验。"通电深刻揭露

---

① 《毛泽东选集》第一卷，人民出版社1991年版，第247页。

了亲日派一面扣留张学良，一面向西安进攻，企图爆发空前之内战的阴谋，有力地维护了国内和平局面。

与此同时，1月初，奉中共中央指示，潘汉年在南京与陈立夫等接洽谈判，要求国民党方面迅速落实蒋、宋在西安与周恩来商定的各项措施，明确表示反对南京部分亲日派继续策划内战的阴谋及扣留张学良的错误行为。1月8日，周恩来在西安同来陕之国民党代表张冲进行接触，进一步说明了共产党谋求和平及与国民党合作的诚意。10日，周恩来写信给蒋介石，要求他制止一切内战阴谋并改组政府，并再次声明共产党在对内和平及对外抗战的基础上将全力助蒋。

中国共产党在呼吁南京当局立停军事行动，制止内战重新爆发的同时，还通过以周恩来为首的中共代表团在西安极力斡旋，力主和平，竭力维护东北军、十七路军和红军的团结，尽量把事变引向和平解决，反对把事变引向纠纷和混乱。当时杨虎城处于十分困难的境地。周恩来十分同情杨虎城的处境，热情支持、协助他进行工作，为他出谋划策。杨虎城也非常尊重周恩来的意见，与之推诚相见。1月初，为制止亲日派重新挑起内战的阴谋，周恩来、叶剑英与杨虎城及两军将领共同研究联合作战方案：红军一部挥师南下，威胁南京军队东路侧翼，使其东路受阻，西路孤立无援；同时发动群众举行大规模示威反对内战，并经三方协商，由杨虎城领衔向全国发出通电，抗议中央军西进。东北军少壮派军官制造"二·二"事件，刺杀了东北军主和的王以哲将军后形势更为紧张，东北军陷于自相残杀的危险边缘。杨虎城表示，只有营救张学良回来才能团结东北军，自己无法支撑这个局面。混入西安的托派更乘机散布谣言，妄图把杀王的责任推到中共代表团身上。主战派由于对中共坚持和平解决的立场不理解，甚至提出要对中共代表团实行"兵谏"。在这情况极为复杂，时局动荡不定的险恶环境中，周恩来等坚定沉着，临危不惧，大义凛然，耐心细致地对各方面作说服解释工作，并向杨虎城和各方面人士申明，中共一定对得起朋友，一定对得起张、杨两先生，一定要尽力维护东北军、十七路军和红军三位一体的团结。因而终于化险为夷，转危为安，使事变继续朝着团结抗日的方向发展。

正是由于张、杨发动西安事变的目的是为了逼蒋联共抗日，由于中国共产党始终坚持了和平解决西安事变的方针，对南京、西安及其他方面进行了许多艰巨细致的卓有成效的工作，才使张、杨发动西安事变的积极成果得以巩固，从而推动了南京政府政策的转变，终于促成了第二次国共合作的形成和抗日战争的发动，使西安事变真正成为时局转换的枢纽和关键。

二、西安事变若干问题的新思考

（一）事变的根本原因是张、杨与蒋政见尖锐对立的总爆发

西安事变是国民党爱国将领张学良、杨虎城率部以"兵谏"方式督促蒋介石接受停止内战、联共抗日主张的爱国行动。

张学良、杨虎城何以能有如此巨大的决心与勇气，敢于发动"兵谏"？原因是多方面的：一是日本侵华的深入，继东北沦陷之后，华北危急，中华民族处于存亡关头；二是国民党政府置民族危亡于不顾，顽固坚持、继续推行其先安内后攘外方针和"剿共"内战政策；三是全国抗日救亡运动的高涨和东北军、西北军广大将士对内厌战、要求抗日情绪的激昂；四是张学良奉命进攻陕北红军受挫，遭蒋介石的冷遇与排斥；五是中共的统战政策和西北大联合的形成。集中一点，上述诸因素汇聚综合，作用于张学良、杨虎城，酿成其坚持停止内战、联共抗日的强烈主张同蒋介石"剿共"内战政策尖锐对立的总爆发。兵谏，并非长时间的预谋，乃突发事件。突发的导火线，一是"八·二九"宋黎被捕事件；二是西安学生"一二·九"游行请愿的爱国行动触动了具有国仇家恨的张学良肺腑；三是12月7日蒋正在行辕召见将领面授"剿共"机宜，张谏以停止内战，一致抗日遭

怒斥。12 月 10 日张向蒋报告"一二·九"学生请愿后，张的表态又遭蒋斥责，蒋并提出两个方案：或者继续"剿共"，或者调离。前者违背意志，后者调虎离山。由此可见，事变的原因是诸多因素融为一体，而根本的则是张、杨与蒋政见的严重分歧，逼上梁山，铤而走险。

（二）日本国府"静观事态发展"，苏联对南京政府既同情又"鸣冤"

西安事变震惊中外，张、杨的八项主张被南京扣发几天，外界不了解"兵谏"的目的，众说纷纭，顿时引起国内外的强烈反响。

国际上，苏、日、英、美、法、德、意均有反响，而以日、苏为尤甚。

日本，按我国学术界传统观念，谓日本妄图乘机挑起中国内战，以坐收渔翁之利。其实并不尽然，日本军方与国府都有各自的考虑，而国府则有更深层次的思考与见地。

据中国驻日大使许世英给南京政府的五次密电，可窥其动态。

12 月 16 日，首相、海、外、陆相协议："以西安事变中之日本动向，将使中国全局有重大影响，欧美将极深注意，故有暂时静观形势进展的必要。出巡官宪应严戒轻举妄动。"[①]

15 日，社大党声明："谓西安事变为中国之不幸，如由此惹起军阀对立之争，决非如浅见者所称之可喜现象。倘中国由此而更采容共政策，则日本受害匪浅，日本应清算过去对华政策，对中国民族统一国家建设适当采援助的方针。"[②]

19 日，外相有田约谈："国民党中央如在抗日容共之条件下与张

---

① 中国国民党党史委员会编：《革命文献》第九十四辑，台湾"中央文物供应社"1983 年版，第 536 页。

② 中国国民党党史委员会编：《革命文献》第九十四辑，台湾"中央文物供应社"1983 年版，第 536 页。

妥协，日本决强硬反对。"①

23 日，广田首相在枢密院会议报告说："对西安事变采决不干涉方针。倘国府与张学良以容共为妥协条件，日本则予断然排击。"②

由此可见，日本国府并非幸灾乐祸，企图坐收渔翁之利，而是焦心与担忧，采取慎重态度。它最担忧的是南京政府以容共为条件与张妥协。社大党的声明，有田外相、广田首相的表态足以说明这一点。同时，日本国府十分关注欧美国家的动向，是考虑到日本的动向将受欧美国家的极大关注。这是因为，日本自退出国际联盟后，在国际上陷入孤立，担心轻举妄动会遭到欧美国家的谴责，故力主"静观事变的发展"。

苏联，事变后南京政府和日本国府都对苏联进行猜疑，认为此事与苏联密谋有关。苏联对南京政府对它的猜疑很不满，极力表白苏联的立场与态度，严厉斥责张学良的爱国义举，对南京政府深表同情。

14 日、15 日，《消息报》、《真理报》发表社论，斥责张学良叛变是对南京政府向抗日之途径进行之阻遏与反动，认为日本教唆中国将领反对南京政府统一中国，不惜以反日口号嫁祸于人，造谣挑拨，谓张已与苏缔结军事同盟。

驻苏大使给南京的密电称：16 日、17 日，苏李维诺夫委员长等与谈西安事变，彼辈均认为不幸，对我颇表同情，并盼事变之早日解决。问其能否发表有利于我之言论，予我以协助？李直言："自张学良离东北以后，苏联与其毫无关系，爱莫能助。"③

---

① 中国国民党党史委员会编：《革命文献》第九十四辑，台湾"中央文物供应社"1983 年版，第 537 页。

② 中国国民党党史委员会编：《革命文献》第九十四辑，台湾"中央文物供应社"1983 年版，第 536 页。

③ 中国国民党党史委员会编：《革命文献》第九十四辑，台湾"中央文物供应社"1983 年版，第 533 页。

虽然苏联报界舆论有利于南京政府，但由于南京政府对苏联猜疑，因此并未予以转载。受到委屈的苏联对此十分恼火与伤感，17日李维诺夫提出抗议：中国政府禁止报纸登载苏报、塔斯社驳斥日本谣言之声明，表示中国政府疑虑苏与张学良有关。当驻苏大使提出希望苏联协助解决此事时，李维诺夫又表示，唯一的协助办法，在使中国共产党知道苏联政府态度，今中国政府反而禁止登载，"我无他法"，并将向南京政府提出严重抗议。

19日，苏联政府进一步表白其与事变毫无关系，驻华代办向张群外长声明："苏政府不但与西安事变始终无任何联络，而且自满洲事变以来，苏联政府无论直接与间接，皆未与张学良发生任何联系，苏联政府与中共亦无任何联络，因此对于中共之行动不负任何责任。"

苏联既遭到日本的猜疑与非难，又遭到南京政府的猜疑。本来与事变毫无关系的苏联，却蒙受不白之冤，对此特别恼火与焦虑，既斥责张、杨，又不满南京政府而提出抗议。苏联何以如此焦虑忧心呢？

这同苏联当时所面临的国际形势分不开的。1936年，苏联在欧洲，面临德意法西斯崛起，德国实行"声东击西"战略，英法美则竭力推行"祸水东引"策略。希特勒叫嚣："欧洲应建立新秩序"，并狂妄地宣称："要用一切手段使德国人占有全世界。"在欧洲局势日趋紧张的形势下，英法美竟采取绥靖政策，妄图以退让和牺牲弱小民族的利益来满足法西斯的贪欲，以便将希特勒的侵略矛头引向东方反对苏联。绥靖政策助长了法西斯的气焰，意大利侵犯埃塞俄比亚，德国进攻西班牙。不仅如此，德国还同东方的日本法西斯勾结，1936年德日签订了《反共产国际协定》。这样就使苏联处于东西两边法西斯和世界资本主义包围之中。苏联为了本国的安全，在西方设法与德国取得妥协，在东方也不愿惹是非。由此可见，西安事变发生后，苏联遭到日本和中国南京政府的猜疑，颇为恼火，极力表白自己的立场与态度，这是不难理解的。

（三）"讨伐"决策出自国民党中央

传统说法认为，西安事变爆发后南京政府高层内部有主战与主和两派主张，而以亲日派何应钦为代表则力主武力解决，不顾蒋的安危，以期取而代之。根据国民党中央及国府的决策过程不难看出，确有两种主张，然而从最高领导机构作出的决议和对策看，对西安的"讨伐"，显然是最高当局会议的决策。那种认为是何应钦取而代之的个人野心决定了"讨伐"，只能作为一种分析揣测而已，不能作为历史的评论。

事实上，事变消息是通过路局最先传到南京。南京方面只接到张、杨联名领衔与西北军将领及中央被扣要人18人的通电，及所提八项主张，而对事变的经过、内情则无法获知实情。国民党中央于事变当日深夜11时半即召开第二十八次会议，讨论关于"张学良背叛党国案"，会上确有两种意见争论不休，焦点在于是否派兵讨伐。最后作出决议：张学良先褫夺本兼各职，交军委严办，所部军队，归军委直接指挥。关于指挥调动军队，归军委常委兼军政部长何应钦负责。

宋美龄在上海闻讯急返南京后，力主"愿竭我全力，以求不流血的和平与迅速解决"。她向京中诸要人陈述：未及确实消息之前，务镇定其态度，信任民众精神上之后援，勿采急遽之步骤。

12月16日，国民党中央召开第三十次会议，审议处置张学良叛国案，并作出决议：第一，推何委员应钦为讨逆军总司令，迅速指挥国军，扫荡叛逆。第二，国民政府明令讨伐张学良。会后随即出动空军轰炸陇海路渭南、华县之线。17日，国民政府令派顾祝同、刘峙分别为讨逆军东路、西路集团军司令。18日，何应钦接到蒋鼎文由陕返回南京带来的蒋介石手书，嘱19日下午以前停止轰炸。何见到手书后并没有按原决议行事，而是与居正、孙科院长及宋子文、宋美龄等商定："第一，派宋子文以私人资格即日飞赴西安，营救蒋公。第二，准许至12月22日暂行停止轰炸，但张、杨部队在此期间不得向南移动；如各该逆部仍向西安渭南前进，我空军即向行动部队轰炸。"假如何应钦有取而代之的野心，他可以继续执行国民党中央的决议，继续轰炸，但事实并非如此。

上述事实可以说明：第一，何应钦向西安发动进攻系国民党中央会议正式决定的；第二，蒋介石在被扣情况下托人带来的手函，何还是遵照执行的，并曾与有关要人商议行事。

（四）西安事变得以和平解决是西安、南京、延安三方面诸因素合力作用的结果

和平解决事变乃是举国上下一致的呼声。之所以如此，主要是因为日本侵略深入国土，民族危亡，停止内战、一致对外成为民族心理的共识。西安、南京是对峙的双方，中国共产党以民族利益为重，既支持西安方面，又是力主和平解决的调解者。显然，事变得以和平解决是三方面诸因素合力作用的结果。当然，三方面有各自不同的角色，起着不同的作用。任何片面地强调某一方的作用而无视或否认其他两方面作用的观点都是不符合历史实际的。应恰如其分地分析各方在和平解决事变中的地位与作用。而台湾某些学者及国民党的传统说法，则不顾事实，一味强调"委员长感召"的结果。实事求是公允地分析，首先，应当肯定的是"兵谏"发动者的初衷和目的。由于"劝谏"无效，张、杨用"兵谏"逼蒋接受八项主张，其目的是为了停止内战，联共抗日，为了国家和民族利益，别无他求。这是事变得以和平解决及蒋能接受要求的前提条件。1936 年 18 日，张致电南京何应钦部长，要求停止进攻："惟委座南归，尚待商榷，在此时期，最好避免军事行动，弟部初未前进，而贵部已西入潼关，肆意轰炸，果谁动干戈耶？谁起内战耶？兄部尽撤潼关以东，弟部自可停止移动。否则彼此军人，谁有不明此中关键也哉？"[①] 如果张、杨出自别有用心的

---

① 中国国民党党史委员会编：《革命文献》第九十四辑，台湾"中央文物供应社"1983 年版，第 81 页。

目的，则事变难以和平解决，张学良更不会亲自护送蒋介石回南京。其次，既然事变系国民党内部爱国将领与其最高领导人之间双方的政治分歧导致军事冲突，能否和平解决，当然还有待于蒋介石和南京政府的态度，且是至关重要的，在一定意义上讲，乃是关键性的一票。尽管蒋介石回到南京以后，矢口否认在西安有任何承诺，并用所谓《对张杨训词》之类表明其人格的感召。试想，假如没有蒋介石对西安方面要求的基本承诺，何以能够达到事变的和平解决？最后，中共作为停止内战，一致抗日和建立抗日民族统一战线的倡导者，应邀派代表赴西安致力于和平解决事变。蒋介石被扣之后，疑虑颇深，抵触情绪极大，根本不与张、杨对话，只表示既然称谓委员长，应即送回南京，否则可以处决。双方处于僵持局面。加上在南京一派讨伐声中，东北军有的将领归顺南京，以表忠诚；张、杨处在国民党党政军要人的谴责与劝告的强大舆论和政治压力下，十分焦虑，殷切地期待中共出面有所作为。出乎蒋介石意料的是，中共在事变前不但毫无所知，而且能以民族大义为重，捐弃前嫌，力主和平解决，共同抗日。这就有效地消除了蒋的疑虑与揣测，缓解了对立情绪。中国共产党为促蒋接受停止内战，一致抗日的主张，实现张、杨发动"兵谏"的初衷，起了举足轻重的作用。

请看下列事实。1936 年 12 月 14 日，为阻止南京武力讨伐，中共中央电示华北局书记胡服（刘少奇），发动民众要求南京政府接受张、杨八项主张，停止内战的军事行动；呼吁即刻召开各党派各军政救国会议，不要同南京处于对立。[①]15 日，由毛泽东领衔，以红军将领名义发表《关于西安事变致国民党国民政府电》，肯定张、杨"兵谏"的正义性及八项主张，分析事变的原因是蒋错误政策逼出来的，呼吁接受八项主张，罢免蒋氏，交付国人裁判，组织统一战线政府。

---

① 参见《中共中央文件选集》第十一册，中共中央党校出版社 1991 年版，第 121—122 页。

19 日，当中央接到周恩来对西安事变的了解情况后的报告，正式发表《中华苏维埃中央政府及中共中央对西安事变的通电》①，明确提出和平解决事变的方针和建议。同日，又向党内发出《中央关于西安事变及我们的任务的指示》，正确估计了事变发展的两种前途和基本方针。同时，指示周恩来与张、杨共同商计实现和平解决的步骤办法及与蒋介石谈判的条件，一旦条件有保证，即恢复蒋的自由。周恩来在 23 日同张、杨与宋子文谈判达成口头协议后，为得到蒋的亲自承诺，24 日晚会见蒋介石。蒋对中共以民族利益为重，坚持和平解决事变的诚意颇感意外，当即向周恩来作出六项口头承诺。至此，张学良解除千斤重担，兴奋之至，于翌日亲自护送蒋介石返回南京，以示忠诚。这样事变基本上得到和平解决。

（五）时局转换的枢纽与蒋介石的"善后处理"

事变的结局与历史意义已经为抗日战争的胜利历史所证实。毛泽东明确指出，西安事变的和平解决成为"时局转换的枢纽"，是从内战到和平，从国共两党分裂对抗到合作抗日的历史转折。尽管蒋介石回南京后否认有任何承诺，此后一段时间里，国共两党谈判还经历了艰难曲折的斗争，但国民党蒋介石毕竟是撤销了"剿总"机构，再没有发动向陕北"围剿"，且经过五届三中全会实际上放弃了"剿共"内战政策，朝着和平抗日方向转化。这是事变结局与历史意义的基本方面，也是张学良、杨虎城将军对中华民族解放事业作出的历史贡献。在充分肯定西安事变的重大历史意义的同时，另一方面也应看到，由于蒋介石和南京政府背信弃义，将张学良长期扣留，实际上剥夺了他的人身自由，使其不能驰骋疆场与日军作战，去亲手实现自己积蓄多年的爱国夙愿。同时，张的东北军也被调往河南、安徽等异地

---

① 参见《中共中央文件选集》第十一册，中共中央党校出版社 1991 年版，第 130—131 页。

他乡，被蒋介石分化瓦解。杨虎城则被撤销职务，受遣出洋考察，后又遭长期囚禁，乃至最终惨遭国民党特务杀害而永不瞑目，他的部队也被调离或拆散。蒋介石正是以此"善后处理"，达到了排除异己的目的。这是事变的结局不尽如人意之处，没有完全实现事变发动者的初衷。显然，这是由蒋介石和南京政府一手造成的。

第十一章 毛泽东抗日战争的战略构想与顶层设计

　　抗日战争是中国近代反对外敌入侵取得第一次彻底胜利的伟大民族解放战争。这场战争，持续时间之久，规模之大，伤亡之惨重，战斗之激烈，在世界战争史上实属罕见。它创立了在敌强我弱的悬殊情况下，以弱胜强，正义战胜邪恶强权的典范和光辉篇章。这一光辉篇章，是在中国共产党伟大领袖毛泽东抗日战争的战略构想与顶层设计指引下谱写的。1937年，日军策划卢沟桥事件，妄图变中国为其独占殖民地。在中华民族面临亡国灭种的历史紧急关头，毛泽东以坚定的理想和信念，站在时代高度，以国家民族利益为重，运用辩证唯物主义和历史唯物主义原理，实事求是地分析中日双方各自的国情、军情、特点及其在战争中发展变化的态势，把握时代特征和战争性质，为抗日战争作出科学的战略构想与顶层设计。其理论逻辑起点是正确认识和处理阶级斗争与民族斗争的关系；核心是正确认识和处理民主和抗日的关系；军事战略方针是坚持持久战和人民战争的总方针，正确认识和处理战略和战役战术的关系；目标是打败日本侵略者，建立新中国，正确认识和处理抗战与结束国民党一党专政，建立民主联合政府的关系。顶层设计是落实战略构想的全局部署和重大措施，是从宏观上践行战略构想的载体和路径。战略构想与顶层设计的四个方面，是逻辑严谨的有机统一体。

一、必须实行国共合作团结御侮，正确
处理民族斗争与阶级斗争的关系

旧中国是一个半殖民地半封建社会。帝国主义同中华民族的矛盾，封建主义同人民大众的矛盾，是近代中国社会的主要矛盾。这两种矛盾是阻碍中国社会发展的两个最为主要的障碍。因此，反对帝国主义，反对封建主义就成为中国民主革命的两大任务。但是，在不同的历史阶段，革命的侧重点也会随着时局的不同而变化。1937年7月7日，日本军国主义制造卢沟桥事件，蓄谋已久的侵华战争全面爆发，中日民族矛盾凸显为主要矛盾。如果不奋起抗争，中国就会变为日本独占殖民地，中国人民就会沦为亡国奴。在这生死存亡的危急关头，毛泽东明确指出："我中华最大敌人为日本帝国主义，凡属食毛践土之伦，炎黄华胄之族，均应一致奋起，团结为国。皮之不存，毛将安附，国既丧亡，身于何有？"[1] 毛泽东强调，只有全民族团结抗战，才是中国摆脱存亡危机，获得民族独立的唯一出路。因此，国内各阶级、各党派都必须以民族利益为重，摒弃兄弟阋墙，自身利益服从于民族利益，团结抗日。只有民族的解放，才有阶级的解放，这是毛泽东在抗日战争时期关于民族斗争与阶级斗争的战略构想。

抗日战争时期，同仇敌忾共御外敌是中国全体人民取得的共识。然而，国内在团结抗日的情况下，还是存在着不同阶级、不同党派之间的矛盾，特别是执政的国民党蒋介石集团实行片面抗战路线，执行两面政策。如何在抗战中对待阶级斗争？毛泽东强调："在抗日战争中，一切必须服从抗日的利益，这是确定的原则……但是阶级和阶级斗争的存在是一个事实"[2]。所以，应当以积极的态度调节阶级斗争，

---

[1] 《毛泽东思想年编》，中央文献出版社2011年版，第101页。

[2] 《毛泽东选集》第二卷，人民出版社1991年版，第525页。

"以斗争求团结则团结存。以退让求团结则团结亡"①。停止那些不利于团结抗日的斗争，保留那些有利于团结抗日的斗争。互助互让政策不但适用于党派关系，也适用于阶级关系，无产阶级政党必须以积极的态度去对待让步，推动阶级之间的合作。但与此同时不能因合作和统一而牺牲了党派和阶级的必要权利，必须坚持独立自主原则，有理、有利、有节地开展对国民党顽固派"限共溶共"政策的斗争，发展进步势力，争取中间势力，孤立顽固势力。以此才能发展巩固壮大抗日民族统一战线，争取时局走向好转的可能。

毛泽东认为，民族斗争与阶级斗争，两者并非孤立，更非对立存在，而是具有一致性："在民族斗争中，阶级斗争是以民族斗争的形式出现的，这种形式，表现了两者的一致性。"②他指出，在抗日战争中，阶级斗争服从于民族斗争是统一战线的根本原则。同时，构成民族的主体是无产阶级和广大劳动人民。民族压迫，本质上仍是阶级压迫；民族斗争，本质上仍是阶级斗争；民族的解放，本质上仍是阶级的解放。只有团结御侮，中华民族才能得到独立解放，无产阶级和劳动人民才有得到解放的可能；只有坚持必要的适当的阶级斗争，才能有利于支持反抗日本帝国主义的民族斗争。总之，今天的民族革命任务，主要是打败日本帝国主义，而民主革命任务，又是为了争取民族革命胜利所必须完成的，"两个革命任务已经联系在一起了"③。

基于对民族斗争与阶级斗争关系的理论逻辑，面对强敌入侵，必须团结御侮。抗战伊始，中国共产党就积极倡导和推动以国共合作为基础的抗日民族统一战线。军事上中国工农红军编为国民革命军第八路军，政治上由陕甘宁苏区更名为陕甘宁边区政府，土地政策上则停止没收土地政策，变为减租减息政策。随之，以军事合作开启国共第二次合作共同抗日的大幕。统一战线成分复杂，它以国共两党合作

---

① 《毛泽东选集》第二卷，人民出版社1991年版，第745页。
② 《毛泽东选集》第二卷，人民出版社1991年版，第539页。
③ 《毛泽东选集》第二卷，人民出版社1991年版，第637页。

为基础，广泛吸收工农商学兵各界各族人民、各民主党派、抗日团体、爱国人士和海外侨胞。不同的阶级、党派虽然都参加了抗日民族统一战线，但阶级矛盾和阶级斗争仍然存在，尤其是国共两党间存在着两条不同的指导路线。在这一情况下，如何正确处理抗日统一战线中的统一和独立，团结和斗争的关系，成为调节阶级间矛盾共御外敌的关键。抗战伊始，毛泽东就提出了解决这一问题的顶层设计。他指出，在抗战中党必须与国民党合作共赴国难，与此同时必须坚持统一战线中的独立自主原则，即在统一战线中实行既统一，又独立的方针。既吸取十年内战时期"一切斗争，否认联合"的教训，又克服"一切服从统一战线，一切经过统一战线"的右倾投降思想。在与国民党合作抗日的同时，保持党在思想、政治、组织上的独立性，实行全面抗战政治路线。坚持党对八路军、新四军和其他人民军队的绝对领导，冲破国民党的限制和束缚，积极开展游击战争与敌后抗日根据地建设，努力发展人民武装力量。总而言之，坚持抗日民族统一战线中的独立自主原则，实质就是牢牢把握党对抗日战争的领导权。这一顶层设计，使以国共合作为基础的抗日民族统一战线得到坚持和巩固，成为夺取抗战胜利的光辉旗帜。

二、必须全民总动员，实行人民战争方针，正确处理抗战与民主的关系

抗日战争是新民主主义革命历史进程中一个极其重要的历史阶段。要夺取这场战争的胜利，必须全民总动员，实行人民战争方针，正确处理抗战与民主的关系。在抗日民族统一战线中，国共两党对于如何进行抗战有着截然不同的路线方针政策。国民党蒋介石政府由于其阶级本质和党派利益决定了它拒绝发动全民抗战，坚持片面抗战路线，把抗战仅视为国民党政府和正规军队在正面战场上的抗战。而中国共产党则在准确分析中日两国优劣势后，提出必须全民总动员，实

行全面抗战路线。两党的路线分歧从表面上看是抗战方式上的差别，然而实质上却是要不要民主的分歧。中日两国国力相差悬殊，敌强我弱的现实决定了抗日战争势必是一场持久战，而要取得这场持久战的胜利，就必须以民主团结全国力量，实行全民抗战的方针。毛泽东指出："战争的伟力之最深厚的根源，存在于民众之中。"① 民主是抗战的政治保证，这一政治保证，能够动员广大的人民参加抗战。因此，必须坚持"抗日的民主，民主的抗日"。

要民主抗日就必须结束国民党一党专制局面。毛泽东认为，只有将抗日战争与民主改革结合进行，一方面在国民党统治区大力开展民主运动，要求国民党政府扩大民主范围，真正"给人民以爱国的自由"，另一方面在敌后抗日根据地大力开展民主建设，中国的民主革命才能在抗日战争中进入新的发展阶段。在国民党统治区大力开展民主运动。毛泽东指出，在坚决抗战的方针下，国民党政权必须扩大民主，实行全国人民的总动员，开放爱国运动，释放政治犯，承认爱国团体合法地位，扩大各界爱国团体组织，并动员、武装民众，配合军队作战；改革政治机构，容纳各党各派和人民领袖共商国是，清除政府中的亲日派和汉奸分子，实行民主集中制，让政府和人民相结合，使国民大会真正代表人民，还要实行一系列改良人民生活的纲领。在敌后抗日根据地大力实施民主建设。毛泽东指出，中国共产党是最坚定的抗日力量，也是最为彻底的民主力量，是中国民主运动和民主建设的领导者。抗战爆发后，中国共产党积极开赴敌后，广泛动员和组织人民群众奋起抗战，建立了一个又一个敌后抗日根据地，开展民主运动。如何进行敌后抗日根据地民主建设？毛泽东进行了以下的几点顶层设计。首先，在政权建设上，毛泽东强调实行"三三制"政权制度建设，通过民主选举直接产生基层政权，使基层政权具有广泛的群众基础。其次，以减租减息政策替代没收地主土地的政策，兼顾农民

① 《毛泽东选集》第二卷，人民出版社 1991 年版，第 511 页。

和地主两方面的利益，在保证佃权的同时积极改善农民群众的物质生活，充分发动和组织农民抗战。最后，根据地积极开展文化教育建设，广泛争取知识分子参加抗日战争。这一系列的根据地建设的顶层设计，大大增强了中国共产党同根据地人民的血肉联系，使中国共产党及其领导的人民军队和根据地成为抗战的中流砥柱。

三、必须坚持长期抗战，实行持久战战略方针，正确处理战略与战役战术的关系

抗日战争主要的斗争形式是战争。要动员并组织人民群众全面投入到这场伟大的民族解放战争，打败日本侵略者，必须有一个科学的明确的抗战军事战略方针。早在 1935 年 12 月瓦窑堡会议上，毛泽东就指出："要打倒敌人必须准备作持久战"①。抗战全面爆发后，毛泽东在洛川会议上再次强调："应该看到这一抗战是艰苦的持久战。"②然而，在抗战全面爆发的初期，"亡国论"与"速胜论"的错误思想甚嚣尘上。"亡国论"认为，中国武器不如日本，战必败、再战必亡，寄希望于苏联与英美的迅速干涉。"速胜论"则认为，抗战依靠国军正面战场作战就可速胜，游击战争无足轻重。然而，抗战的持久进行宣告了"亡国论"、"速胜论"的破产。

1938 年 5 月，毛泽东发表了著名的《论持久战》，深刻揭示出抗战必须经过持久战才能取得最后胜利。他认为，中日两国不同的社会制度、国家性质以及战争所处的历史时代的特点，决定了这场战争是一个决死的战争。毛泽东明确强调："我们说抗日战争是持久战，是从全部敌我因素的相互关系产生的结论。"③他分析指出，从军事实力上看，敌强我弱是抗战爆发后中日两国对比的现状。但从战争潜力上

---

① 《毛泽东选集》第一卷，人民出版社 1991 年版，第 153 页。
② 《毛泽东选集》第二卷，人民出版社 1991 年版，第 446 页。
③ 《毛泽东选集》第二卷，人民出版社 1991 年版，第 460 页。

看，中日两国互有强弱，虽然日本在工业化程度上远超中国，但其资源有限，人力、物力、财力均感缺乏，中国地大物博、资源丰富，战争潜力巨大。敌人经不起战争的长期消耗与拖延，而中国却可坚持长期作战。抗日战争具有明显的进步性和正义性，这就决定了抗战必然得到全国人民的坚决支持，必然会在国际上产生敌寡助我多助的局面。上述因素，决定了中国不会灭亡，抗战必定是一场艰苦卓绝的持久战。只要抗战中采取正确的军事的政治的战略策略，"敌之不利因素和我之有利因素均将随战争之延长而发展，必能继续改变着敌我强弱的原来程度，继续变化着敌我的优劣形势。到了新的一定阶段时，就将发生强弱程度上和优劣形势上的大变化，而达到敌败我胜的结果"①。

怎样打赢抗日战争这场持久战，毛泽东围绕正确处理战略上内线的持久战与战役外线速决战的关系、防御战与进攻战的关系以及正规战争与游击战争的关系这三个维度提出了一系列科学正确的顶层设计。

第一，关于战略持久战与战役战斗速决战的关系。毛泽东指出，日本是帝国主义强国，采取战略进攻方针，企图用战略的速决战恃强凌弱，灭亡中国。针对这一特点，我国应自觉采取战略上的持久战方针。与此同时，日本虽强但兵力不足，中国虽弱但地大人多兵多。日军以少兵临大国，就注定其只能占领我国一部分大城市和交通要道，即使占领半数国土，也给了游击战争以广大的活动空间建立敌后根据地。在战役战术上日军以少兵临多兵，便处于包围中。敌处战略外线，我处战略内线，敌为战略进攻，我为战略防御，表面上处于不利局面。但是我方地广兵多，应利用这一优势采用灵活运动战。不但以多兵打其少兵，还必须采取速决的方针，不打驻止中之敌，而打运动中之敌，乘敌运动之机，打其措手不及，给敌人以较大杀伤。以此沮

---

① 《毛泽东选集》第二卷，人民出版社1991年版，第461页。

丧敌人精神，振奋我军士气，经过战役战术上的速决战，积小胜为大胜，争取抗日持久战的最终胜利。

第二，关于防御与进攻的关系。毛泽东指出，抗战初期，日军凭借其优势处于战略进攻态势，我国则处于战略防御态势。在这一时期，如果战役和战斗方针执行内线持久的防御战，和敌人寸土必争，那就完全不适合敌小我大、敌强我弱这两种情况，就无法达到将抗日战争发展为持久战的战略目的，就注定会被敌人所击败。因此，我国必须在正面战争中和游击战争中伺机进攻，针对敌人，集中优势兵力，运用运动战方针与敌人周旋于广大战场上，使我方战略上的内线防御，变为战役战斗上的外线进攻。这一方针，"不但适用于战争的某一阶段，而且适用于战争的全过程"①。因此，只有在战役战术上进攻，战略上防御，才能积小胜为大胜，改变敌我力量对比，取得胜利。总之，"在战场上，因为我是进攻，敌是防御；我是多兵处外线，敌是少兵处内线；我是速决，敌虽企图持久待援，但不能由他作主；于是在敌人方面，强者就变成了弱者，优势就变成了劣势；我军方面反之，弱者变成了强者，劣势变成了优势"②。

第三，关于正规战争与游击战争的关系。毛泽东将游击战争提升至不可或缺的战略地位。他指出，从抗日战争的整体而言，正规战争是主要的，游击战争是辅助的。"正规战争是解决战争最后命运的关键，不注意正规军的建设和正规战的研究和指导，就不能战胜日本"③，"但游击战争是在全战争中占着一个重要的战略地位"④。他强调，没有游击战争，忽视游击队的建设，忽视游击战的研究和指导，也将无法战胜日本。如果缺乏游击战的支持，日本侵略者将变侵占地为其大后方，从而安稳坐占，有力补偿其作战消耗，毫无后顾之忧。

---

① 《毛泽东选集》第二卷，人民出版社 1991 年版，第 486 页。
② 《毛泽东选集》第二卷，人民出版社 1991 年版，第 486 页。
③ 《毛泽东选集》第二卷，人民出版社 1991 年版，第 552 页。
④ 《毛泽东选集》第二卷，人民出版社 1991 年版，第 552 页。

如此一来，敌人的进攻必然会更为猖狂，中国的正面作战主力损伤必然严重，抗战的相持局面将难以出现，全国的抗战决心必然会动摇。因此，游击战虽然较正规战而言处于次要的辅助地位，但实际上却占据着极为重要的战略地位。

四、必须以打败日本侵略者，建立新中国为目标，正确处理抗战与结束国民党一党专制，建立联合政府的关系

"中日战争将改造中日两国；只要中国坚持抗战和坚持统一战线，就一定能把旧日本化为新日本，把旧中国化为新中国，中日两国的人和物都将在这次战争中和战争后获得改造。我们把抗战和建国联系起来看，是正当的。"①打败日本侵略者，建立民主的新中国是中国共产党抗战的最终目标。早在 1936 年 8 月，毛泽东就以高超的战略眼光，考虑到了打败日本侵略者以后的事情。他郑重提出："我们赞助建立全中国统一的民主共和国，赞助召集由普选权选举出来的国会，拥护全国人民和抗日军队的抗日救国代表大会，拥护全国统一的国防政府。"②而随着抗日战争的发展和抗日根据地民主政权的建设，毛泽东对于建立新中国的战略构想也越发成熟。先后发表《论持久战》、《新民主主义论》、《论联合政府》等文章，提出了一系列的关于抗战胜利后建立新中国的理论和思想。在《新民主主义论中》，毛泽东提出，新中国的国体，应是"抗日的，反对帝国主义的；又是几个革命阶级联合的，统一战线的"③新民主主义国家。关于新中国的政体，毛泽东指出，必须实行真正普遍平等的选举制，以适合民意指挥革命斗争，适合于新民主主义精神。而对于新中国的文化方针，毛泽

① 《毛泽东选集》第二卷，人民出版社 1991 年版，第 457 页。
② 《毛泽东思想年编》，中央文献出版社 2011 年版，第 113 页。
③ 《毛泽东选集》第二卷，人民出版社 1991 年版，第 676 页。

东指出，新中国的文化只能由无产阶级领导的人民大众的反帝反封建的文化思想去领导。而对于由谁来主导国事方针，毛泽东在抗战即将迎来胜利前先后有过两种方案。1944年9月4日，中共中央向国民党提出改组政府的方案，要求国民政府彻底贯彻孙中山新三民主义，废除其包办的伪国民大会与伪宪，召开各党、各派、各军、各地方政府、各民众团体参与的国民大会，真正实施宪政，改组中央政府，废除一党专政，贯彻抗战国策，实行反攻。毛泽东指出，这一主张是正确的："以前是你的政府，我要人民"，而在9月提出改组方案以后是"改组政府，我可参加，联合政府仍然是蒋介石的政府，不过我们入了股，造成一种条件"①。而蒋介石却在同年的"双十"演讲中坚决地反对共产党改革政治的要求，仇视中国共产党。于是，毛泽东开始设计以共产党为主体的联合政府。在1945年4月发表的《论联合政府》里，毛泽东提出："我们主张在彻底地打败日本侵略者之后，建立一个以全国绝对大多数人民为基础而在工人阶级领导之下的统一战线的民主联盟的国家制度"②。这一制度，对外推翻民族压迫，对内废除国民党一党专制局面，建立民主的联合政府。抗战胜利后，重庆谈判期间，毛泽东在回答大公报社负责人重提《论联合政府》"另起炉灶"的问题时指出："不是我们要另起炉灶，而是国民党的炉灶里不许我们造饭。"③ 蒋委员长"不管我们的饭，我不另起炉灶怎么办？"④

战略构想与顶层设计的实质和抗战胜利的结局。毛泽东抗日战争的战略构想与顶层设计归结起来，集中到一点就是坚持全面抗战路线，反对国民党片面抗战路线。两条路线斗争的实质是以民主动员全民抗战，打败日本侵略者，取得民族独立，结束国民党一党专制，建立民主联合政府同国民党蒋介石集团限制共产党和民主势力的发展，

① 《毛泽东年谱（1893—1949）》（中），中央文献出版社2013年版，第577页。
② 《毛泽东选集》第三卷，人民出版社1991年版，第1016页。
③ 《毛泽东年谱（1893—1949）》（下），中央文献出版社2013年版，第29页。
④ 《毛泽东文集》第七卷，人民出版社1999年版，第186页。

依靠政府军队片面抗战，维护国民党一党专制独裁统治的斗争。战后，国民党统治集团妄图发动内战，绞杀共产党，但受国际国内和自身条件所限，无法立即实施，便以和平谈判为缓兵之计，掩盖其发动内战的野心。即使如此，中国共产党仍然力图避免内战，坚持和平民主团结的方针，建立一个独立、自由和富强的新中国。从这一真诚愿望出发，1945 年 8 月，毛泽东以弥天大勇应邀率团亲赴重庆同国民党当局进行谈判，作出必要让步，签订"双十协定"，但 1946 年 6 月，国民党当局竟撕毁协定，悍然发动全面内战。抗战胜利尽管没有结束国民党一党专制，但由于共产党和民主势力的大发展，毕竟为中国共产党在随后的解放战争中迅速推翻国民党反动统治，取得人民解放战争的胜利，建立独立、统一、民主自由的新中国奠定了坚实基础。

第十二章　皖南事变与中国共产党
应对突发事件能力探析

皖南事变是抗日战争进入相持阶段后，由国民党蒋介石集团直接发动的妄图消灭中国共产党，破坏团结抗战，致使共产党遭受巨大损失的一次重大突发事件。事变给中共提出了严峻的挑战，这就要求中共具有应对突发事件的能力。中国共产党始终把国家和民族利益放在首位，在危机面前力挽狂澜，进行了有理有利有节的斗争，终于化解了可能爆发大规模内战的危机，打退了国民党第二次反共高潮，有力地争取到中间势力，孤立了顽固势力，改变了阶级力量对比，维护了抗日民族统一战线，保证了抗日战争的最终胜利。

一、皖南事变爆发的深层次原因

蒋介石之所以敢于冒天下之大不韪发动这样大规模的反共事变，是有着深层次原因的。国民党停止内战，承认国共第二次合作，首先是由于日军大举侵华、寇焰祸深，民众抗日呼声日隆之形势所迫。另外，蒋介石也曾企图借国共合作寻机吞并共产党，用他后来的话说是"自信太过"。事实上，经过两年多抗战，中共领导的人民武装迅猛发展，八路军、新四军由成立时的5万余人发展到50万之众，这引起了国民党顽固派的恐慌和敌视。而且华中及皖南地区的重要战略位置也一直为国民党顽固派所觊觎。1940年夏秋，围绕中日战争，国际形势发生重大变化，蒋介石估计这时反共，英、美、苏不会反对，日本也不会向他进攻，于是决定掀起第二次反共高潮。1940 年 10 月 19 日，国民政府军委会参谋总长何应钦等致电（即"皓电"）八路军朱德总司令、彭德怀副总司令和新四军叶挺军长，对中国共产党及其领导的武装力量大肆攻击和诬蔑，要求在大江南北坚持抗战的八路军、新四军于一个月内全部开赴黄河以北，同时把 50 万八路军、新四军合并缩编为 10 万人，"皓电"成为第二次反共高潮的起点。11 月 9 日，中共中央以朱德、叶挺等名义复电（即"佳电"）何应钦，据实驳斥"皓电"，且为顾全大局坚持团结抗战，同意将新四军驻皖南部队开赴长江以北。12 月 9 日，蒋介石发布命令：限长江以南的新四军于 12 月 31 日前开到长江以北地区；黄河以南的八路军、新四军于 1941 年 1 月 30 日前开到黄河以北地区。次日，他又密令调兵围歼新四军部队。1941 年 1 月 4 日，皖南新四军军部和直属部队等 9000 余人奉命北移，6 日行至皖南泾县茂林地区时，竟遭国民党军 7 个师 8 万余人的包围和突然袭击。新四军奋战 7 昼夜，终因众寡悬殊，弹尽粮绝，除约 2000 人突围外，一部分被打散，政治部主任袁国平等大部分牺牲和被俘，军长叶挺在与国民党军方的谈判中被扣押，副军长项英、参谋长周子昆突围中被叛徒杀害。1 月 17 日，蒋介石反诬新四军"叛变"，公然宣布取消新四军番号，声称将把叶挺交付"军法审判"，这就是震惊中外的皖南事变。第二次反共高潮达到顶点。

　　皖南事变给中共提出了严峻的挑战。抗日战争进入相持阶段，共同抗战的友军于大敌当前国难益深之际，挟其十年之反共成见，对中共所领导的部队同室操戈，致使新四军损失惨重。当江南新四军惨被围歼之际，蒋介石复令 20 余万军队大举进攻江北新四军，20 余万军队包围陕甘宁边区。同时，国民党当局还花费一万万元的碉堡建筑费构建包围陕甘宁边区的碉堡线，把原来用于抗日的军队，用来对付共产党的部队，损害中国的抗战事业，损害中华民族根本利益。江南新四军根据地也遭受国民党的严重破坏。国民党顽固派在部署围歼皖南新四军时就"正准备大批逮捕,大批杀人,与袭击八路军各办事处"①,更有甚者,"西安特务机关对八路军办事处除实行封锁压迫外,竟于前数日将办事处挑水夫绑去,逼其回去在水内施放毒药;桂林军警机关则压迫八路军、新四军驻桂林办事处立即撤退。至对全国各地共产党员及进步分子,则早已事先调查名单"②。面对着蒋介石国民党的猖狂进攻和血腥屠杀,华中和各抗日根据地军民群情激愤,纷纷要求开赴皖南与国民党军作战为死难者报仇雪恨。在此千钧一发之际,若处理稍有不慎,内战代替抗战,国共关系将走向全面对抗,中国抗战事业和中华民族利益必将遭到巨大损失。但"中国共产党已非一九二七年那样容易受人欺骗和容易受人摧毁。中国共产党已是一个屹然独立的大政党了"③。

二、中国共产党审时度势、未雨绸缪

中国共产党在皖南事变发生前就审时度势,顾全大局,委曲求全,坚决维护抗日民族统一战线——思想上高度警惕,军事上充分准备并积极争取中间势力。

思想上高度警惕。早在 1940 年春,中共就对国民党顽固派的反共活动有所察觉。4 月 3 日,中央发出关于新四军应付突然事变的准备问题的电报,要求项英做好应对准备。4 月 26 日,中央书记处再次致电项英、陈毅并告刘少奇、张云逸,"皖南军部以速移苏南为宜",重申,"在团结抗战时期,我军不应向友党后方行动,而应向战

---

① 《建党以来重要文献选编(1921—1949)》第十八册,中央文献出版社 2011 年版,第 5 页。

② 《建党以来重要文献选编(1921—1949)》第十八册,中央文献出版社 2011 年版,第 21 页。

③ 《建党以来重要文献选编(1921—1949)》第十八册,中央文献出版社 2011 年版,第 39 页。

争区域与敌人后方行动"①，并且对项英的犹豫不决提出严厉批评。这个指示到达后，陈毅立刻率部北渡长江，挺进苏北，打破了国民党打算消灭在苏南地区的新四军的图谋。但项英仍固执己见，丧失了转移的时机，对国民党军队可能发动的突然袭击也仍然不作准备，这就使皖南新四军军部陷入愈来愈危险的境地。10月下旬，针对国民党顽固派蠢蠢欲动、逐步升级的反共活动，毛泽东预先判断出形势："我们应估计到最困难最危险最黑暗的可能性，并把这种情况当作一切布置的出发点"，"我们的对策是稳健地对付国民党的进攻。军事上采取防卫立场，他不进攻，我不乱动。政治上强调团结抗日"②。毛泽东还要求周恩来在重庆加强同苏、英、美等方面的外交人员联络，并"利用时机向国民党各方奔走呼号，痛切陈词，以图挽救"③。

中共在收到国民党顽固派用心险恶的"皓电"后，为坚决维护抗日民族统一战线，在回复的"佳电"中，首先表明八路军和新四军"遵循国策服从命令为捍卫民族国家奋斗到底之决心"。然后针对"皓电"的无理指责就"行动"、"防地"、"编制"、"补给"、"边区"、"团结抗战之大计"这六个方面作出明确答复。在关于团结抗战大计部分，强调："抗战至于今日，实争取最后胜利千载一时之机。""如能坚持团结抗战国策，不为中途之妥协，不召分裂之惨祸，则我中华民族必能……争取独立解放之出路。"接着，电文笔锋一转，揭露出国民党反动派又在策动新的反共高潮，企图为投降肃清道路的阴谋。最后，"佳电"严正要求国民党"中央对于时局趋向，明示方针，拒绝国际之阴谋，裁抑国内之反动"④。"佳电"发出后，在社会各界产生

---

① 金冲及：《毛泽东传》（二），中央文献出版社2013年版，第585页。

② 《建党以来重要文献选编（1921—1949）》第十七册，中央文献出版社2011年版，第613页。

③ 《建党以来重要文献选编（1921—1949）》第十七册，中央文献出版社2011年版，第643页。

④ 《建党以来重要文献选编（1921—1949）》第十七册，中央文献出版社2011年版，第652—653页。

了强烈反响，得到广泛同情。毛泽东以后总结说："我们在皖南事变前所取《佳电》的立场，对于事变后我们转入政治的反攻是完全必要的，非此即不能争取中间派。"[1]

军事上充分准备。收悉"皓电"后，毛泽东迅速电示新四军军部："你们应立即开始加紧军事政治各方面的准备，补充兵员，厉行整训，征集资财。"[2]而后毛泽东又在关于对付日蒋联合反共的军事部署给彭德怀的电报中指出：不论目前采取什么方案，如蒋介石投降日本，最后亦是严重的内战，故整个军事部署，目前即须考虑，要争取动员一切力量争取友军。在"佳电"发出的同时，中央和毛泽东作出严密部署，指示苏北新四军"积极整军，沉机观察"；[3]皖南新四军认真准备北移，于12月底全部开动完毕。对于皖南的情况，毛泽东一再致电项英，催促北移，并在12月26日再次对项英提出尖锐的批评。与此同时，毛泽东为新四军军部的安全转移做着最后的努力。12月27日，毛泽东一面请周恩来继续向蒋介石交涉，要他命令国民党第五战区副司令长官李品仙不得妨碍新四军北移，一面以朱德、叶挺的名义急电国民党第五战区司令长官李宗仁和副长官李品仙，恳请他们从抗战的利益出发，不要妨碍新四军的北移。但国民党蒋介石只是在搪塞。中共中央认识到问题的严重性，即刻召开政治局会议，毛泽东亲自起草了《中共中央书记处关于坚持抗日根据地打破顽固派进攻的指示》，指出：蒋介石进攻我军的决心已下，命令"江南部队迅即北移，并从华北派遣一部兵力加强华中外，所有华中及山东的党与军队必须紧急动员起来，为坚持抗日根据地打破顽固派进攻而奋斗。"要求全国各地"对于国民党这一进攻及其在全国的高压政策，必须坚决

---

① 《建党以来重要文献选编（1921—1949）》第十八册，中央文献出版社2011年版，第260页。

② 《建党以来重要文献选编（1921—1949）》第十七册，中央文献出版社2011年版，第632页。

③ 金冲及：《毛泽东传》（二），中央文献出版社2013年版，第596页。

反对之"①。

积极争取中间势力。1940年6月26、27日两天，中共中央召开政治局会议。毛泽东在会上分析国际形势及其对中国抗战的影响，还指出能够推动时局好转的两个因素是：共产党力量的发展和国民党党内与党外存在着广大的中间势力还保存着更多的积极性。这个分析充分体现了"发展进步势力，争取中间势力，孤立顽固势力"的思想，并且把"争取中间势力"置于更明显的地位。7月6日毛泽东又在延安作了《目前形势的特点和党的政策》的报告，他在分析中间势力还保存抗战积极性时提醒大家："中间势力的成分现在比前次更有了新的补充，把国民党中央军的大部分也放在里面了。中间势力观念在党内尚未普遍，这是要注意纠正的。"②13日，毛泽东又专门谈了团结和斗争的问题。同时，毛泽东自己也积极从事争取中间势力的工作。6月间，他几次会见到延安访问的南洋华侨领袖陈嘉庚等。毛泽东还充分肯定周恩来领导下的南方局工作，特别是统一战线工作有了很大发展，注意了中间势力，并强调今后要更加重视国民党统治区域的工作。黄桥战役打开了华中抗战的新局面，使新四军在苏北敌后站稳了脚跟。中共中央在黄桥战役后曾多次指示有关方面做好中间势力的统战工作。1940年10月11日，中共中央书记处在致陈毅等的电报中指示："江浙为中国民族资产阶级的中心"，而这班绅耆"在地方人士中有极大威信"，如果"能够以正确政策耐心地争取他们与我们合作，则对于争取整个江浙民族资产阶级集团以及整个中国民族资产阶级有很大的作用"。为此，中共中央强调要"把对这个问题的认识提到党的策略原则的高度"③。而后毛泽东在电报中也多次特别强调对民族资

① 《建党以来重要文献选编（1921—1949）》第十七册，中央文献出版社2011年版，第718页。

② 金冲及：《毛泽东传》（二），中央文献出版社2013年版，第588页。

③ 《建党以来重要文献选编（1921—1949）》第十七册，中央文献出版社2011年版，第586—587页。

产阶级的正确政策。

1941 年 1 月，由于此时的形势已经难以逆转，震惊中外的皖南事变发生了。中共在事变发生前的准备为事变发生后的成功应对，做了充分的铺垫和准备。

三、中国共产党处变不惊，成功应对

皖南事变发生后，中国共产党处变不惊，冷静分析，正确把握事件的性质和主要矛盾，始终站在国家利益、民族利益的高度，进行了有理有利有节的斗争，在危机面前力挽狂澜——政治上全面进攻，军事上采取守势。

政治上坚决斗争，全面进攻。皖南事变发生后由于通讯被阻断，三四天后毛泽东才得到确切消息。此时情况已是万分紧迫，摆在中国共产党面前的有两种选择：一种是进行政治上军事上的全面大反击；另一种是政治上取攻势，军事上取守势。国民党 1 月 17 日反动命令将反共高潮推到顶点，国共关系处于异常紧张状态。处于悲愤中的共产党处变不惊冷静分析，为顾全抗日大局起见，从全国局势出发，决定采取政治上大反攻，军事上取守势的策略。

1 月 18 日，中共中央政治局立即召开紧急会议，研究如何应对皖南事变后的形势，发出《中共中央关于皖南事变的指示》，指出皖南事变"是抗战以来国共两党间，也是抗日民族统一战线内部空前的严重事变"①，1 月 17 日反动命令表示准备着与我党破裂。同时中共中央发言人发表谈话，全面系统深入地揭露国民党顽固派制造皖南事变、摧残抗日力量的罪恶行径，痛斥其"过去高唱军纪森严国法神圣之滥调，不过是摧残异己阴谋杀人之骗词"，指出"此次事变，并非

---

① 《建党以来重要文献选编（1921—1949）》第十八册，中央文献出版社 2011 年版，第 16 页。

偶然"，"是整个阴谋计划公开暴露之一部分"，提醒国人，"过去内战之悲惨局面，又有重演之势"，并呼吁一切爱国军民同胞"反对一切破坏抗战、破坏团结之阴谋计划"，"严整抗日阵容，坚持抗日到底"①。1月20日，中共中央革命军事委员会发布重建新四军军部的命令。同日，毛泽东又以中共中央军委发言人的身份对新华社记者发表谈话，谈话首先揭露了国民党蒋介石的十五条反共计划，提出："目前全国人民的紧急任务，在于以最大的警惕性，注视事变的发展。"但"时局不论如何黑暗，不论将来尚须经历何种艰难道路和在此道路上须付何等代价（皖南新四军部队就是代价的一部分），日寇和亲日派总是要失败的"，并深刻的分析了原因。然后提出了十二条解决办法。毛泽东慎重宣告："我们是珍重合作的"，"我们的让步是有限度的"，"如能实行以上十二条，则事态自然平复，我们共产党和全国人民，必不过为已甚"②。谈话还对所谓新四军"叛变"问题进行了有力驳斥。毛泽东的谈话申明了我党坚决维护抗日民族统一战线，坚决抗日的决心，提出的解决办法既合情合理又切中肯綮，不仅全党一致拥护，而且深受党外人士的好评。这在国际上也引起广泛重视，英、美、苏等国都不支持蒋介石，对他形成很大压力。中共中央重建新四军军部的命令和中共中央军委发言人的谈话，是中共方面尖锐地、直接地对反动命令所采取的"第一个必要的革命步骤"。

在重庆，1月17日，周恩来得知国民党军事当局发布取消新四军番号、军长叶挺交军法审判的反动命令后，立刻打电话痛斥何应钦："你们的行为，使亲者痛，仇者快。你们做了日寇想做而做不到的事。你何应钦是中华民族的千古罪人。"③随即又驱车到国民党谈判

① 《建党以来重要文献选编（1921—1949）》第十八册，中央文献出版社 2011 年版，第 19—22 页。
② 《建党以来重要文献选编（1921—1949）》第十八册，中央文献出版社 2011 年版，第 36—40 页。
③ 《南方局党史资料（大事记）》（一），重庆出版社 1986 年版，第 134 页。

代表张冲处，当面提出质问和严重抗议。

舆论上的猛烈进攻。江南惨变，亲痛仇快。而国民党蒋介石集团利用其有利地位通过其发言人及重庆《中央》、《扫荡》、《益世》、《商务》、《时事》各报纸对"新四军任意污蔑，曲解事实，混淆听闻，即较公正之报纸在言论统治之下，亦不能揭露阴谋，发表公论，致黑白不分，沉冤难明"①。为了突破国民党顽固派对新闻的严密封锁，1月12日，《新华日报》即刊登周恩来为创刊三周年所发表的讲话的部分内容，将"新四军"改成"新X军"，"被国民党军队重重包围"改成"被敌寇重重包围"，引起了人们的高度关注。13日，中共中央又以朱德、彭德怀、叶挺、项英名义向全国各界发出"抗议皖南包围通电"，取得了舆论反击的先机。当《新华日报》揭露事变真相的社论和报道被国民党当局扣押后，周恩来即题词："为江南死国难者志哀"和"千古奇冤，江南一叶，同室操戈，相煎何急？"登在被扣稿件位置上，18日大批报纸冲破山城的浓雾，在重庆乃至整个国统区都产生了巨大的轰动。蒋介石看到报纸，大发雷霆，说周恩来的题词比一篇社论还重要。同日，中共中央向全党发出关于皖南事变的指示，专门就宣传工作提出了要求：强调在宣传鼓动工作中，应无情地揭露国民党当局一切倒行逆施的黑暗的反动的方面。19日，中共南方局军事组撰写的《新四军皖南部队惨被围歼真相》一文，通过各种关系和渠道秘密散发到重庆全市的许多地方。这打破了国民党的舆论封锁，澄清了人们的疑惑，促使人们认识国民党顽固派的反共本质。与此同时，各抗日根据地军民纷纷举行集会，揭露和抗议国民党顽固派制造皖南事变。

在对国民党顽固派的宣传战中，中共中央特别注意"利用英美策动国际舆论，运用中日矛盾在敌伪报纸透露部分真的消息，发动中

①《建党以来重要文献选编（1921—1949）》第十八册，中央文献出版社2011年版，第23页。

间分子各界人士用各种方式、不同语调、不同立场主持公道或印发小
册子等"①。遵照中央的指示，在周恩来直接领导下，中共南方局和八
路军驻重庆办事处、《新华日报》的工作人员，通过各种途径把反映
皖南事变真实情况的材料送给各国驻重庆的使馆、军事代表人员和
新闻媒体的记者。1月27日，苏联《真理报》也迅速向全世界揭露
了他们所了解到的事件真相。而后，斯诺、斯特朗等人关于皖南事变
的报道，引起了美英政府的关注。此外，周恩来还会晤了英国驻华大
使卡尔，苏联驻华大使潘友新、军事总顾问崔可夫，罗斯福代表居里。
居里在了解皖南事变真相后向蒋介石声明：美国在国共纠纷未解决前，
无法大量援华，中美间的经济、财政等各问题不可能有何进展。

　　中国共产党坚决、猛烈和针锋相对的斗争，使皖南事变的真相
得到广泛的传播，争取了各方面的同情与支持，使国民党顽固派空前
孤立。更加出乎蒋介石意外的是，1月下旬，日军发动豫南战役，将
国民党军队15万人包围在平汉铁路以东。毛泽东评论说：这对蒋介
石"是一瓢极大的冷水，把他的全部的幻想打破了"②。

　　军事上采守势。1941年1月18日，中共中央明确指示："八路军、
新四军在政治上、军事上应充分提高警觉性和作战的充分准备。"③1
月20日，中央军委总政治部专门发出关于皖南事变后八路军、新四
军紧急工作的指示，要求在严峻形势下八路军、新四军要做好充分
的应对准备，"困难是暂时的，前途是光明的，因此，要反对一切悲
观失望、无出路、动摇等等情绪"；巩固我军，"加紧军事训练，提高
战斗力"④。同时，为了加强中央对军事工作的统一领导，恢复受损的

① 《皖南事变资料选辑》，中共中央党校出版社 1982 年版，第 196 页。
② 《建党以来重要文献选编（1921—1949）》第十八册，中央文献出版社 2011 年版，
　　第 102 页。
③ 《建党以来重要文献选编（1921—1949）》第十八册，中央文献出版社 2011 年版，
　　第 18 页。
④ 《建党以来重要文献选编（1921—1949）》第十八册，中央文献出版社 2011 年版，
　　第 33—35 页。

力量，中共中央决定："成立中央军委主席团，由毛泽东、朱德、彭德怀、周恩来、王稼祥组成，军委实际工作由主席团办理"①，重建新四军军部，任命陈毅为国民革命军第四军代理军长，张云逸为副军长，刘少奇为政治委员，赖传珠为参谋长，邓子恢为政治部主任。随即，新四军将领向全国各友军发表就职通电，发誓"誓遵三民主义，服从总理遗嘱，与万恶敌人日本帝国主义及其走狗中国亲日派奋斗到底"。"拒绝内战，一致对敌，民族国家之前途，实深利赖。"②为了配合总体上的军事防御，八路军和新四军还做了一些必要的军事部署。另外，对于皖南失散力量，中央指派张云逸、邓子恢设法派人过江指导。重组新四军，使散在的9万余人的新四军部队又组织起来，有了统一的领导，保存了抗战力量，克服了皖南事变造成的严重损失，免于被国民党各个击破，避免了一场即将发生的大规模内战。

国民参政会上的斗争。国民参政会是国民党对外炫耀民主的招牌，参政会之战是打退国民党顽固派发动的第二次反共高潮最后一战。由于皖南事变的发生，各民主党派纷纷表示希望共产党参加会议以缓解国共矛盾，美国总统罗斯福的代表居里则要留在重庆观光国民参政会。实际上，第二届国民参政会参政员的名单是在皖南事变前夕就已公布，名单中包括共产党人。蒋介石为了粉饰两党关系，掩饰罪责，极力主张中共方面的参政员出席会议。中国共产党在这种情况下自然不能随便地无条件地出席。鉴于国民党加紧对中间党派的分化拉拢工作，为了进一步揭露国民党的反共行径并团结教育广大中间党派，周恩来约集中间党派代表商谈，以争取得到他们的理解，更提醒中间党派人士不要上国民党的当。而后，毛泽东等中共参政员正式向国民参政会提出了"善后办法十二条"，并提出"在政府未予裁夺前，

---

① 金冲及：《毛泽东传》（二），中央文献出版社2013年版，第600页。

② 《建党以来重要文献选编（1921—1949）》第八册，中央文献出版社2011年版，第42页。

泽东等碍难出席"①。并将此公函送交国民参政会秘书长王世杰，同时抄送各党派有正义感的参政员二十多人。中国共产党的这封公函发出后，引起国民党的恐慌，中间党派也向国民党施压。由于蒋介石既要中共参政员出席会议，又不肯答应中国共产党提出的"善后办法十二条"，为了打破僵局，维护统一战线，经毛泽东修改审定，又提出中共中央的临时解决办法"新十二条"，要求国民党方面立即停止在全国的反共军事进攻，释放叶挺和皖南所有被捕干部，交还所有人、枪，成立各党派联合会等。蒋介石仍不肯接受。接着，在中共方面参政员未出席会议的情况下，会议还选举中共参政员董必武为参政会常驻委员。中国共产党这种坚持原则，光明磊落的立场，得到了左派力量和广大中间势力的同情和支持，使蒋介石在政治上陷入进退维谷的尴尬境地。蒋介石在第二届国民参政会的演说中，表示"以后亦决无'剿共'的军事，这是本人可负责声明而向贵会保证的"②。蒋介石的这番言论实际上说明了第二次反共高潮的破产。此后曾一度趋于紧张的国共关系又趋向缓和。

四、皖南事变的历史启迪

尽管民主革命时期与今天的历史条件和时代背景有很大的不同，突发事件的性质类别与历史时期和党所处的历史方位有重大关系，但是民主革命时期党应对突发事件的策略和经验在今天仍然具有重大的理论和现实意义。皖南事变作为民主革命时期的一个重大突发事件，中共的成功应对为今天我们应对突发事件提供了宝贵经验和现实启迪。

第一，"居安思危，思则有备，备则无患"。这是应对突发事件的

---

① 《建党以来重要文献选编（1921—1949）》第十八册，中央文献出版社2011年版，第121页。

② 孟广涵主编：《国民参政会纪实》下卷，重庆出版社1985年版，第887页。

首要原则。在艰苦的抗战环境中，中国共产党具备强烈的忧患意识，随时准备应对风险考验。其实，在抗日战争中，蒋介石是被迫实行抗日的，"对中国共产党所领导之军队，始终视为异己部队"①，实行的是两面政策，这个同盟者是不可靠的，中国共产党需要随时做好应对突发事件的准备。"向着最坏的一种可能性作准备是完全必要的，但这不是抛弃好的可能性，而正是为着争取好的可能性并使之变为现实性的一个条件"②。皖南事变发生后，中国共产党能够有效及时的应对，制止了更严重的后果发生，中共强烈的忧患意识和制定的相应预案起了重大的作用。

第二，处变不惊，冷静分析，沉着应对。突发事件的发生涉及不同的利益群体，有很强的敏感性和连带性，这就需要从长远考虑，并抓住主要矛盾，即坚持总的政策不动摇，不为一时一事的干扰而转移大方向。这在皖南事变中表现为既顾全大局，又坚决斗争。面对复杂与严峻的国际国内形势和国民党顽固派步步紧逼的反共分裂活动，中共中央和毛泽东从顾全抗日大局出发，以国家利益为重，及时提出挽救危局的策略和措施，制定出"政治上反击、军事上防守"的灵活策略，正确应对皖南事变后的严峻局势，既对国民党顽固派进行了坚决的打击，又顾全抗日战争大局，进行有理有利有节的斗争，并最终取得胜利。

第三，把危机转化为发展机遇。突发事件的发生是不以人们的意志为转移的，但既然发生了，就要沉着冷静的应对，又要努力变被动为主动，创造条件变坏事为好事。中国共产党在处理重大突发事件中不仅善于把危机造成的损失降到最低程度，而且千方百计想方设法把危机转化为发展的机遇。中国共产党在皖南事变中遭受的损失之大为抗战以来之最，但中国共产党的"这次斗争表现了国民党地位的

---

① 《建党以来重要文献选编（1921—1949）》第十八册，中央文献出版社2011年版，第19页。

② 《毛泽东选集》第二卷，人民出版社1991年版，第784页。

降低和共产党地位的提高，形成了国共力量对比发生某种变化的关键"①，有力地争取了中间势力，发展了抗日民主力量，使国民党顽固派陷入孤立境遇。中国共产党从被动变为主动，由军事上的挫折转为政治上的胜利。

---

① 《建党以来重要文献选编（1921—1949）》第十八册，中央文献出版社 2011 年版，第 168 页。

第十三章　抗日战争胜利是近代中华民族历史命运的转折点

　　中华民族是世界上最古老的民族之一，中华文明是世界文明史上最璀璨的一颗明珠。但19世纪中后期随着西方列强的强势入侵，中国逐步陷入半殖民地半封建的深渊。作为与中国邻邦的日本则通过明治维新走上了资本主义道路，开启了军国主义阀门，很快积贫积弱的中国成为日本向外殖民扩张的首要目标。七七事变标志着日本全面侵华战争的爆发。面对着凶狠、残暴的日本侵略者，中国各阶级、阶层、各族人民团结在抗日民族统一战线旗帜下展开了一场可歌可泣的民族解放战争，战争以中国及世界反法西斯同盟的彻底胜利而宣告结束。抗日战争是近代以来中华民族第一次获得彻底胜利的民族解放战争，在抗日战争期间中国共产党及其领导的人民民主力量大发展，中国的国际地位显著提升，抗日战争的胜利是近代中华民族历史命运的大转折。

一、近代日本军国主义通过各种形式逐步蚕食、鲸吞中国，直至发动全面侵华战争

　　中国与日本是一衣带水、唇齿相依的邻邦，在中日古代关系史上曾有过频繁而友善的交往。但近代日本军国主义为了实现其"开拓万里波涛"，"使国威布于四方"的对外方针，将殖民扩张的矛头直指

中国，并通过武装入侵、签订不平等条约、在华扶植代理人和傀儡政权等方式逐步地蚕食、鲸吞中国领土主权，直至发动全面侵华战争。

近代日本军国主义对中国领土的侵占蓄谋已久。明治初年，日本政府就制定了向亚洲大陆扩张的"大陆政策"：第一步侵略台湾、第二步征服朝鲜、第三步侵略中国东北和蒙古、第四步占领全中国、第五步称霸世界。后来的历史表明，日本军国主义就是按照这五步进行对外侵略扩张的。1887年，日本军国主义首脑人物山县有朋制定了详细的《清国征讨策》，不仅测算了兵力，制定了北攻北京、南占长江要地的作战计划，甚至详细拟定了战后割裂中国、分而治之的具体方案。1927年著名的《田中奏折》确定了"惟欲征服支那，必先征服满蒙；如欲征服世界，必先征服支那"的战略，四年后，日本悍然发动九一八事变。九一八事变是日本军国主义为推行其"大陆政策"，而采取的一个蓄谋已久的严重侵略步骤；是发动全面侵华战争的前奏和序曲。

近代日本军国主义对中国的侵略是赤裸裸的武装入侵。1871年《清日修好条规》墨迹未干，日方就以"台湾牡丹社事件"悍然发动对台湾的武装侵略战争。1894年，日本又借朝鲜东学党起义之机，先照会清政府"代韩戡乱"，待清军进驻牙山，又操纵朝鲜亲日傀儡政权，"授权"日军驱逐中国军队，厚颜无耻地挑起中日甲午战争。为争夺在华特权，日本军国主义还公然在中国领土上先后与俄国、德国开战，这是对中国领土的变相武装侵略。日俄战争后，日本凭借《朴茨茅斯条约》和《中日会议东三省事宜正约及附约》，在中国国土上第一次取得了它所专有的租借地、铁路和煤矿。日德战争后，日本夺取了胶州湾和胶济铁路。1931年，日本军国主义又骤然发动九一八事变，武装侵占东北，蚕食华北，亡我中华之心已昭然若揭。

近代日本军国主义通过武力胁迫的方式与中方签订了一系列不平等条约。1895年甲午战败后，清政府被迫与日和谈，当谈判进行到紧要关头时，日方代表突然声称："近卫、第四师团由 4 月 12 日至 18 日在大连登陆。"① 在日本大兵压境的胁迫下，《马关条约》出炉。1933 年，日军突破长城防线，进入关内，中日双方谈判。谈判进行时，日方故技重施，将海军开进塘沽港，炮口对准会场，迫使中方代表在《塘沽协定》上签字，承认日军对东三省和热河的占领。随后，为策动华北自治，日本派出飞机对平津地区进行低空侦查，还出动了一个中队乘装甲车到河北省政府门前武装示威，在日方武力威胁下，中方再次签订了一个城下之盟《何梅协定》。

近代日本军国主义为了"征服支那"在华先后扶持了一批代理人和傀儡政权。满清王朝覆灭后，袁世凯成为中华民国大总统。日本侵略者以支持其称帝为诱饵，提出了臭名昭著的"二十一条"。虽经爱国势力的多方呼吁、不懈斗争，"二十一条"名存实亡，但日本在华扶植代理人的策略却没有丝毫放松，皖系军阀段祺瑞、奉系军阀张作霖等人都曾受到日本的操纵与摆布。日本利用他们谋取在华利益，一旦认为他们失去利用价值便将其无情抛弃。1932 年 3 月，以末代皇帝溥仪为元首的"满洲国"成立，成为日本在中国东北的傀儡政权。

近代日本军国主义对中国人民犯下的累累罪行罄竹难书。丧心病狂的日本侵略者，从踏足中华大地那一刻起，所到之处无不生灵涂炭。1894 年在中日甲午战争中，日军侵入旅顺制造了惨绝人寰的旅顺大屠杀；1925 年在"五卅惨案"中，工人领袖顾正红被杀，工人罢工被日本军国主义残暴镇压；1928 年，日军又制造了"济南惨案"，杀害中国军民 6123 人，伤 1700 余人；九一八事变，东北迅速沦陷，三千万同胞惨遭奴役；一·二八事变，日军狂轰滥炸，上海闸北华界商号被毁 4204 家，房屋被毁 1.97 万户，损失惨重。七七事变后，山

---

① 日本防卫厅战史室：《日本军国主义侵华资料长编》（上），四川人民出版社 1987 年版，第 41 页。

河破碎、大地悲歌，在日军铁蹄践踏下，中华民族更是面临亡国灭种的生存危机。

二、面对凶狠、残暴的日本侵略者，中华儿女万众一心、誓死抗敌，赢得了抗日战争的最后胜利

1937年7月7日，日军以士兵失踪为借口炮轰宛平城，发动了震惊中外的七七事变。9月22日，国民党中央通讯社公开刊发了《中共中央为公布国共合作宣言》。翌日蒋介石在庐山发表《对中国共产党宣言的谈话》，宣布"联共抗日"，标志着以国共合作为基础的抗日民族统一战线正式形成。

抗战初期，国民党正面战场是抗战的主战场。毛泽东同志曾肯定地指出："一九三七年七月七日卢沟桥事变到一九三八年十月武汉失守这一时期内，国民党政府的对日作战是比较努力的"①。此间中日双方调集重兵先后展开了多次大规模会战。主要有，平津会战、淞沪会战、忻口会战、南京保卫战、台儿庄会战、武汉会战等。在淞沪会战中国民党将士以血肉之躯填入敌人的火海，"每小时的死伤辄以千计"，使日寇以费时"三个月，毙伤五万多人"的代价才占领上海。据统计：从七七事变到1937年年底，日本陆、海、空军共伤亡20万人，军舰损失13艘，飞机损失387架，阵亡中少将5名、大佐13名。到1938年年底，日军伤亡已达50万人。这些伤亡大部分是在正面战场上消耗的。正是由于数以百万计的国军将士怀着炽热的爱国主义情感，英勇顽强的抗击着日本侵略者，才彻底粉碎了其三至五个月灭亡中国的作战计划；坚定了民众抗日信念，激发了全民抗日热情，"比较顺利地形成了全国军民抗日战争的高潮，一时出现了生气蓬勃的新

① 《毛泽东选集》第三卷，人民出版社1991年版，第1037页。

气象"①；牵制并消耗了日军的部分兵力，为中国共产党领导敌后战场的开辟创造有利条件。但是由于蒋介石始终推行片面抗战路线，尤其在抗战进入相持阶段后，又实行既抗日又对日妥协，既联共又反共的"两面政策"，直接导致正面战场的连番惨败，仅豫湘桂战役就伤亡军队近60万人，丢失146座城市、总计20余万平方公里，致使6000万同胞陷入敌手。

抗日战争进入相持阶段后，中国共产党领导的敌后战场作用日益凸显，并逐步上升为抗日主战场，成为抗日战争的中流砥柱。在敌后战场，"截至1939年9月，华北日军共有10个师团、11个独立团混成旅团、1个骑兵集团和1个飞行集团，约占关内侵华日军总兵力的一半"②。1940年8月，中国共产党发动百团大战，打击了日军在华北的嚣张气焰，有利地配合友军作战。据日方《华北方面军作战记录》记载："此次袭击，完全出乎我军意料之外，损失甚大，需要长时期和巨款方能恢复。""遭受共军'百团攻势'的日军，从各地的兵团直到各军、方面军，均由痛苦的经验中得了宝贵的教训，改变了对共产党的认识。"③从此，日本华北方面军视中共势力是"华北最大之癌"，进而把围剿"土八路"作为华北治安的主要任务，集中兵力对抗日根据地进行了多次疯狂扫荡。最高峰时，150余万日伪军的总数中，"共产党负担的几达四分之三"④。1943年8月24日，延安《解放日报》发表署名文章指出，共产党抗击了全部侵华日军共36个师团60万人的58%（35万人），国民党仅仅抗击42%（25万人）。共产党抗击了全部伪军62万人的90%以上（56万人），国民党仅仅牵制伪军不足10%。据统计，8年全面抗战中，中国共产党领导的解放区军

---

① 《毛泽东选集》第三卷，人民出版社1991年版，第1037页。

② 王桧林：《中国现代史》（上），高等教育出版社1989年版，第357页。

③ 日本防卫厅战史室：《日本军国主义侵华资料长编》（上），四川人民出版社1987年版，第575页。

④ 《毛泽东文集》第三卷，人民出版社1993年版，第173页。

民，对日伪作战 12.5 万次，毙伤俘日伪军 171.4 万人，其中日军 52.7 万人，从日军手中夺回失地 105 万平方公里，约占国民党失去国土的 2/3，八路军、新四军、抗日游击队伤亡 58 万多人。他们在极端艰难困苦的条件下，不畏强敌，不怕牺牲，以"小米加步枪"的劣势装备，在敌后英勇奋战，对中国抗日战争得以坚持并赢得最后胜利起到至关重要的作用。正如朱德所说："如果没有解放区战场，又如果没有解放区战场这种与敌人相持的战争，如果解放区战场的战争不能在最困难的条件下长期坚持下来，那末敌人就会继续长驱向西南、西北进攻，而国民党的反人民的政治机构及其军队，则又必然招架不住，那就不会有什么相持阶段，抗日战争的局面早已是不堪设想的了。"①

在抗日民族统一战线旗帜感召下，全国各族人民、各进步党派、抗日团体和社会各阶层爱国人士及海外侨胞都加入到抗战的洪流中。工商界广泛开展了义卖捐献活动，将义卖所得全数捐给国家。汉、满、蒙、回、藏等各民族，都以自己特有的民族方式参加了抗日斗争，中国共产党领导下的冀中回民支队 6 年多的时间，转战于冀中平原、冀鲁边区和冀鲁豫边区，经历大小战斗 870 余次，消灭日伪军 36700 余人。民族党派和爱国人士通过创办报刊、募捐、支前和战地慰问等形式积极开展抗日救亡运动。成千上万的海外华侨纷纷捐款捐物支援祖国抗战，据不完全统计，整个抗战时期的侨汇，约有 95 亿美元以上。此外还有大量的工人、农民、知识分子，妇女儿童，甚至僧侣也纷纷投身抗日阵营。他们的加入进一步巩固与加强了抗日民族统一战线，加速了日本军国主义的灭亡。

---

① 《朱德选集》，人民出版社 1983 年版，第 140 页。

三、抗日战争是近代以来中华民族反抗外敌入侵第一次取得彻底胜利的民族解放战争

中国是一个有着五千年悠久历史的东方古国，它曾经创造出人类社会最璀璨的文明。但是由于封建统治者腐朽无能、一味闭关锁国致使中国逐渐脱离世界文明体系。"落后就要挨打"，19 世纪中叶来自英吉利的隆隆炮声击碎了满清"天朝上国、万邦来朝"的迷梦，各国列强纷至沓来，它们利用手中的枪炮、军舰，发动了一次次的侵略战争，逼迫清政府签订多个不平等条约，中国逐步陷进半殖民地半封建的深渊。面对着贪婪、凶残的外来侵略者，不甘受辱的炎黄子孙奋起抗击，从林则徐为禁烟毒，"查缴烟土，驱逐趸船，并亲莅虎门验收，焚于海滨，四十余日始尽"；三元里乡民不堪扰害，"鸣锣聚众，毙逆夷百余，令英夷胆寒潜踪"；冯子材率部拒敌酋于镇南关"斩法将数十人，追至关外二十里而还"；到中日黄海海战中邓世昌怒撞敌舰以身殉国，"全船二百五十人无逃者"，无一不体现出强烈的民族意识与高尚的爱国主义情操，但是这些反抗与斗争均以失败而告终。抗日战争是近代以来中华民族反抗外敌入侵第一次取得彻底胜利的民族解放战争。

在日本帝国主义发动全面侵华战争期间，它虽然凭借着强大的武力一时得逞，但是其血腥残暴的侵略行径，不仅没有吓倒中国人民，反而激起誓死抗争的英雄气概。"醒狮怒吼，谁敢鲸吞蚕食；散沙凝结，哪怕豆剖瓜分。"抗日烽火瞬间燃遍神州大地，抗战洪流席卷而至势不可当，一场压抑了百年，期待了百年的民族解放战争终于全面爆发。历经八年艰苦抗战，在抗日民族统一战线的光辉旗帜下，在世界反法西斯战线的支援下，日本侵略者最终自尝战争的苦果。1945 年 8 月 15 日，自诩为"万世一系"的日本天皇以广播《终战诏书》的形式宣告日本无条件投降。8 月 21 日，日军代表今井武夫在

湖南怀化芷江向中国政府乞降，曾几何时飞扬跋扈、不可一世的日本侵略者，不得不在中国军民面前屈膝投降。9月9日，日本派遣军总司令冈村宁次在南京向中国政府递交投降书并签字。10月25日，台湾地区受降仪式在台北举行。至此，中国收复了自中日甲午战争以来被日本军国主义抢占的所有领土，彻底废除、驱逐了其在华的特权和势力。抗日战争的胜利，开创了近代中国在战争全局上以弱胜强的先例，极大地增强了中国人民的民族自信心与自豪感，为中华民族的伟大复兴创造了条件，开辟了道路。

四、中国共产党及其领导的人民民主力量大发展为新中国的建立奠定坚实基础

抗日战争爆发后，中国共产党积极倡导建立以国共合作为基础，包括各民主党派、人民团体以及一切爱国阶级、阶层在内的最广泛的抗日民族统一战线。抗战中后期，中国共产党针对国民党的"两面政策"提出"坚持抗战、反对投降，坚持团结、反对分裂，坚持进步、反对倒退"的口号，强调要坚持独立自主原则，争取对统一战线和民族解放战争的领导权；实行发展抗日力量，争取中间力量，孤立顽固势力的方针。在坚持与国民党团结抗日的同时，针对它的反共投降活动进行有理有利有节的斗争，连续粉碎国民党发起的三次反共高潮，进一步巩固并发展了抗日民族统一战线。此间，各民主党派的政治态度也随之发生了重大转变，它们逐渐认清了国民党消极抗日、积极反共的真实意图，开始倾向于中国共产党。尤其在抗战后期，各民主党派加强与中国共产党的合作，与中国共产党一同展开民主宪政运动，拥护中国共产党提出的建立民主联合政府的主张，使双方的关系在更加广泛的层面上实现扩展，也正是有这样的前提，才能在抗战胜利后争取和平建国的问题上达成一致，为新中国成立后中国共产党领导的多党合作与政治协商制度的建立奠定初步基础。

在抗日战争期间，中国共产党始终坚持全面抗战路线，坚持持久战方针和独立自主的游击战略，挺进敌后建立抗日根据地，把敌人的后方变成杀敌的前线。在抗日战争进入相持阶段后，国民党正面战场节节败退，而中国共产党领导下的人民军队却在敌后战场与日伪军展开灵活机动的游击战、运动战，并积小胜为大胜，成为抗击日本侵略者的主力军。在艰苦卓绝的八年全面抗战中，中国共产党领导的敌后抗日民主根据地和人民武装力量得到迅猛发展。截至1945年春，中国共产党领导的人民军队由抗战初期的4.6万人，发展到"100万正规军和220万民兵"①，共建立敌后根据地19块，总面积25万平方公里，所辖人口1.3亿。敌后军民的大反攻，就是在此基础上胜利展开的。

在抗日战争期间，中国共产党迅速成长为一个全国范围的、思想上政治上组织上巩固的马克思主义政党。思想上，完成了对新民主主义革命理论体系的构建，实现了马克思主义与中国实际相结合的第一次历史飞跃，创立了毛泽东思想。政治上，经整风运动，全党达到空前团结和统一，形成了以毛泽东为核心的中央领导集体。组织上，中国共产党完成了由幼年到成熟的蜕变，从一个封闭的、局部执政的党成为开放的、在全国具有相当影响力的党，从一个被动受到国民党围剿的党成为合法的并能够驾驭全国政局的党，党员的数量也由1937年的4万发展至1945年的121万。这些都为中华民族由衰败转向振兴提供了强大物质力量和根本保证。

五、抗日战争的胜利成为中华民族由沉沦到崛起的历史转折

抗战期间，中国的国际地位发生明显转变，由备受蔑视到逐渐受到重视。尤其是太平洋战争爆发后，昔日的"中立者"转变为同仇

---

① 《中国抗日战争史》（下），解放军出版社1994年版，第615页。

敌忾的"朋友",中国的抗日战争具备了双重属性,与世界反法西斯战争连成一线。英美一改过去对华轻视的态度,1942年10月先后表示愿意与中国政府谈判废除不平等条约,并于次年11月分别签订了《中美新约》、《中英新约》。此举一出,其他资本主义国家纷纷效仿,相继宣布放弃在华特权。尽管当时许多租界已被日军占领,英、美等国在事实上已经丧失大部分在华利益,但不平等条约的废除毕竟实现了中国人民的夙愿,为中国战后外交争取了主动。1943年,中、美、英三国《开罗宣言》声明:剥夺日本自第一次世界大战后在太平洋所占一切岛屿,归还中国东北、台湾、澎湖列岛等领土。这些充分说明"由于日本侵略以及其他国家的卷入,中国从一个软弱的战争牺牲者,转化为一个世界大国,一个确立稳定、和平局面的伙伴"。[①]

中国被接纳为世界反法西斯同盟一员,积极参与国际事务,并成为联合国安理会五大常任理事国之一,跻身世界大国行列。1941年1月1日,中国与美国、英国、苏联领衔26国在华盛顿签署《联合国家宣言》;1942年,中国加入了世界反法西斯同盟,"国家之声誉及地位,实为有史以来空前未有之提高"[②];1943年10月,中国以原始发起国的身份与美、苏、英共同发表《普遍安全宣言》,标志着中国正式成为四大国之一;1945年,在旧金山召开联合国成立大会上,中国被确定为联合国安理会五个常任理事国之一;同年7月,中、美、英三国联合公布敦促日本投降的《波茨坦公告》;第二次世界大战结束时,中国作为主要战胜国派代表参加了日本向同盟国投降仪式以及远东国际法庭对日本战犯的东京审判,等等。显然此时的中国正以胜利者的姿态积极地活跃在国际舞台上,并成为一股可影响战后世界格局的重要力量,国际地位显著提升。

中国国际地位的提高,是中国为世界反法斯西事业作出卓越贡

---

① 费正清:《剑桥中华民国史》第2卷,上海人民出版社1992年版,第587页。

② 古屋奎二:《蒋介石秘录》,湖南人民出版社1992年版,第597页。

献的历史必然。第二次世界大战中，中国作为世界反法西斯战争的东方主战场和主力军，在战争中发挥了不可替代的重要作用。据统计，太平洋战争爆发后，日本总共有五十一个陆军师团，中国战场牵制了其三十五个师团，而"在西南太平洋作战中只动用其中十一个师。作战部队不到二十五万人，连同后勤部队，大概总数约四十万人"①。由于中国战场的战略钳制，1943 年春，日军兵力明显不足，开始在太平洋战场败退，9 月，日军不得不收缩战线，退守"绝对防御圈"。日军侵华军队总司令畑俊六认为，"不解决中国事变即不能解决大东亚战争"②，要挽救败局，就要解决中国问题。罗斯福总统在1945年1月的国情咨文中说道："忘不了中国人民，在七年多的长时间里怎样顶住了日本野蛮进攻和在亚洲大陆上的广大地区牵制住了大量的敌军"③，从而使盟军得以胜利反攻。与此同时，中国的抗战还粉碎、阻滞了日军北犯苏联、南攻太平洋的计划，减轻了苏联战场与太平洋战场的压力；派出 10 万远征军赴缅甸作战，为东南亚人民的解放作出了重大贡献。在八年全面抗战中，中国也付出了极为惨重的代价。据统计，"中国军民伤亡总数超过 3500 万以上，直接经济损失 1000 多亿美元，间接经济损失 5000 亿美元"④。

　　综上所述，抗日战争的胜利是中国近代反抗外敌入侵赢得第一次彻底胜利的民族解放战争，它改变了近代中国屡战屡败，被各国列强"瓜分豆剖"的悲惨命运，彻底击碎了日本军国主义变中国为其独占殖民地的黄粱美梦，结束了中华民族百年屈辱史，成为中华民族从沉沦到崛起的重要历史转折点。

---

①　利得尔·哈特：《第二次世界大战史》（上），上海译文出版社 1985 年版，第288 页。

②　日本防卫厅战史室：《日本军国主义侵华资料长编》（下），四川人民出版社 1987年版，第 39 页。

③　《罗斯福选集》，商务印书馆 1982 年版，第 480 页。

④　《中国共产党历史》（第一卷下册），中共党史出版社 2002 年版，第 846 页。

第十四章　新中国诞生与中华民族的伟大复兴

中华民族是一个有着悠久历史的伟大民族，在相当长的历史时期一直走在世界文明的前列。勤劳智慧的中国人民曾经创造了灿烂的文化，古老强大的中华帝国也曾在几个世纪绽放一幕幕盛世光环，从"文景之治"到"贞观之治"，从"开元盛世"到"康乾盛世"。然而时至近代，曾为世界文明发展作出重大贡献的五千年文明的泱泱大国，在帝国主义列强的坚船利炮下逐渐沦为半殖民地半封建社会，晚清以来中国的历届反动统治政府屈服于列强的压力，与之签订了数以千计的不平等条约和协定，中华民族进入了一个"人为刀俎，我为鱼肉"的屈辱时代。

当人类社会进入 20 世纪中叶，在占世界人口四分之一的神州大地，一面鲜艳的五星红旗在天安门广场上空冉冉升起，中国人民的伟大领袖毛泽东向世界庄严宣告："中华人民共和国中央人民政府今天成立了！"中华人民共和国的成立开创了中国历史新纪元，它把在此 92 年前恩格斯的科学预言变为现实。早在 1857 年恩格斯就指出："过不了多少年，我们就会亲眼看到世界上最古老的帝国的垂死挣扎，看到整个亚洲新纪元的曙光。"[1] 新中国成立后又经社会主义改造确立社会主义制度。社会主义中国的建立，结束了国家四分五裂、民族蒙受

---

① 《马克思恩格斯选集》第 1 卷，人民出版社 1995 年版，第 712 页。

屈辱、人民灾难深重的动荡局面，实现了中国亘古以来最深刻、最广泛的社会变革和历史跨越，中华民族的历史命运从此发生了根本性的历史转折。

中华人民共和国是在中国共产党领导下，以马列主义、毛泽东思想的国家学说和人民民主专政理论为指导思想，以新民主主义革命的伟大胜利为政治前提，以广泛的人民民主统一战线为社会基础，以长期革命根据地和解放区建设为实践经验，以中国人民政治协商会议的法理程序为合法依据而成立的。新中国的建立是中国近现代社会经济、政治长期发展和思想演变，各方面条件趋于成熟的必然结果，是新民主主义革命伟大胜利的集中体现。

第一，毛泽东关于新民主主义与人民民主专政理论的形成与成熟，为新中国的诞生奠定了坚实的理论基础。在长期的革命斗争实践中，以毛泽东为代表的中国共产党人充分运用马克思主义国家与革命学说、两个策略理论、民族和殖民地问题理论等马列主义基本原理，结合中国革命的具体实际，探索形成了新民主主义理论和人民民主专政理论，为新中国的诞生奠定了坚实的理论基础。

第二，中国共产党领导全国各族人民取得新民主主义革命的伟大胜利，为新中国的诞生奠定了根本政治前提。中国人民在新民主主义革命理论的指引下，开创了中国独特的革命道路，在农村建立革命根据地，以农村包围城市夺取全国政权，经历长期、艰难、复杂、曲折的斗争和浴血奋战，取得了新民主主义革命的伟大胜利，为新中国的诞生创造了根本政治前提。

第三，革命统一战线的形成与发展，为新中国的诞生奠定了广泛的社会基础。统一战线既是中国共产党进行革命的同盟军，也是党实现革命领导权的社会和群众基础。中国共产党在长期领导革命的斗争中，争取和团结一切可以团结的力量，组成革命统一战线，并由此发展到建立工人阶级领导的以工农联盟为基础的人民民主专政的国家。

　　第四，中国共产党长期革命根据地和解放区建设，为新中国建设提供了宝贵的实践经验。中国共产党在土地革命战争、抗日战争和解放战争的不同历史时期，进行了长时间的革命根据地和解放区建设，在政治、经济、军事和文化建设等多个方面为新中国的建设锻炼和培养了干部，积累和总结了治国安邦的宝贵经验。

　　第五，中国人民政治协商会议的胜利召开与《共同纲领》的一致通过，为新中国的成立提供了合法依据。中国人民政治协商会议的重要特征是代表的广泛性、决策的民主性和程序的合法性。会议通过的《中国人民政治协商会议共同纲领》在《中华人民共和国宪法》制定以前起临时宪法作用，中国人民政治协商会议在普选的全国人民代表大会召开以前代行全国人民代表大会的职权。会议依《中华人民共和国中央人民政府组织法》、《中国人民政治协商会议组织法》民主选举中华人民共和国中央人民政府委员会和中国人民政治协商会议全国委员会，中华人民共和国中央人民政府为代表中华人民共和国全国人民的唯一合法政府。新中国是以中国人民政治协商会议的法理程序为合法依据而成立的。

　　中华人民共和国的成立开创了中国历史的伟大新纪元。新中国成立六十多年来，特别是改革开放三十多年来，社会主义中国以其前所未有的巨大能量，不但迅速地改变了中国人民的命运和前途，决定了中国历史的发展方向，而且为世界社会主义发展带来了新的希望，为国际共产主义运动注入新的生机与活力，对人类历史发展产生了日益深刻而广泛的影响。随着历史的发展和时代的进步，人们对新中国开创新纪元的认识不断拓展与深化。如果说在新中国成立之初，人们的认识还多局限在中华人民共和国成立本身的话，那么今天则应把中华人民共和国的成立和社会主义制度的确立，视为社会主义新中国进步发展的基石和中国历史新纪元的根本标志。尤其当我们以人民当家作主的伟大开端、中国现代化建设的根本前提和国际影响力的世界视域重新审视这一伟大的历史新纪元，重新诠释中华民族伟大复兴的这一新起点时，就会倍感其蕴含的丰富和意义的深邃。

一、真正实现中国人民当家作主的伟大开端

社会主义中国的建立，结束了中国持续了四千多年的剥削制度，从根本上改变了中国的国家性质和社会制度，实现了由专制统治向人民民主的伟大跨越，开辟了中国历史上从未有过的人民当家作主的新纪元。鸦片战争以后，处于半殖民地半封建社会的中华民族屡遭欺负、备受屈辱，中国人民一直生活在战乱频仍、天灾人祸的水深火热之中。中华民族的奇耻大辱和中国人民的悲惨境遇，迫使国人不断探寻中国致弱的根源，摸索中华民族振兴的道路。中华民族的仁人志士一刻也没有停止过为民族昌盛而艰辛奋斗，从"富国强兵"到"维新变法"、从"晚清新政"到"革命共和"，艰辛探索，前赴后继，屡遭失败。辛亥革命虽然跳出了几千年封建王朝轮回的历史怪圈，把皇帝拉下了马，打开了中国社会进步的闸门，但帝国主义的压迫和封建主义的盘剥依然如故。中华民族依旧处于任人宰割、受尽欺凌的屈辱状态，中国人民生灵涂炭、民不聊生的处境依然没有彻底改变。在中国历史的长河中，尽管有多次的改朝换代和社会形态的更替，无论是封建王朝的"民为贵，君为轻"，还是国民党南京政府召开"行宪国民代表大会""还政于民"，其实质仍然是剥削阶级的统治，广大人民群众被压迫、受剥削的地位没有根本改变，人民毫无民主和自由可言。

社会主义中国根本不同于中国历史上的任何封建王朝，它不再是周而复始的改朝换代的历史变脸，更不同于大地主大资产阶级的国民党反动统治，而是工人阶级领导的，以工农联盟为基础的人民民主专政。这是中国亘古未有的代表最广大人民意志的新型民主国家，它彻底结束了极少数剥削者统治广大劳动人民的历史，开创了人民民主的全新时代。1954 年，中华人民共和国召开第一届全国人民代表大会，制定了我国第一部社会主义类型的宪法《中华人民共和国宪法》，

以国家根本大法的形式明确规定，中华人民共和国的一切权力属于人民，人民通过人民代表大会的形式行使权力。人民当家作主，中国人民数千年魂牵梦萦并为之不懈奋斗的美好愿望终于得以实现，这是中国有史以来破天荒的第一次，这是中国人民自己掌握自己命运的新时代，中国人民从此站立起来了。

中国人民在共产党的领导下，在中华人民共和国统一的多民族的大家庭里，一改过去长期战乱、一盘散沙的动荡局面，实现了空前的大团结，一扫"东亚病夫"的萎靡，一展中华巨龙的民族雄风。国家百废待兴，人民自强不息的爱国主义精神迸发出巨大的能量，昂扬向上、与时俱进的时代精神在神州大地激越弘扬，整个社会呈现出前所未有的活力与生机。伴随生产力的不断解放和发展，社会物质财富不断增加，广大人民群众生活水平迅速提高。新中国成立后仅用三年时间，全国职工家庭每人每年平均消费额比解放前职工生活水平最高的 1936 年增长了 35%，农民收入同 1949 年相比，一般增长 30% 以上，广大人民群众的整体生活水平有了显著提高。新中国成立六十多年，特别是改革开放三十多年来，中国贫困人口从 2.5 亿人减少到7017 万人（2014 年），中国人民生活总体上达到了小康水平。中国人民面貌的焕然一新，得益于改革开放辉煌成绩，追根溯源于中华人民共和国的成立和社会主义制度的确立，是社会主义中国的建立从根本上改变了中国人民的历史命运。

二、成功迈向社会主义现代化的根本前提

社会主义中国的建立，为中国现代化和当代中国一切发展进步奠定了根本的政治前提、制度基础和物质基石。现代化是人类社会文明长期发展的趋势和必然结果，是人类长期以来梦寐以求的理想和目标。现代化是一个综合发展的过程，不仅仅指一个社会单纯经济的科技的发展水平，而且涉及社会发展诸层面的复杂历史变迁，关系到社

会结构、人口素质、政治秩序、文化环境、意识形态等方面的整体性变革。从历史和现实的角度来看，世界性的现代化历史过程有资本主义和社会主义两种性质、"先发内源型"和"后发外生型"两种类型的发展道路。由于时代不同、国情不同，各国必然有不同类型的现代化道路。近代中国半殖民地半封建的社会性质和中国革命所处的国际时代背景所决定，软弱的中国资产阶级不能担当起领导完成民主革命的历史任务，资本主义现代化道路在中国行不通，中国只能走中国特色社会主义现代化道路。而走中国特色社会主义现代化发展道路必须先拥有主权独立、领土统一的国家政权，然后依靠国家政权领导中国特色社会主义现代化建设。马克思、恩格斯早就指出：革命的根本问题是国家政权问题，无产阶级革命首先必须以暴力夺取政权，以无产阶级专政代替资产阶级专政，才能建立社会主义。因为生产资料公有制为基础的社会主义经济形式，不可能在以私有制为基础的资本主义社会内部形成。当国家的命运还不掌握在中国人民自己手中的时候，在统治中国的反动势力拒绝一切根本的社会变革的情况下，要在一个半殖民地半封建的落后国家实现现代化，无异于海市蜃楼，痴人说梦。早在新民主主义革命时期毛泽东就指出："没有独立、自由、民主和统一，不可能建设真正大规模的工业。没有工业，便没有巩固的国防，便没有人民的福利，便没有国家的富强。""在一个半殖民地的、半封建的、分裂的中国里，要想发展工业，建设国防，福利人民，求得国家的富强，多少年来多少人做过这种梦，但是一概幻灭了。"① 轰轰烈烈的辛亥革命也只是昙花一现，完成20世纪中华民族独立、人民解放和国家繁荣、共同富裕的两大历史任务的重担必然落在无产阶级肩上。中国共产党领导中国人民经过长期、曲折的艰苦斗争和浴血奋战，终于取得了新民主主义革命的胜利，建立了人民民主专政的新型国家，实现了中华民族的独立和中国人民的解放。以民主

① 《毛泽东选集》第三卷，人民出版社1991年版，第1080页。

集中制为组织原则，以人民代表大会为政权组织形式，以政务院（国务院）为政权最高行政机构，以及共产党领导的多党合作与政治协商制度和民族区域自治制度，这些构成了社会主义中国的基本政治架构。中国特色社会主义政治制度是由中国国情和国家性质所决定的，根本不同于资产阶级民主制的三权分立，它植根于中华民族几千年来赖以生存和发展的广阔沃土，依据马克思主义国家与革命学说，产生于中国人民为争取民族独立和国家富强而进行的伟大实践。社会主义中国基本政治制度的建构创造了中国特色社会主义现代化道路的根本政治前提，为发展人民民主，促进经济社会发展，维护国家统一、民族团结，实现人民幸福、社会和谐提供了根本政治保障。

人民民主专政的国家制度和社会主义公有制的确立，为开辟中国特色社会主义道路，实现社会主义现代化奠定了制度基础。在人类社会发展的历史进程中，从奴隶制到封建制，从封建制到资本主义制度，都是一种私有制形式为另一种私有制形式所代替，一些剥削者的政权为另一些剥削者的政权所代替。半殖民地半封建的旧中国，封建生产关系占据主导地位，现代工业发展缓慢，民族工业在外国帝国主义和本国封建主义联合挤压的夹缝中艰难生存，在国民经济中占绝对优势的农业，仍然保持着几千年遗留下来的陈旧生产方式。新中国成立后，中国共产党以人民民主专政的国家政权为基础，以社会主义基本政治制度为保障，对生产资料私有制进行社会主义改造，基本消灭了剥削制度，确立了社会主义制度。这是中国历史"三千年未有之大变局"，是中国社会发生的历史性巨变。它使中国跨越了资本主义的"卡夫丁峡谷"，由半殖民地半封建社会经短暂的新民主主义社会而过渡到社会主义社会，进而走上民富国强的现代化康庄大道。社会主义公有制消除了资本主义社会无法解决的生产的社会性和生产资料私人占有之间的矛盾，成为社会主义经济制度的基础。尽管社会主义制度建立初期中国的经济文化还处于落后状态，生产的商品化和社会化程度还比较低，社会主义制度还很不完善，但社会主义经济制度与社会化大生产的高度一致性为中国由一个落后的农业国走向现代化的工业国创造了制度条件，为解放和发展社会生产力开辟了广阔的道路，为中国特色社会主义道路奠定了制度基础，展示了走向社会主义现代化的光辉前景。

社会主义中国的最大优越性就是不断解放和发展社会生产力；就是逐步消除贫困，最终走向共同富裕；就是充分调动广大人民群众积极性，集中力量办大事。社会主义中国的建立打破了严重束缚生产力发展的桎梏，涤荡了旧社会的污泥浊水，净化了社会风气，结束了旧中国经济发展的停滞状态，以集中、统一、高效的最大优势组织社会化大生产，动员和组织广大人民群众以主人翁精神积极投身社会主义现代化建设。新中国成立后在短短的十几年时间里，就把中国由一个半殖民地半封建社会的贫穷落后的农业大国转变为一个拥有独立的、比较完整的工业体系和国民经济体系的社会主义国家，在物质、资金、技术和人力等多个方面为我国的改革开放和现代化事业的进一步发展奠定了物质基础。

三、重新迈入世界强国行列的全新起点

社会主义中国的建立结束了近代中国一个多世纪任人宰割的屈辱历史，成为中国重新迈进世界大国行列的全新起点。神州大地，锦绣河山；华夏文明，源远流长。然而鸦片战争以后，国家主权被宰割，祖国领土被肢解，中华民族被欺压，人民群众被凌辱，丰富资源被掠夺，血汗白银被攫取，文化古迹被劫毁。在三座大山压迫下，积贫积弱的旧中国，在国际上没有任何地位和尊严。社会主义中国的建立捍卫了国家主权，维护了领土统一，巩固了新生的人民民主专政国家政权，向世界展示了中华民族的尊严和威力。新中国以独立自主的方针与和平共处五项原则的政策始终不渝地反对帝国主义、殖民主义、霸权主义和强权政治，维护世界和平，同世界各国开展友好

合作，谋求共同发展和繁荣。当历史的时钟移动到20世纪70年代，"2758"号决议在联合国通过，中华人民共和国恢复了在联合国的一切合法权利，五星红旗高扬在联合国广场。中国由此在国际舞台上获得了独立和平等的政治地位，并以崭新的姿态屹立于世界民族之林。此后，中华人民共和国不仅成为联合国、世界贸易组织、世界卫生组织、国际奥委会等众多国际组织的重要成员，而且在处理重大国际事务中、在联合国安理会中发挥了越来越重要的作用，被世人刮目相看。中国已经成为当今世界上具有重要影响的最大的发展中国家。

社会主义中国的建立，在世界的东方升腾出奇丽的光芒，照耀寰宇，撼动世界，改变了世界政治经济格局和政治力量对比，壮大了世界和平、民主和社会主义的力量。同时，新中国的成立也率先打破了雅尔塔体系，宣告帝国主义霸权体系的破产，鼓舞了世界被压迫民族和被压迫人民争取解放的斗争，为第二次世界大战后第三世界国家独立和民族解放，走符合本国国情的发展道路提供了重要的历史借鉴。受其影响，20世纪50—60年代亚非拉民族解放运动高歌猛进、势不可当。

在世界社会主义运动陷入低谷之际，社会主义中国则呈现出蓬勃发展的良好势头，使世界社会主义运动看到了新的生机和希望。中国的社会主义建设总结以往的历史经验，借鉴和吸收人类社会发展的一切积极文明成果，在不断实践、不断总结、不断创新中形成了中国特色社会主义道路。中国特色社会主义是科学社会主义在当代中国的创新模式，为世界社会主义运动走出低谷创造了新的发展经验。著名政治学家约瑟夫·奈高度评价中国发展模式："中国的经济增长不仅让发展中国家获益巨大，中国特殊的发展模式和道路也被一些国家视为可效仿的榜样……更重要的是将来，中国倡导的政治价值观、社会发展模式和对外政策做法，会进一步在世界公众中产生共鸣和影响力。"①

————————
① 国纪平：《中国故事，世界的故事》，《人民日报》2010年4月29日。

特别是在应对当前国际金融危机中，中国特色社会主义独树一帜，与发达国家经济负面增长形成鲜明对比，可持续增长的态势没有改变，呈现出社会主义中国的巨大优越性和旺盛生命力，赢得世人的广泛关注和各国政要的高度赞扬。如今，中国作为一个历史悠久、文化丰厚的大国，一个知礼仪、讲和谐的大国，一个守信义、负责任的大国，一个爱好和平的大国，一个充满生机、发展最快的大国的国家形象已经成为当今世界各国的普遍共识。

马克思主义是我们立党立国的根本指导思想，必须把马克思主义基本原理与中国实际相结合，用发展着的马克思主义指导中国革命、建设和改革的伟大事业。中国共产党是中华民族和中国特色社会主义事业的领导核心和根本保证，没有中国共产党，就没有新中国；没有新中国，就没有中国社会主义制度，就没有中国特色社会主义道路，没有中国社会主义现代化和中华民族的伟大复兴。只有社会主义才能救中国，只有中国特色社会主义才能发展中国。这是中华民族在整整一个世纪的沧桑巨变中得出的最基本的历史结论。

第十五章　毛泽东对中国社会三次历史性跨越的重大贡献

毛泽东是站在 20 世纪中国时代潮流前列的伟人，是新中国的主要缔造者，在毛泽东领导和毛泽东思想指引下，中国由一个贫穷落后任人宰割的半殖民地半封建国家变为独立自主、真正人民当家作主的拥有比较完整的工业体系和国民经济体系的社会主义新中国。

一、上层建筑主体从剥削阶级统治到人民当家作主

拥有五千年深厚历史文化的中国，是世界文明发源地之一。自公元前约 2070 年中国第一个奴隶制王朝夏至 1911 年资产阶级建立的中华民国，在几千年改朝换代沧海桑田的历史变革中，历经改良和社会变革，虽曾多朝盛世繁华，但是社会的剥削属性没有改变。

1840 年鸦片战争，帝国主义用坚船利炮轰开了古老封建中国的大门，中国人民从此陷入半殖民地半封建的深渊之中。中华民族的仁人志士为国家独立、民族富强不断求索，直到 1911 年孙中山领导下的辛亥革命推翻了腐朽的清王朝统治，建立中华民国。但革命果实却不幸被军阀袁世凯所窃取，君主专制的经济基础并未摧毁，社会性质没有发生根本变化，实际上是在"民国"掩盖下的封建军阀统治。国民党长达 22 年的统治也未使中国社会的性质发生根本性的变化。

　　1921 年，中国共产党诞生，制定了第一个党纲，明文规定："无产阶级要用革命军队推翻资产阶级政权，建立无产阶级专政，消灭资本家私有制，实行社会主义。"党的二大根据列宁民族殖民地问题理论制定了民主革命纲领，但是在民主革命中必须坚持无产阶级领导权的思想尚未解决，至于如何由民主革命转变为社会主义革命当然更不清楚，致使第一次国共合作后期，大资产阶级背叛革命后，中国共产党人陷入白色恐怖当中。八七会议确定了武装反抗国民党反动派和实行土地革命的总方针。毛泽东提出"枪杆子里面出政权"的思想，率秋收起义部队登上井冈山，创建了不断发展壮大的井冈山革命根据地，引起国民党反动派的极度恐慌而进攻围剿。在毛泽东军事思想指引下，党和红军英勇奋战取得了四次反"围剿"的胜利，创造了以少胜多、以弱胜强的军事奇迹。由于"左"倾冒险主义军事路线的错误指挥，第五次反"围剿"惨遭失败，党和红军被迫实行战略转移。长征途中的遵义会议结束了王明"左"倾路线的统治，确立了毛泽东的领导核心地位，形成了以毛泽东为核心的党的第一代马克思主义中央领导集体。随着抗日战争的兴起，在毛泽东思想的指引下，中国共产党积极倡导建立了以国共合作为基础的抗日民族统一战线。中国共产党实行全面抗战路线和持久战的战略方针，迅速地开辟了大量的敌后抗日根据地，有力地配合了国民党正面战场的对日作战，逐步成为抗战的中流砥柱。面对国民党顽固派的诋毁和人们思想上的模糊，是毛泽东运用马克思列宁主义基本原理结合中国实际明确提出了中国革命分"两步走"的重要论断，创立了新民主主义理论，指明了经新民主主义到社会主义的中国特色革命道路。这样在抗日民族统一战线的旗帜下，中国共产党团结民主力量和全国各族人民，在国际正义力量的支援下，经八年浴血奋战，最终打败了日本侵略者。又经过人民解放战争迅速打败国民党反动派，推翻了长期压在中国人民身上的三座大山，建立了新中国，实现了民族独立和人民解放。

　　新中国的建立经历了一个筹建过程，筹建工作是在毛泽东亲自领导下完成的。

1949 年 10 月 1 日，天安门广场上的礼炮震惊寰宇，标志着伟大的中华人民共和国成立了！人民民主专政代替了大地主大资产阶级专政，人民当家作主代替了剥削阶级集团统治，这与中华民族上下五千年历史中任何一个朝代更替都不相同，更有着本质的区别。从此半殖民地半封建旧中国人民群众受奴役剥削的时代彻底结束，中国进入一个全新的时代。这是站在历史潮头的毛泽东领导中国共产党率领全国人民长期奋战，实现的 20 世纪中国社会第一次历史性跨越。

二、经济基础由半殖民地半封建经
暂短的新民主主义到社会主义

1949 年新中国成立时，年轻的共和国面临的是一个以轻工业为主、重工业非常薄弱的极其落后的工业基础。毛泽东运用列宁过渡时期理论从中国具体实际出发，于 1953 年 6 月适时地正式提出党在过渡时期的总路线，实施社会主义工业化和生产资料私有制改造同时并举，并相继提出农业手工业的社会主义改造理论、资本主义工商业的社会主义改造理论。

毛泽东从中国是一个由半殖民地半封建社会脱胎而来的新民主主义社会的基本国情出发，鉴于我国土地改革后的农村实际状况，分析论述了在我国实行农业社会主义改造的必要性与可能性，指出社会主义集体化是中国农业的"唯一出路"。克服个体农业经济发展生产困难和防止产生两极分化内在矛盾的客观要求就是中国农业走社会主义道路。针对农业合作化与社会主义工业化的关系，毛泽东明确指出："我国农业合作化的步骤应当和我国的社会主义工业化的步骤相适应。"① 毛

---

① 《关于农业合作化问题的决议》，中国共产党第七届中央委员会第六次全体会议（扩大）一致通过。

泽东还深刻揭示出合作化与机械化的关系："在我国的条件下（在资本主义国家内是使农业资本主义化），则必须先有合作化，然后才能使用大机器。"① 实行农业合作化的原则是自愿互利，入社自愿，退社自由。自愿互利，不仅有利于贫农，也有利于中农。毛泽东科学地分析了中国农村土地改革后阶级关系的新变化，提出了党在农业合作化运动中的阶级政策："必须依靠贫农（包括土地改革后变为新中农的老贫农），巩固地与中农联合，逐步地发展互助合作，逐步由限制富农剥削到最后消灭富农剥削。"② 把下中农与上中农区别开，把下中农与贫农一起都作为依靠的力量，从而突出了贫下中农的政策优势。

农业合作化的步骤是由初级形式的农业生产合作社到高级形式的农业生产合作社。前者是半社会主义性质的，后者是完全社会主义性质的。农业合作化道路的特点是循序渐进，逐步过渡。毛泽东认为需要逐步地提高农民的社会主义的觉悟程度，逐步地改变他们的生活方式，使他们能够更好地适应新的生产和生活方式，且可以基本上避免农作物的减产，保证每年增产。

关于手工业的社会主义改造。毛泽东和党中央根据手工业的特点，提出不宜集中过多，规模不宜过大，形式不宜千篇一律，注意保存和发扬特种手工艺。

关于资本主义工商业的社会主义改造。根据马克思主义经典作家的"赎买"思想，结合我国社会历史实际，毛泽东带领全国人民走出一条独具特色的对资本主义工商业进行和平赎买的社会主义改造道路。"和平赎买"既改变了资本主义生产关系，又使在整个社会大变革时期生产力不但没有遭到破坏，而且推动了经济的发展。党中央和毛泽东把国家资本主义经济肯定为构成新民主主义经济五种成分之一。毛泽东在谈到对私营工商业的社会主义改造时指出，有了三年多

① 《关于农业合作化问题的决议》，中国共产党第七届中央委员会第六次全体会议（扩大）一致通过。

② 《〈中国共产党的七十年〉阅读文件选编》，中共党史出版社1992年版，第449页。

的经验，已经可以肯定：经过国家资本主义完成对私营工商业的社会主义改造，是较健全的方针和办法，并肯定国家资本主义是改造资本主义工商业和逐步完成社会主义过渡的必由之路。国家资本主义发展到高级阶段，通过"和平赎买"最终完成所有制的社会主义改造。鉴于民族资产阶级两面性的特点和其政党与中国共产党在历史上形成的联盟关系，党中央和毛泽东在确定对资本主义工商业进行社会主义改造的同时，对资本家个人实行团结、教育和改造政策，这是中国共产党的首创也是独创。

在过渡时期总路线指引下，党实行了一系列正确的政策措施，得到广大农民、手工业者和工商业者的积极响应，迅速掀起社会主义改造高潮。至 1956 年年底，全国已有 96.3% 的农户加入农业生产合作社，其中初级社 8.5%，高级社 87.8%。手工业除偏远地区外实现了全行业的合作化。全国 8.8 万余户的私营工业 99% 都实现了所有制的改造。在商业方面，全国原有的 240 万余户私营商业，有 82.2% 实现了改造。尽管社会主义改造后期出现了过急过快过粗的现象，但总的看三大改造的完成，标志着生产资料私有制的消灭和社会主义制度的确立。社会主义改造的成功巩固了新生的人民民主专政的国家政权，为后来乃至今天的社会主义经济建设在制度上提供了根本保障。

在中国这样一个农业大国中，历经这样一次翻天覆地的历史性社会变革，不但没有破坏既有的社会生产力，反而促进了国民经济的发展；不但没有引起社会的动荡不安，反而增强了全国人民的团结。这是中国历史"三千年未有之大变局"，它使中国跨越了资本主义的"卡夫丁峡谷"，使"我们党创造性地完成由新民主主义到社会主义的过渡，实现中国历史上最伟大最深刻的社会变革，开始了在社会主义道路上实现中华民族伟大复兴的历史征程"①。这是继新中国成立之后，在毛泽东领导和毛泽东思想指引下，实现的 20 世纪中国社会第

---

① 《十六大以来重要文献选编》（上），中央文献出版社 2011 年版，第 43 页。

二次历史性跨越。

三、产业结构从半殖民地半封建的畸形经济到主权国家的经济独立

　　建设社会主义工业化和现代化是中国共产党和中国人民面临的时代难题，也是国际共产主义运动史上的崭新课题。以毛泽东为核心的第一代中央领导集体，为探索中国式的工业化道路进行了艰辛的尝试，迈出了历史性的一步。

　　早在新民主主义革命时期毛泽东就指出工业的重要："没有工业，便没有巩固的国防，便没有人民的福利，便没有国家的富强。"[①]

　　还在恢复国民经济时期，毛泽东就指导制定了我国国民经济发展第一个五年计划，并且明确提出第一个五年计划的基本任务："集中主要力量进行以苏联帮助我国设计的一五六个建设单位为中心的、由限额以上的六九四个建设单位组成的工业建设，建立我国的社会主义工业化的初步基础；发展部分集体所有制的农业生产合作社，并发展手工业生产合作社，建立对于农业和手工业的社会主义改造的初步基础；基本上把资本主义工商业分别地纳入各种形式的国家资本主义的轨道，建立对于私营工商业的社会主义改造的基础。"[②]进而明确了第一个五年计划的各项具体任务。首先，建立和扩建电力、煤矿、石油、钢铁、有色金属工业以及基本化学工业并发展机器制造工业。其次，兴修水利，植树造林，广泛地开展关于保持水土的工作。再次，发展运输业和邮电业，主要是铁路的建设。再次，保证市场的稳定。发展城乡和内外的物资交流，扩大商品流通。最后，发展文化教育和科学研究事业，提高科技水平，积极培养人才等等。"一五"计划期

① 《毛泽东选集》第三卷，人民出版社1991年版，第1080页。
② 《关于建国以来党的若干历史问题的决议》（注释本），人民出版社1983年版，第228页。

间，国家投入的资金达到 766.4 亿元，如此巨大的投资力度和建设规模是旧中国所无法企及的。

1956 年，掀起国民经济第一个五年计划建设高潮，各族人民劳动热情高涨。与此同时，党的第八次全国代表大会的报告中首次提出建立一个完整的工业体系的目标："要在大约三个五年计划时期内，基本上建成一个完整的工业体系。这样的工业体系，能够生产各种主要的机器设备和原材料，基本上满足我国扩大再生产和国民经济技术改造的需要。同时，它也能够生产各种消费品，适当地满足人民生活水平不断提高的需要。"①

"一五"计划的实施和胜利完成已初步彰显了社会主义工业化建设的伟大成就，为建立独立的比较完整的工业体系和国民经济体系奠定了基础，在一定意义上，"一五"计划可以说是建立独立的比较完整的工业体系和国民经济体系的计划。

经济的迅速发展也凸显出我国经济发展中的矛盾，农业的发展远远落后于工业发展的要求。欲速则不达，由于缺乏建设经验，又急于求成，出现了"大跃进"、人民公社化的重大失误。经过对失误的沉痛反思和深刻总结，毛泽东明确指出：社会主义建设要搞好综合平衡，按比例发展。还要利用"商品生产、商品交换和价值法则，作为有用的工具，为社会主义服务"②。随后，1961 年 1 月的八届九中全会中央适时提出了"调整、充实、巩固、提高"的八字方针，并且全党上下大兴调查研究之风。为贯彻八字方针，党中央在各条战线上具体制定了一系列的条例，主要是"农业六十条""工业七十条""科学十四条""高教六十条""文艺八条"等等，成为大规模调整的开端。而后为进一步贯彻落实八字方针和总结经验，中央召开七千人大会，并作出全面调整的决策，对各个领域实行全面的调整：大力精简

① 《中国共产党第八次全国代表大会文献》，人民出版社 1957 年版，第 123 页。
② 《毛泽东文集》第七卷，人民出版社 1999 年版，第 435 页。

职工，减少城镇人口；压缩建设规模，暂缓大批基本项目建设；进一步支援农业；等等。

与此同时，随着农业问题的突出和三年经济困难时期的到来，毛泽东在总结社会主义建设正反两方面经验教训基础上，明确提出以农业为基础、以工业为主导的重要思想。1962年，党中央根据毛泽东关于重工业同轻工业、农业关系的新认识，把"以农业为基础，以工业为主导"确定为发展国民经济的总方针。为了贯彻这个总方针，毛泽东提出以农、轻、重为序安排国民经济计划。这种安排是以农业为基础、以工业为主导的国民经济发展总方针在工作上的落实和具体体现。即安排国民经济计划必须从发展农业出发，在资金、物资、劳动力的分配方面，首先考虑农业，再考虑轻工业，然后根据轻工业的情况安排重工业。而重工业的安排，又必须首先考虑同农业有关部门和行业的统筹协调。

社会经济建设正反两方面的丰富经验也使中央对独立国民经济体系的内容及其内涵有了进一步的明确认识，即"基本建立一个独立的国民经济体系。国民经济体系不仅包括工业，而且包括农业、商业、科学技术、文化教育、国防各个方面。工业国的提法不完全，提建立独立的国民经济体系比只提建立独立的工业体系更完整"①。至1964年，三届人大政府工作报告中又对完成建立独立的比较完整的工业体系和国民经济体系的时限提出要求，要在1980年以前建成。

经过八字方针和"以农业为基础，以工业为主导"发展国民经济总方针的贯彻落实，国民经济得以迅速恢复和发展，1965年达到历史最高水平。1965年同"一五"计划完成后的1957年对比，主要工业产品中钢产量增长1.29倍，发电量增长2.5倍，原油增长6.75倍，天然气增长14.71倍，水泥增长1.38倍，等等。

这样，1956年党的八大到1966年5月"文化大革命"前的10年，

---

① 《建国以来重要文献选编》第十六册，中央文献出版社1997年版，第614页。

以毛泽东为核心的党中央第一代领导集体带领全国人民艰苦奋斗，社会主义建设在探索中曲折发展，我国已经初步建立了独立的比较完整的国民经济体系和工业体系，教育、卫生、体育也有相当的成就。正如十一届六中全会作出的《关于建国以来党的若干历史问题的决议》所指出的："我们现在赖以进行现代化建设的物质技术基础，很大一部分是在这个期间建设起来的；全国经济文化建设等方面的骨干力量和他们的工作经验，大部分也是在这个期间培养和积累起来的。这是这个期间党的工作的主导方面。"① 毛泽东晚年犯了严重的错误，但即使是在"文化大革命"时期，"我国国民经济虽然遭到巨大损失，仍然取得了进展。粮食生产保持了比较稳定的增长。工业交通、基本建设和科学技术方面取得了一批重要成就"②。

以毛泽东为核心的党的第一代领导集体在探索社会主义工业化和现代化建设过程中虽历经两起两落，但经过努力，1978年同新中国成立时相比，中国已经建立起门类比较齐全、布局趋向合理的独立的比较完整的工业体系和国民经济体系。工业生产能力大幅度提高，新建和扩建了大批重要企业，如包头、武汉、鞍山和攀枝花等钢铁基地。许多新的工业部门从无到有，从小到大地发展起来。首次人工合成牛胰岛素结晶，在世界上处于领先地位，得到国际科学界的高度评价；原子弹、氢弹、导弹的试验成功，打破了美苏的核垄断，提高了国防能力；人造地球卫星的发射和回收，集中反映了我国科学技术当时所达到的新水平。以毛泽东为核心党的第一代领导集体当年的构想得以实现。独立的比较完整的工业体系和国民经济体系的建立是我国迈向社会主义工业化的第一步，中华民族迈开了走上现代化的实质性步伐。半殖民地半封建经济痕迹彻底消除，新中国摆脱了贫穷和落后，取得了旧中国几百几千年都没能取得的进步。这是在毛泽东领导

---

① 《三中全会以来重要文献选编》（下），人民出版社1982年版，第816页。
② 《三中全会以来重要文献选编》（下），人民出版社1982年版，第816页。

和毛泽东思想指引下，实现的 20 世纪中国社会第三次历史性跨越。

　　20 世纪的中国，在毛泽东领导下和毛泽东思想指引下，中国共产党带领华夏儿女经过长期浴血奋战和艰苦奋斗，把半殖民地半封建的落后中国建成独立的主权国家，确立了社会主义制度，进而建成了独立的比较完整的工业体系和国民经济体系，实现了中国社会三次伟大历史性跨越。东方雄狮猛醒，亚洲巨龙腾飞，中华儿女扬眉吐气，神州大地激情澎湃。20 世纪中国社会三次历史性跨越为当今中国社会一切进步发展创造了根本政治前提，提供了坚实制度保障，奠定了深厚物质基础。风雨兼程、继往开来、跨越世纪，"历史的接力棒"在几代领导人手中顺利交接，社会主义新中国不断焕发出生机与活力，以前所未有的雄姿再次巍然屹立于世界之东方，必将实现中华民族伟大复兴的"中国梦"。这是世纪伟人毛泽东对中国社会和中华民族作出的重大历史性贡献。

第十六章　中国共产党九十多年
奋斗的历史本质

　　中国共产党九十多年的不懈奋斗，始终为的是民族解放、国家富强和人民幸福。这九十多年的奋斗历程，艰苦卓绝，曲折发展，波澜壮阔。中国共产党九十多年不懈奋斗的历史就是不断推进马克思主义中国化、开拓马克思主义新境界，实现了两次历史性飞跃的伟大历史；就是带领全国人民进行革命、建设、改革，披荆斩棘，开辟中国特色革命道路和中国特色社会主义建设道路的光辉历史；就是我们伟大的祖国结束近代饱受屈辱和长年战乱的局面、战胜各种困难和风险，百折不挠，推动中国社会发展进步、实现两次历史性巨变、让中华民族走向复兴的辉煌历史；就是中国共产党为完成肩负的历史使命经受各种风险考验、不断加强自身建设，不断发展壮大、由成立伊始的五十多名党员的地下党发展为八千多万党员的马克思主义执政党的光荣历史。归结起来，中国共产党九十多年奋斗的历史本质就是把马列主义基本原理同中国实际相结合走自己的路，变农业国为工业国，逐步实现社会主义现代化、人民幸福和民族伟大复兴。

一、开辟中国特色革命道路，建立新中国确立社会主义制度，为开辟中国特色社会主义道路奠定了制度基础和政治保障

马克思主义认为："一切革命的根本问题是国家政权问题。"① 没有政权一切都是不可能的。只有通过革命手段解决旧的国家政权、改变旧的生产关系，解决制约近代中国发展的上层建筑和经济基础问题，才能为发展生产力和推进社会全面进步创造前提奠定基础。中国共产党诞生后，很快即投入轰轰烈烈的大革命洪流中。党领导新民主主义革命，目的就是为了取消帝国主义在中国的特权，消灭地主阶级和官僚资产阶级的剥削和压迫，改变买办的封建的生产关系，改变建立在这种经济基础之上的腐朽的上层建筑，确立以人民民主专政为核心的新的上层建筑，从根本上解放被束缚的生产力，变落后的农业国为先进的社会主义工业国。土地革命战争时期，中国共产党领导人民在根据地开展了轰轰烈烈的土地革命，彻底消灭了封建主义，有力地解放和发展了农村的生产力，极大地调动了农民的生产积极性。抗日战争时期，在抗日根据地实行"发展经济，保障供给"的方针，领导开展了减租减息、大生产运动，独立自主，自力更生，大力发展经济，有力地推动了根据地的经济建设，提高了生产力水平，有效地支援了前线。抗战胜利前夕，毛泽东在党的七大指出："为着打败日本侵略者和建设新中国，必须发展工业"②，"在新民主主义的政治条件获得之后，中国人民及其政府必须采取切实的步骤，在若干年内逐步地建立重工业和轻工业，使中国由农业国变为工业国"，并进一步指明"中国工人阶级的任务，不但是为着建立新民主主义的国家而斗

---

① 《列宁选集》第三卷，人民出版社 1995 年版，第 19 页。
② 《毛泽东选集》第三卷，人民出版社 1991 年版，第 1080 页。

争，而且是为着中国的工业化和农业近代化而斗争"①。新中国成立前夕，在党的七届二中全会上，毛泽东又提出要在革命胜利以后，迅速恢复和发展生产，对付国外的帝国主义，使中国稳步地由农业国变为工业国，把中国建设成伟大的社会主义国家。毛泽东的这些论述深刻揭示了解决革命政权问题同解放和发展生产力实现国家工业化的关系。

在国民党的统治下，民族没有独立，人民得不到解放。政治黑暗，吏治腐败，积重难返，要想解放和发展生产力几乎是不可能的。在国民党统治的 22 年里，无论是十年内战时期"国民经济建设运动"和币制改革，还是抗日战争时期的战时经济政策，制定《非常时期经济方案》，抑或是解放战争时期各种抑制通货膨胀的统制法令和管理条例，尽管在城市经济和工商交通部门经济等方面也取得了一定成就，在全面抗战爆发前夕经济发展达到国民党统治时期的最高水平，但自给自足的农业经济仍然占国民经济的主体，中国经济社会仍然是半殖民地半封建的状态。以毛泽东为代表的中国共产党人，在血与火的斗争中，运用马克思主义的基本原理，正确地把握了中国国情，提出中国革命分"两步走"的思想，开辟了一条具有中国特色的革命道路，这就是经新民主主义到社会主义。其具体实现途径则是以武装斗争为主要形式，以农村为根据地，以农村包围城市夺取全国政权，经 28 年艰苦卓绝的浴血奋战，中国共产党领导人民终于推翻国民党反动统治，建立了新中国。而后对生产资料私有制进行社会主义改造，确立了社会主义制度。

新中国成立之初，中国共产党接手的是国民党政府遗留下的秩序混乱、满目疮痍的社会，生产力遭到严重破坏，百废待兴。对于当时状况，毛泽东有过相当形象的描述："现在我们能造什么？能造桌子椅子，能造茶碗茶壶，能种粮食，还能磨成面粉，还能造纸，但

---

① 《毛泽东选集》第三卷，人民出版社 1991 年版，第 1081 页。

是，一辆汽车、一架飞机、一辆坦克、一辆拖拉机都不能造。"① 新中国成立后，废除帝国主义在华特权，没收官僚资本为国营经济，完成全国范围的土地革命，没收地主土地归农民所有，对资本主义工商业实行利用、限制、改造政策。毛泽东和党中央适时号召全党全国人民要把中国建设成强盛的社会主义国家，集中力量发展生产力，仅仅用了 3 年时间就恢复了遭到严重破坏的国民经济，社会治理井然有序，人民生活初步改善。随后提出要走适合中国国情的工业化道路和四个现代化的奋斗目标。为了实现社会主义工业化，党及时的制定了过渡时期总路线，成功地进行农业、手工业和资本主义工商业的社会主义改造，确立了社会主义制度。在这种新的经济基础上进一步健全社会主义上层建筑，打破了严重束缚生产力发展的桎梏，涤荡了旧社会的污泥浊水，净化了社会风气，结束了旧中国经济发展的停滞状态，以集中、统一、高效的最大优势组织社会化大生产，很快地实现了"一五"计划的超额完成，大大解放和发展了生产力，"相继实现了从半殖民地半封建社会到民族独立、人民当家作主新社会的历史性转变，从新民主主义革命到社会主义革命和建设的历史性转变"②，为进一步解放和发展生产力，为当代中国一切发展进步奠定了根本政治前提和制度基础。

归结起来，从党的成立到社会主义制度的确立，这 35 年的历史就是带领人民开创中国特色革命道路，实现党领导下的第一次历史性巨变的历史；就是真正学会把马克思主义与中国实际相结合、实现第一次历史性飞跃创立毛泽东思想的历史；就是把一个年轻的共产党发展为一个伟大的成熟的马克思主义执政党的历史。这 35 年历史的本质就是把马克思主义中国化，走中国特色革命道路，实现了民族独立和人民解放，为开辟中国特色社会主义道路创造政治前提奠定制度

① 《毛泽东文集》第六卷，人民出版社 1999 年版，第 329 页。

② 《中共中央关于加强和改进新形势下党的建设若干重大问题的决定》，《人民日报》2009 年 9 月 28 日。

基础。

二、全面建设社会主义取得重大成就，建立独立的比较完整的国民经济体系和工业体系，为由农业国到社会主义工业国奠定物质基础

　　列宁有一句名言，"坚冰已经打破，航线已经开通，道路已经指明"①，但这并不意味着前面就是顺风顺水的航程。在中国这样一个经济文化比较落后的国家，怎样建设社会主义现代化是中国共产党和中国人民面临的时代难题，也是国际共产主义运动史上的崭新课题。以毛泽东为核心的第一代中央领导集体，为探索中国式的工业化道路，进行了艰辛的尝试，迈出了可喜的一步，但也犯了严重的错误，付出了巨大的代价。这一时期党的历史发展的主流是领导人民开展大规模社会主义建设并取得伟大胜利的历史。

　　党的八大报告指出：党和全国人民的主要任务，就是要"把我国尽快地从落后的农业国变为先进的工业国"②。面对这崭新的时代难题，由于缺乏建设经验，又急于求成，出现了"大跃进"等重大失误，社会主义建设遇到了挫折，经过调整、充实、巩固、提高，迅速扭转了困难局面。1964 年，在"四个现代化"宏伟目标的鼓舞下，全党全国人民不懈奋斗，呈现出斗志昂扬、积极向上的精神风貌，民族精神进一步弘扬，经济建设取得了显著成就，终于建立起独立的比较完整的工业体系和国民经济体系。据统计，1949 年新中国成立初期，国内生产总值中工业仅占 10%，农业占 90%。1957 年工业占 56.7%，农业占 43.3%③，而到了 1978 年工业占 75.2%，农业仅

---

① 《列宁选集》第 4 卷，人民出版社 1995 年版，第 569 页。
② 《建国以来重要文献选编》第九册，中央文献出版社 1994 年版，第 341 页。
③ 参见国家统计局：《中国统计年鉴 1984》，中国统计出版社 1984 年版，第 18 页。

占 24.8%。① "文化大革命"前 10 年，社会总产值年增长率为 8.2%，国民收入的年增长率为 6.2%。即使是在严重动乱、处处遭受冲击的"文化大革命"时期，社会总产值年平均增长率也达到 6.8%，国民收入年平均增长率为4.9%②，其增长速度远超过同期的西方国家和世界平均水平。《关于建国以来党的若干历史问题的决议》指出："文化大革命"时期，"我国国民经济虽然遭到巨大损失，仍然取得了进展。粮食生产保持了比较稳定的增长。工业交通、基本建设和科学技术方面取得了一批重要成就"③。1979 年 3 月 30 日，邓小平在党的理论工作务虚会上讲话指出，新中国成立以来的"三十年间取得了旧中国几百年、几千年所没有取得过的进步"④。

艰难困苦，玉汝于成，这是一切正义事业胜利的历史逻辑。中国共产党在复杂的国际国内环境中领导人民进行革命和建设，经历了异常艰辛的探索历程，因为纷繁复杂互相交织的各种内外因素，难免会发生一些失误，遇到一些曲折，甚至付出惨烈的代价。教训是深刻的，但深刻总结教训从某种意义上说能够转变为一种宝贵经验和财富。从成功中总结经验，从失误中吸取教训，不断开辟走向胜利的道路，这就是中国共产党走过的艰辛历史进程，这可以从党中央作出的两个历史问题决议中得到生动的证明。这 22 年，尽管有"左"的冲击和"文化大革命"那样的全局性的错误，但是国民经济建设仍是当时的历史主流。与此同时，探索社会主义建设中的一些积极理论成果和经验教训，主要有中国工业化道路和四个现代化思想，社会主义基本矛盾和两类矛盾理论，综合平衡、统筹兼顾、适当安排思想，运用价值法则发展商品经济的思想，把握中国国情和所处的历史方位，一

---

① 参见建设银行投资研究所学术资料室：《1978—1990 年国民经济主要比例关系演变轨迹》，《经济研究参考》1992 年第 Z6 期。

② 参见国家统计局：《中国统计年鉴 1993》，中国统计出版社 1993 年版，第 57 页。

③ 《三中全会以来重要文献选编》（下），人民出版社 1982 年版，第 816 页。

④ 《邓小平文选》第二卷，人民出版社 1994 年版，第 167 页。

切从实际出发是社会主义建设基本依据的历史经验，等等，这些为走中国特色社会主义道路提供了思想先导和可贵的历史经验。

纵观中国共产党这22年的历史就是全党全国人民发奋图强、意气风发，全面建设社会主义在曲折发展中取得伟大成就的历史；就是党领导人民艰辛探索自己社会主义建设道路，正确与错误交织，坚持真理，依靠自己力量修正错误的跌宕起伏的历史。这22年历史的本质就是为社会主义工业化奠定物质基础。

三、开辟中国特色社会主义道路，改革开放，建立社会主义市场经济体制，科学发展，奔向小康，由比较落后的农业国逐步发展为社会主义现代化强国

共和国的航船在弯曲的航道上艰难航行了29年，经受了风吹雨打，终于觉悟到建设社会主义还有未被我们认识的必然王国。在1978年12月的中共中央工作会议上，邓小平的《解放思想，实事求是，团结一致向前看》的讲话，成为开辟新道路、再创共和国辉煌的宣言书。随后召开的党的十一届三中全会，毅然决然地把工作重心转移到社会主义现代化建设上来，作出改革开放的重大决策，堪称"中国第二次革命"的伟大开端，以邓小平为核心的第二代中央领导集体，在总结社会主义建设经验教训的基础上开始了新的探索。在党的十二大上，邓小平明确提出"走自己的道路，建设有中国特色的社会主义"的思想。中国特色社会主义现代化建设道路把科学社会主义基本原则与中国实际和时代特征相结合，既区别于资本主义现代化，又区别于马克思主义经典著作中的传统社会主义和苏联模式的社会主义现代化，解决了在一个经济比较落后的农业国，如何进行社会主义现代化建设的问题。它是继毛泽东为半殖民地半封建的中国找到一条具有中国特色的革命道路之后，为社会主义现代化建设找到的又一条中

国特色道路。

中国特色社会主义道路是在改革开放和现代化建设的实践中不断阔步发展的。改革的巨轮首先从农村破冰起航，面对严重桎梏农村生产力的经济模式，面对重重压力，邓小平为核心的中央领导集体解放思想，充分尊重农民首创精神，率先支持和鼓励家庭联产承包责任制，通过领导农村的改革有力推动了城市改革和对外开放。从建立深圳等四个经济特区，到开放广州等 14 个沿海城市，继而到建立长江三角洲等沿海经济开放区，逐步形成了"经济特区——沿海开放城市——沿海经济开放区——内地"的全方位、多层次、宽领域的对外开放格局。1984 年，党开始在城市实行国有企业改革，并从 1992 年逐步建立社会主义市场经济体制；新世纪伊始，实施西部大开发等战略，推进了区域协调发展；着重抓"三农"建设，推进了城乡一体化进程。改革开放以来，党带领人民沿着全面建设小康社会的目标要求阔步前行，经济、政治、文化、社会以及生态文明建设全面推进、科学发展，经济社会取得了举世公认的辉煌成就。

国际局势风云变幻，改革任务艰巨繁重，党和人民始终同心同德、奋勇向前，经历和战胜了前所未有的严峻考验和挑战，从容应对了一系列关系我国主权和安全的国际突发事件，战胜了在政治、经济领域和自然界出现的困难和风险。特别是在决定党和国家前途命运的重大历史关头，中国共产党紧紧依靠全国各族人民，坚持党的十一届三中全会以来的路线不动摇，排除各种干扰，坚定不移地捍卫中国特色社会主义伟大事业，保证了改革开放和社会主义现代化建设航船始终沿着正确方向破浪前进，取得了改革开放和社会主义现代化建设的辉煌业绩，为中国特色社会主义事业继续前进奠定了坚实基础，坚定了发展方向。

中国特色社会主义道路让国家更加富强、人民更加幸福、社会更加和谐，让一个落后的农业国阔步走向社会主义工业国、稳步走向现代化、大步走向民族伟大复兴，胜利实现了中国共产党领导下的第二次历史性巨变。经济上实现了从高度集中的计划经济体制到充满活力的社会主义市场经济体制、从封闭半封闭到全方位开放的伟大历史性跨越；人民生活水平从贫穷达到基本小康，城镇居民人均可支配收入由 1978 年的 343 元增长到 2014 年的 20167 元，农村居民人均纯收入由 1978 年 133.6 元增长到 2010 年的 9892 元；中国国内生产总值由 1978 年的 3645 亿元增长到 2014 年的 636463 亿元，综合国力居世界前列，国际地位举足轻重，成为有世界影响力的大国。另一方面，在中国特色社会主义事业迅猛发展的同时，出现了诸多阶段性特征和艰难复杂的问题：如何缩小日益拉大的贫富差距，缓解地区发展不平衡，注重社会公平正义；如何提高自主创新能力，合理解决日益突出的能源、资源、环境、技术的瓶颈问题，实现可持续发展；如何应对国内外各种思想文化激烈碰撞对社会主义核心价值体系的冲击和影响；等等，这些问题都需要中国共产党去面对去解决。

　　归结起来，中国共产党在改革开放以来的历史就是开辟中国特色社会主义道路实行改革开放、不断推进社会主义现代化建设、实现党领导下的第二次历史性巨变的历史；就是不断开拓马克思主义中国化新境界、创立中国特色社会主义理论体系的历史；就是在各种风险考验面前不断坚持和巩固党的领导核心地位、不断推进党的建设新的伟大工程的历史。改革开放至今历史的本质就是走中国特色社会主义道路，建立社会主义市场经济体制，全面建设小康社会。

四、中国共产党九十多年奋斗历史本质不变的根本保证是坚持党的性质始终如一，加强党的自身建设永不停步

　　中国共产党自诞生之日起就确定是中国工人阶级的先锋队，以全心全意为人民服务为宗旨，中国共产党的性质和宗旨深刻地蕴涵了

党九十多年奋斗的历史本质：中国共产党九十多年奋斗的历史本质就是把马列主义基本原理同中国实际相结合走自己的路，变农业国为工业国，逐步实现社会主义现代化、人民幸福和民族伟大复兴。

　　中国共产党是中国革命、建设和改革事业的坚强领导核心。如何使中国共产党永葆生机、长期执政，是一个空前的高难度历史课题，而党的历史地位和历史使命，决定她必须去应对去解决。早在抗日战争时期，毛泽东就明确地提出"建设一个全国范围的、广大群众性的、思想上政治上组织上完全巩固的布尔什维克化的中国共产党"①的目标要求，并把党的建设置于中国革命三大法宝核心的高度、作为一项"伟大的工程"而大力建设。在新中国成立前夕，毛泽东适时提出"两个务必"的著名论断，同时强调要警惕资产阶级"糖衣炮弹"的进攻，警示全党"夺取全国胜利，这只是万里长征走完了第一步"，"革命以后的路程更长，工作更伟大，更艰苦"②，全党必须做好长期执政和经受各种风险考验的准备，这实际上是警示执政党要拒腐防变。邓小平也要求党的高级干部"要忧国、忧民、忧党啊"③，要"把我们党建设成为有战斗力的马克思主义政党，成为领导全国人民进行社会主义物质文明和精神文明建设的坚强核心"④，要求加强党的制度建设，发扬党的三大优良传统作风，把反腐倡廉作为新时期党风建设的主题。在新世纪即将来临的关键历史时刻，面对国际国内的新情况新要求，在庆祝建党 80 周年大会讲话中，江泽民提出要"进一步解决提高党的执政能力和领导水平、提高拒腐防变和抵御风险能力这两大历史性课题，全面推进党的建设新的伟大工程"⑤。时代的挑战、社会的变迁、历史的责任、人民的厚望，都要求党在新世纪新阶

---

①　《毛泽东选集》第二卷，人民出版社 1991 年版，第 602 页。

②　《毛泽东选集》第四卷，人民出版社 1991 年版，第 1438 页。

③　《邓小平文选》第二卷，人民出版社 1994 年版，第 222 页。

④　《邓小平文选》第三卷，人民出版社 1993 年版，第 39 页。

⑤　江泽民：《论党的建设》，中央文献出版社 2001 年版，第 497 页。

段必须认真面对和解决好这两个重大历史课题。

　　改革开放以来的历届中央领导集体都高度重视新形势下加强党的建设。自 20 世纪 80 年代以来，每五年一届中央委员会都有一次全会专议党建：十二届二中全会通过《中共中央关于整党的决定》，十三届六中全会通过《中共中央关于加强党同人民群众联系的决定》，十四届四中全会通过《中共中央关于加强党的建设几个重大问题的决定》，十五届六中全会通过《中共中央关于加强和改进党的作风建设的决定》，十六届四中全会通过《中共中央关于加强党的执政能力建设的决定》，十七届四中全会通过《中共中央关于加强和改进新形势下党的建设若干重大问题的决定》。

　　九十多年来，中国共产党通过延安整风运动，新中国成立初期的整风整党运动，新时期的"三讲"教育、"深入学习实践科学发展观"活动等，通过一系列决定的贯彻和党建活动的实施，切实推进了党的建设，确保了党的基本路线贯彻落实，推动了党的事业蓬勃发展。不论国际国内形势发生什么样的变化，遇到多么大的困难与挫折，中国共产党处于什么历史地位，党的性质、宗旨及最高纲领始终如一。党的性质、宗旨不是抽象的口号，它贯穿于党的纲领路线的始终，体现在党的行动的全过程。它要求一切工作必须以最广大人民的根本利益为出发点和归宿，要不断推动生产力发展和社会全面进步，实现共同富裕，这是中国共产党区别于资产阶级政党的根本标志。江泽民在新世纪伊始，针对党的建设面临的重大历史课题，明确提出"三个代表"重要思想，作为中国共产党的建设伟大工程的纲领和我国现代化建设各项工作的指针，鲜明地反映了时代精神、时代特征，进而深化了对党的性质、宗旨的认识。党的十六大通过的《中国共产党章程》总纲第一句话就强调指出："中国共产党是中国工人阶级的先锋队，同时是中国人民和中华民族的先锋队，是中国特色社会主义事业的领导核心，代表中国先进生产力的发展要求，代表中国先进文化的前进方向，代表中国最广大人民的根本利益。党的最高理想和最终目标是实现共产主义。"① 这种表述充分体现了中国工人阶级利益同中国人民和中华民族利益的统一性、增强阶级基础同扩大群众基础的统一性，体现了坚持党的性质不变与体现时代精神的统一性，这是对中国共产党性质、宗旨认识上的深化与拓展，是对马克思主义建党学说的重大发展。党的九十多年艰难曲折的光辉战斗历程，始终坚持党的性质不变，加强党的自身建设不停步。

纵观九十多年党的历史，也是一部不断加强自身建设的历史。正因为加强党的自身建设不停步，才能承继党的先进性和生命力，才取得各项事业的不断发展进步。九十多年来的历史证明：中国各项事业的发展始终必须同党的建设相结合。推进党的建设新的伟大工程是不断推进党的事业发展、实现社会主义现代化和人民幸福、实现民族伟大复兴的不竭动力和根本保证。

中国共产党成立九十多年、执政六十多年来，始终以实现中华民族伟大复兴为己任，创立了毛泽东思想和中国特色社会主义理论体系，实现了马克思主义中国化的两次历史性飞跃，开创了两条中国特色道路，实现了两次历史性巨变，逐步实现社会主义现代化，人民幸福，民族伟大复兴。

①　《中国共产党章程》，《求是》2002 年第 22 期。

特色道路篇

第十七章　全面准确理解中国
特色革命道路

中国特色革命道路是中国革命经验的基本总结，是中国社会发展规律的深刻揭示，是新民主主义理论认识上的升华与诠释，是中国特色社会主义道路的历史由来。它既是理论又是实践。认真研究，全面准确理解中国特色革命道路的内涵，具有重大的理论价值、学术价值和现实意义。中国特色革命道路是"从新民主主义到社会主义的道路"①，根据邓小平的这一论断，中国特色革命道路既包括新民主主义革命道路，也包括社会主义改造道路。不只是通常所说的农村包围城市道路，也不只是新民主主义革命道路，内涵更丰富，范畴更广泛。要全面准确理解中国特色革命道路，必须厘清中国特色革命道路与新民主主义革命道路、社会主义改造道路、农村包围城市道路和中国特色社会主义道路的联系和区别。

一、中国特色革命道路的科学内涵

中国特色革命道路，主要是区别于无产阶级通过社会主义革命、议会斗争、城市武装起义，直接从资产阶级手里夺取政权，建立社会主义社会这种革命模式和社会发展模式。它既不同于俄国十月社会主

---

① 《邓小平文选》第三卷，人民出版社 1993 年版，第 62 页。

义革命一步到位，而是要分两步走；更不同于西方旧式的资产阶级革命，而是新式的资产阶级民主主义革命，以社会主义、共产主义为最终奋斗目标，先进行新民主主义革命，然后再对生产资料私有制进行社会主义改造，由新民主主义社会进入社会主义社会。

毛泽东、邓小平论中国特色革命道路。毛泽东虽然没有直接明确地做过"中国特色革命道路"的表述，但他关于这方面的思想理论内涵是很丰富的。毛泽东运用马克思主义基本原理，特别是列宁民族殖民地理论，结合中国殖民地、半殖民地的特殊国情，总结中国共产党领导中国革命的独创性经验，汲取民主革命先驱孙中山的"三民主义"的精华，创立了中国特色革命道路理论。

毛泽东从国际环境大背景和世界历史时代特点来看中国革命，明确指出中国革命是世界无产阶级革命的一部分，指出革命必须分两步走，"其第一步是民主主义的革命，其第二步是社会主义的革命，这是性质不同的两个革命过程"①。"民主主义革命是社会主义革命的必要准备，社会主义革命是民主主义革命的必然趋势。"②在指明两步走的同时，毛泽东指出，新民主主义革命具有两重任务，"这种新式的民主革命，虽然在一方面是替资本主义扫清道路，但在另一方面又是替社会主义创造前提"③。在新民主主义社会要实行革命转变，由新民主主义革命转变为社会主义革命，其方式方法既不同于马克思所构想的革命，也不同于传统的苏联式的通过工厂和土地的国有化，一举向社会主义过渡。它是对个体农业手工业按自愿互利、典型示范和国家帮助原则，通过合作化道路变个体所有制为社会主义集体所有制，进行社会主义改造；对资本主义工商业采取一系列从低级到高级的国家资本主义的过渡形式，实现对资产阶级的和平赎买，通过国家资本主义和平过渡到社会主义，这是具有中国特色的社会主义

---

① 《毛泽东选集》第二卷，人民出版社1991年版，第665页。
② 《毛泽东选集》第二卷，人民出版社1991年版，第651页。
③ 《毛泽东选集》第二卷，人民出版社1991年版，第647页。

改造道路。

新民主主义包括新民主主义革命和新民主主义社会。中国的社会主义社会是从新民主主义社会过渡来的，即是由半殖民地半封建社会进行革命，夺取政权，建立新民主主义社会，再进行社会主义革命，建立社会主义社会。邓小平的这一论断，既是对两步走的概括，也是启迪我们全面理解中国特色革命道路的经典论断。党的十五大报告提出了三次历史性巨变的概念，指出第二次历史性巨变是"中华人民共和国的成立和社会主义制度的建立"，其中既包括取得新民主主义革命的胜利，建立了新民主主义社会，也包括"从新民主主义走上社会主义道路，取得建设社会主义的巨大成就"①。这一思想是与邓小平的论断一脉相承的，科学而全面地概括了中国特色革命道路的内涵。

中国特色革命道路的伟大实践。中国共产党是以马克思主义为指导建立起来的，中国的共产主义运动是在俄国革命的直接影响下发生的。马克思、恩格斯、列宁关于无产阶级对待资产阶级民主革命的理论，特别是列宁的民族殖民地学说，对中国革命具有直接的指导意义。但是无论是马克思、恩格斯还是列宁，都没有也不可能系统地提出一个完全适合中国革命需要的理论。如何在半殖民地半封建的落后农业大国以马克思列宁主义为指导领导中国革命？中国革命的性质是什么？如何取得革命的胜利？这些问题只能靠中国共产党人自己去创造性地解决。

以毛泽东为代表的中国共产党人，运用马克思主义的世界观方法论以及科学社会主义学说，正确分析了中国特殊的国情，认清了中国社会性质、主要矛盾，总结了中国革命的独特经验，从而在宏观上指明了中国革命的方向和方位，指出中国革命的性质是新民主主义革命，前途是社会主义的。"就是在无产阶级领导之下的人民大众的反

---

① 《十五大以来重要文献选编》（上），中央文献出版社2011年版，第2、3页。

帝反封建的革命。"① 创造性地把民主革命与无产阶级领导联系起来,使中国民主革命成为无产阶级责无旁贷的历史使命,这就决定了中国革命的社会主义前途。新民主主义理论科学地回答了中国革命的性质问题,以独创性的内容和鲜明的中国特色,发展了马克思主义。新民主主义革命理论突破了世界近代史上的革命要么是资产阶级民主革命,要么是社会主义革命两种模式,创造了第三种革命类型,解决了在半殖民地半封建的落后国家,无产阶级领导资产阶级民主革命、实现民族独立和人民解放的新课题。新民主主义社会理论关于中国革命分两步走,以新民主主义社会和国家为中间站实现向社会主义转变的构想,解决了经济落后国家在夺取政权后,如何建设新国家,创造条件,以最小的代价和平地实现由新民主主义向社会主义转变的难题,发展了马克思主义的不断革命论和革命转变论。这就从根本上解决了在半殖民地半封建社会里如何进行共产主义运动,如何在中国实现社会主义的道路问题,为从半殖民地半封建社会到社会主义社会架起一座桥梁,打开一个通道。

如果说新民主主义理论完满地解决了中国革命的性质是什么的问题,那么农村包围城市道路理论则解决了如何取得革命胜利的问题。毛泽东系统地总结了土地革命战争的历史经验和抗日战争的新鲜经验,批判了在中国革命道路问题上照抄照搬外国经验的教条主义,科学地论证了中国革命为什么必须走农村包围城市的道路,而且走这条道路能够夺取革命的胜利,形成了完整的农村包围城市道路的理论。"共产党的任务,基本地不是经过长期合法斗争以进入起义和战争,也不是先占城市后取乡村,而是走相反的道路。"② 这一理论具有鲜明的中国特色。它突破了俄国十月革命城市中心道路的模式,解决了在半殖民地半封建经济政治发展不平衡的农业大国,弱小的无产阶

---

① 《毛泽东选集》第二卷,人民出版社 1991 年版,第 647 页。

② 《毛泽东选集》第二卷,人民出版社 1991 年版,第 542 页。

级怎样发动和组织农民这个最大的革命力量，最有效打击敌人，积蓄和发展革命力量，最后夺取全国政权的问题，为马克思主义暴力革命理论增添了新内容。

探寻这条中国特色革命道路是极其艰辛的。以毛泽东为代表的共产党人克服了党内存在的把马克思主义教条化、把苏联经验神圣化的错误倾向，排除了共产国际对中国革命的干扰，以新民主主义理论为指导，坚持走农村包围城市道路，经过 28 年艰苦卓绝的奋斗，开创了中国特色革命道路，建立了新中国，为由新民主主义向社会主义转变奠定了基础，经过对社会主义的社会主义改造确立了社会主义新制度，开创了中国历史新纪元，实现了 20 世纪中国第二次历史性巨变。

二、中国特色革命道路包括新民主主义革命道路和社会主义改造道路

所谓"道路"，系指中国共产党如何在半殖民地半封建国度里开展共产主义运动，实现社会主义的战略目标，进行什么性质的革命，如何进行这场革命。对一个革命政党来说，能否选择一条正确的道路，关系革命成败和党的兴衰。

新民主主义革命道路是中国特色革命道路的第一阶段，而且是最重要的阶段。中国共产党成立之后，中国有资本主义和社会主义两条道路可供选择。"帝国主义的侵略打破了中国人学西方的迷梦。很奇怪，为什么先生老是侵略学生呢？中国人向西方学得很不少，但是行不通，理想总是不能实现。"① 资本主义道路在中国走不通；中国国情特殊，俄国十月社会主义革命道路又脱离中国现实。到底走什么道路？经典著作中没有现成答案可寻，只能把马克思主义与中国实际相

① 《毛泽东选集》第四卷，人民出版社 1991 年版，第 1470 页。

结合，走自己的路，这就是中国特色革命道路。

毛泽东创立的新民主主义理论是马克思主义中国化第一次历史性飞跃的集中成果，为马克思主义、科学社会主义宝库增添了重要内容，在这一理论指导下，开创了中国新民主主义革命道路，新民主主义理论解决了中国特色革命道路问题。

新民主主义革命理论有狭义与广义两种理解。狭义的新民主主义革命理论内涵的基本点是：中国革命是世界无产阶级社会主义革命的一部分；中国革命必须分两步走；民主革命是社会主义革命的必要准备，社会主义革命是民主革命的必然趋势；新旧民主主义革命区别的根本标志在于是否由无产阶级领导；中国革命的对象、动力、前途，新民主主义革命的政治纲领、经济纲领、文化纲领，以及由此所概括的新民主主义革命总路线。广义的新民主主义革命理论的内涵是党的十一届六中全会决议关于毛泽东思想基本内容的新民主主义革命理论部分所论述，其基本点还包括：关于统一战线、武装斗争、党的建设中国革命的"三大法宝"以及关于农村包围城市的革命道路的理论。无论狭义的或广义的理解，两者总的概括起来是相同的，即无产阶级领导的，工农联盟为基础的，人民大众的，反对帝国主义、封建主义和官僚资本主义的新民主主义革命。

必须着重指出的是，新民主主义这条中国特色的革命道路，包括农村包围城市道路。农村包围城市理论是毛泽东的一大创造，是标志性理论，正是因为这个原因，以往很多人就把它和中国特色革命道路相混同。农村包围城市道路和新民主主义革命道路既密不可分，又有明显的区别。区别在于范畴不同，理论层次不同，回答问题角度不同。新民主主义是大范畴、大概念，带有总体性的宏观理论；农村包围城市道路是在中国特殊社会历史条件下，实现武装夺取政权的途径，也是完成新民主主义革命任务的必经之路，它是服从和从属于新民主主义道路的。前者范畴更广，后者是服从、服务于前者的需要，范畴窄，理论层次低，属于前者的内涵。可以说，农村包围城市理论固然是中国特色革命道路，但中国特色革命道路不只是人们通常所理解的农村包围城市的道路，而是站在宏观研究的角度，对中国整个革命历程（两个阶段）进行广角触视，综合归纳，就是中国革命经由新民主主义，继而进入社会主义的道路而言的。

社会主义改造道路是中国特色革命道路的第二阶段。《关于建国以来党的若干历史问题的决议》指出："在过渡时期中，我们党创造性地开辟了一条适合中国特点的社会主义改造道路。"[①] 过渡时期是融合于新民主主义社会之中，与其是同一历史过程。"社会主义改造是我国经济战线上的社会主义革命。"[②] 它使毛泽东构想的中国特色革命道路的第二步得以顺利实现。

毛泽东在《中国革命和中国共产党》一文中深刻地指出，"整个中国革命是包含着两重任务的"。这两重任务就是资产阶级民主主义性质的革命（新民主主义的革命）和无产阶级社会主义性质的革命。"而一切共产主义者的最后目的，则是在于力争社会主义社会和共产主义社会的最后的完成。"[③] 这就是毛泽东所构想的中国特色革命道路的总体框架，至于如何使民主主义革命与社会主义革命成功对接，实现由新民主主义社会向社会主义社会的过渡，毛泽东再一次超越了苏联国家在彻底砸碎资产阶级的国家机器，废除资本主义社会的经济基础的前提下，"必须在所谓'空地上'创造新的社会主义的经济形式"[④] 的突如其来的革命性变革模式。"毛泽东则把这场必然的社会变革变成了一种不流血的、和平的过渡，通过许多中间环节，在新民主主义社会同社会主义社会之间架起了一座渐变的桥梁，每天都在过渡，每天都在变化，做到'瓜熟蒂落'，'水到渠成'，避免了社会动

① 《关于建国以来党的若干历史问题的决议》（注释本），人民出版社 1983 年版，第 17 页。

② 沙健孙：《关于社会主义改造问题的再评价》，《当代中国史研究》2005 年第 12 期。

③ 《毛泽东选集》第二卷，人民出版社 1991 年版，第 651—652 页。

④ 《斯大林选集》（下册），人民出版社 1979 年版，第 542—543 页。

荡和生产力的破坏"①。社会主义改造理论突破了苏联模式的束缚，创造了工业化和改造同时并举的道路，突破了一举过渡的框框，顺利地实现了逐步过渡，使"我们党创造性地完成由新民主主义到社会主义的过渡，实现中国历史上最伟大最深刻的社会变革，开始了在社会主义道路上实现中华民族伟大复兴的历史征程"②。

三、中国特色革命道路与中国特色社会主义道路

中国特色革命道路是中国特色社会主义道路的历史由来。在中国特色革命道路的指引下，新民主主义革命取得胜利，建立了新民主主义社会，在新民主主义社会进行社会主义革命，建立了社会主义社会。我国进入社会主义社会的前身不是资本主义社会，而是由一个原来曾经是经济十分落后的半殖民地半封建社会脱胎而来，经过暂短几年时间的新民主主义社会过渡到社会主义社会的。这种社会主义仅仅处于初级阶段，成为中国特色社会主义的由来和客观的历史依据，这就势必使中国特色革命道路和中国特色社会主义道路有着血缘的因果关系。新民主主义社会对中国特色社会主义的"基因"作用不容忽视，"人们自己创造自己的历史，但是他们并不是随心所欲地创造，并不是在他们自己选定的条件下创造，而是在直接碰到的、既定的、从过去承继下来的条件下创造"③。因此，抛开对新民主主义社会的认识，便无从真正理解中国特色的社会主义。十三大报告指出："在中国这样落后的东方大国中建设社会主义，是马克思主义发展史上的新课题。我们面对的情况，既不是马克思主义创始人设想的在资本主义高度发展的基础上建设社会主义，也不完全相同于其他社会主义国家。照搬书本不行，照搬外国也不行，必须从国情出发，把马克思主

---

① 《中外学者纵论 20 世纪的中国》，江西人民出版社 2003 年版，第 36 页。
② 《十六大以来重要文献选编》（上），中央文献出版社 2011 年版，第 43 页。
③ 《马克思恩格斯选集》第 1 卷，人民出版社 1995 年版，第 585 页。

义基本原理同中国实际结合起来，在实践中开辟有中国特色的社会主义道路。"① 中国特色的社会主义有其特定的涵义，它并非泛指在任何国家搞社会主义都有自己的国情特点。其核心在于指出中国的社会主义不是马克思、恩格斯、列宁论述的从资本主义过渡而来。在特定历史条件下资本主义历史阶段可以跨越，但资本主义经济的积极因素必须肯定并加以利用。资本主义为社会主义准备了比较充足的物质基础，生产力水平高度发展，生产社会化的程度较高，商品经济发达。这在任何社会都是不可逾越的经济发展客观规律。恰恰在这些方面，新民主主义社会较之资本主义落后很多，新民主主义社会从半殖民地半封建社会继承下来的生产力水平很低，物质基础很薄弱，加之急欲进入社会主义，更加深了初级阶段与新民主主义的密切联系。因此对中国特色的社会主义的认识，就应从新民主主义同资本主义的区别及其各自过渡到社会主义所带来的特点加以理解。

　　中国特色社会主义道路是中国特色革命道路发展的必然结果。新民主主义属于共产主义的理论体系，这种社会形态本身就孕育和不断发展着社会主义因素。"这种社会主义因素是什么呢？就是无产阶级和共产党在全国政治势力中的比重的增长，就是农民、知识分子和城市小资产阶级或者已经或者可能承认无产阶级和共产党的领导权，就是民主共和国的国营经济和劳动人民的合作经济。"② 新民主主义社会是中国社会发展的"历史必由之路"③，并在经济、政治、思想、文化等各个方面为社会主义奠定了必要的和直接的基础，这些社会主义因素不断增长，量的积累产生质的变化，使中国由新民主主义社会转变为社会主义社会，因而，社会主义在中国的实现也是社会历史发展的必然。与此同时，它必须继承新民主主义所给予的"基因"，形成自己的特色，中国特色社会主义道路乃是中国特色革命道路发展

①　《十三大以来重要文献选编》（上），中央文献出版社 2011 年版，第 10 页。

②　《毛泽东选集》第二卷，人民出版社 1991 年版，第 650 页。

③　《毛泽东选集》第二卷，人民出版社 1991 年版，第 559 页。

的必然结果。"人们不能自由选择自己的生产力——这是他们的全部历史的基础,因为任何生产力都是一种既得的力量,是以往的活动的产物。"① 这就决定了,我国由新民主主义社会过渡到社会主义社会以后,必须从中国的实际情况出发,确定好自己的历史方位。必须经历一个很长时期的社会主义初级阶段,去实现许多国家在资本主义条件下实现的工业化和生产的商品化、社会化、现代化。这个初级阶段恰恰是中国特色社会主义最基本的客观依据和最重要内容。

四、中国特色革命道路的理论价值

中国革命历史经验的基本总结。中国革命的历史经验异常丰富,是党的宝贵精神财富。党历来十分重视历史经验,并从不同的视角,不同的层次进行过多次总结。集中起来,最根本的就是两个方面,第一个方面是关于中国革命的历史经验,第二个方面是中国社会主义建设的历史经验。

关于中国革命的历史经验,邓小平同志从坚持马克思主义,坚持把马克思主义同中国实际相结合的角度,深刻地指出:"中国自鸦片战争以来的一个多世纪内,处于被侵略、受屈辱的状态,是中国人民接受了马克思主义,并且坚持走从新民主主义到社会主义的道路,才使中国的革命取得了胜利。"② 这就是中国革命取得胜利的基本经验,这条道路是一条既不同于西方资产阶级民主革命,又不同于俄国十月革命的新路子,是不经过资本主义阶段而逐步变为社会主义社会的道路,是中国特色的革命道路。这条道路"既坚持了革命的阶段论,同'左'倾冒险主义和民粹主义划清了界限;又坚持了革命的发展论,同'二次革命论'划清了界限,从而实现了中国'卡夫丁峡

---

① 《马克思恩格斯选集》第 4 卷,人民出版社 1995 年版,第 532 页。
② 《邓小平文选》第三卷,人民出版社 1993 年版,第 62 页。

谷'的历史性跨越"①。

关于中国社会主义建设的历史经验，邓小平同志从社会主义现代化建设"照抄照搬别国经验、别国模式，从来不能得到成功"的基本经验教训的角度，指出中国的社会主义建设必须从中国的实际出发，要"把马克思主义的普遍真理同我国的具体实际结合起来，走自己的道路，建设有中国特色的社会主义，这就是我们总结长期历史经验得出的基本结论"②。中国特色社会主义道路是中国特色革命道路成果发展的必然结果，也是中国社会主义建设历史经验的高度概括。

党的十三大报告，纵观马克思主义中国化六十多年的历史进程，从马克思主义与我国实践的结合实现的两次历史性飞跃的角度，深刻指出"第一次飞跃，发生在新民主主义革命时期，中国共产党人经过反复探索，在总结成功和失败经验的基础上，找到了有中国特色的革命道路，把革命引向胜利。第二次飞跃，发生在十一届三中全会以后，中国共产党人在总结建国三十多年来正反两方面经验的基础上，在研究国际经验和世界形势的基础上，开始找到一条建设有中国特色的社会主义的道路，开辟了社会主义建设的新阶段"③。实际上所谓飞跃，就是指马克思主义与中国实践相结合的历史进程中，以毛泽东、邓小平为代表的老一辈革命家，对中国革命和社会主义建设事业，在认识上发生质的变化，在思想理论上取得的突破性的进展，为马克思主义理论宝库增添了新的原理或新的论断，是中国革命独创性经验的科学总结。这两次历史性的飞跃都是通过"把马克思列宁主义的基本原理同中国实际相结合，走自己的路"来实现的。这是中国共产党人在中国革命和建设的过程中，"吃了苦头总结出来的经验"④。有了这个基本经验，就会使中国的社会主义现代化建设不再犯大的错误。

---

① 李捷：《毛泽东与新中国的内政外交》，中国青年出版社 2003 年版，第 267 页。

② 《邓小平文选》第三卷，人民出版社 1993 年版，第 3 页。

③ 《十三大以来重要文献选编》（上），中央文献出版社 2011 年版，第 47、48 页。

④ 《邓小平文选》第三卷，人民出版社 1993 年版，第 95 页。

中国革命发展规律的深刻揭示。近代中国半殖民地半封建社会的性质，决定中国革命既要有一般规律又要有特殊规律，一个革命政党只有认识、掌握并熟练运用这个规律，才能推动事业发展。中国共产党高度重视认识和掌握规律，毛泽东在研究中国革命战争的战略问题时指出："不论做什么事，不懂得那件事的情形，它的性质，它和它以外的事情的关联，就不知道那件事的规律，就不知道如何去做，就不能做好那件事。"① 我们党领导中国人民九十多年的奋斗历程，反复证明了无论是战争年代还是和平建设时期，都要站在对中国特殊规律探索的最前列，站在马克思列宁主义与中国实际相结合的最前列，结合中国的特殊国情，探索中国革命的特殊道路，从战略上解决走什么路，举什么旗的问题，只有这样才能取得革命的胜利。中国特色革命道路是由现代中国特殊的国情所决定的，是近现代中国社会发展的必由之路，是近现代中国特殊历史规律的反映。

新民主主义理论认识上的升华。中国共产党成立后的 28 年间，领导中国人民进行革命斗争的全部历史集中到一点，就是赢得了新民主主义革命的伟大胜利。由人民民主专政的国家政权代替了大地主大资产阶级对全国的统治，使中国由半殖民地半封建社会进入新民主主义社会，为过渡到社会主义社会奠定了基础，创造了基本条件。解决了在经济落后的半殖民地半封建的社会里，无产阶级如何开展共产主义运动的根本问题，指明了中国革命的方向和方位。这一切，都是在新民主主义理论指导下，经过艰苦奋斗取得的。新民主主义理论是对近代中国特殊规律的深刻揭示和总结，中国特色革命道路正是在新民主主义革命理论的基础上，以宏观视角和世界上资产阶级民主革命和无产阶级社会主义革命相比较，用世界眼光考察中国革命道路得出的结论，是新民主主义理论认识上的升华和诠释。过去只是注重新民主主义理论和近代中国资产阶级革命的联系和区别，着眼于新民主主义

---

① 《毛泽东选集》第一卷，人民出版社 1991 年版，第 171 页。

革命的内涵思考和内涵本身的把握，而中国特色革命道路理论则具有世界视角，从道路的深度和高度进行再认识，这是用全新的视角和视野进行的最高的概括，与中国特色社会主义道路是等量齐观的，实际上到目前为止，共产党领导人民所走的就是这两条道路。这一理论上的精辟概括既是对新民主主义理论认识上的升华，也是对中国革命和建设特殊规律的深刻揭示，更加坚定了走中国特色社会主义道路的信心和决心。

第十八章　正确认识和评价两个
历史时期的关系

中国共产党领导全国人民进行的社会主义建设事业，以十一届三中全会为标志，分为改革开放前后两个历史时期。对于这两个历史时期，一段时间以来议论颇多、分歧不少，存在两种错误倾向，要么"肯定今天，否定过去"，要么"肯定过去，否定今天"。这两种看法都割裂了改革开放前后我国探索、建设社会主义的历史，不利于深化改革、凝聚共识，不利于中国特色社会主义道路的不断拓展。能否正确认识、评价改革开放前后两个历史时期的关系，实际上是能否正确评价新中国六十多年的发展史，能否正确评价中国共产党九十多年的奋斗史，事关中国共产党的领导和执政地位的巩固，事关中国特色社会主义事业的兴衰成败。对于改革开放前后两个历史时期的关系，早在改革开放之初，邓小平就作出深刻揭示，定下了基调。他相继指出："毛泽东思想不仅过去引导我们取得革命的胜利，现在和将来还应该是中国党和国家的宝贵财富"[1]，"从许多方面来说，现在我们还是把毛泽东同志已经提出、但是没有做的事情做起来，把他反对错了的改正过来，把他没有做好的事情做好。今后相当长的时期，还是做这件事。当然，我们自己也有发展，而且还要继续发展"[2]。这一论

---

[1] 《邓小平文选》第二卷，人民出版社1994年版，第347页。
[2] 《邓小平文选》第二卷，人民出版社1994年版，第300页。

述，深刻揭示出改革开放前后两个历史时期在社会主义探索实践上的内在连续性和重大变化，是邓小平在历史转折关头，站在党和国家前途命运的高度，高屋建瓴，深入浅出，一语道破的科学论述。这一论述，指引了党和国家正确评价毛泽东的功过是非，正确评价毛泽东思想的历史地位和当代价值，准确分析了改革开放前三十年我国社会主义建设实践的成就与正反两方面历史经验，深刻揭示了改革开放前后两个发展阶段关系的实质，是继承、改革与创新的关系。正如习近平系列讲话中明确指出的"两个不能否定"，这是在邓小平对两者关系实质深刻揭示的基础上，在新的历史条件下，以历史唯物主义和唯物辩证法观点，对两个三十年关系更为完整、准确、深刻的论断。

一、邓小平对毛泽东和毛泽东思想的科学评价

"文化大革命"结束后的历史紧要关头，中国面临着两个重大问题必须回答：一是中国向何处去；二是如何评价改革开放前中国进行社会主义探索的这一历史时期。这两个问题密不可分，要科学、准确回答，关键就在于如何评价毛泽东的功过是非，科学认识毛泽东思想的历史地位与当代价值，这是关系到能否稳定地实现伟大历史转折，改革开放后社会主义事业兴旺发达，党和国家前途命运至关重要的问题。

如何评价毛泽东的功过是非？怎样看待毛泽东思想？对待这一问题，当时社会各界有着两种错误倾向：一种观点主张"两个凡是"，毛泽东的话句句是真理；另一种观点鼓吹"非毛化"，摒弃毛泽东思想的旗帜。针对两种错误倾向，邓小平明确提出："两个凡是"不符合马克思主义，他强调对毛泽东思想不能教条化对待："毛泽东思想是个思想体系"，"要用准确的完整的毛泽东思想来指导我们全党全军和全国人民"[1]。针对"非毛化"，邓小平指出："要求一个革命领袖没

---

[1]《邓小平文选》第二卷，人民出版社1994年版，第39页。

有缺点、错误，那不是马克思主义。"① 毛泽东是人，也有缺点，也会犯错误。他指出："毛泽东思想这个旗帜丢不得。丢掉了这个旗帜，实际上就否定了我们党的光辉历史"②，"许多人，特别是青年人，看'文化大革命'那一段多一些，而没有看到整个历史；看了十年，而没有看到整个五十九年的党史，没有看到毛泽东同志的整个贡献"③。正确评价毛泽东的历史地位和毛泽东思想，对于稳定实现伟大历史转折，对于中国社会主义建设安定团结和长远发展至关重要。

邓小平认为，只有把毛泽东思想，同毛泽东晚年所犯的错误区别开来，才能对毛泽东和毛泽东思想进行科学、准确的认识与判断。这样，才能既肯定、坚持毛泽东思想的伟大旗帜，又不讳言毛泽东晚年所犯的错误。否定毛泽东，否定毛泽东思想，中国的社会主义建设就会失去前进的根基和方向。为统一全党思想，凝聚社会共识，邓小平亲自主持《关于建国以来党的若干历史问题的决议》。在审议决议提纲时，邓小平明确指出：决议的首要任务，就是要"确立毛泽东同志的历史地位，坚持和发展毛泽东思想"④，"重点放在毛泽东思想是什么、毛泽东同志正确的东西是什么这方面。错误的东西要批评，但是要很恰当"⑤。邓小平指出：对毛泽东晚年的错误不应过分追究个人责任，而应当分析错误产生的复杂历史背景和制度问题；毛泽东晚年的错误是一个伟大的无产阶级革命家所犯的错误。"因为他的功绩而讳言他的错误，这不是唯物主义的态度。因为他的错误而否定他的功绩，同样不是唯物主义的态度。"⑥ 据此，历史决议对毛泽东和毛泽东思想作出了具有历史意义的科学论断，对毛泽东思想的内涵作出完整

---

① 《邓小平文选》第二卷，人民出版社 1994 年版，第 149 页。
② 《邓小平文选》第二卷，人民出版社 1994 年版，第 289 页。
③ 《邓小平思想年编》，中央文献出版社 2011 年版，第 341 页。
④ 《邓小平文选》第二卷，人民出版社 1994 年版，第 291 页。
⑤ 《邓小平文选》第二卷，人民出版社 1994 年版，第 297 页。
⑥ 《邓小平文选》第二卷，人民出版社 1994 年版，第 364 页。

准确严谨的界定。这次论断在七大阐述的基础上有两点创新：一是增添了毛泽东思想是"被实践证明了的关于中国革命的正确的理论原则和经验总结"；二是强调毛泽东思想是"集体智慧的结晶"。根据这一阐述，毛泽东晚年坚持的"无产阶级专政下继续革命"理论是被实践证明完全错误的理论，显然不属于毛泽东思想的范畴。这就把作为科学概念的毛泽东思想同毛泽东个人晚年的错误思想区别开来，让我们能够完整准确地掌握毛泽东思想的科学理论体系，摒弃了对毛泽东思想教条化的套用，从根本上肯定了毛泽东思想在改革开放新时期对中国社会主义建设事业的指导地位。从而统一全党、全国人民思想，凝聚共识，在历史紧要关头化解了我国意识形态上的严重危机，稳步地实现了伟大的历史转折，保证了中国特色社会主义事业健康有序发展。

二、邓小平对改革开放前三十年的
准确分析和科学评价

在对毛泽东的功过是非，毛泽东思想的历史地位与当代价值作出科学分析后，怎样对改革开放前三十年我国社会主义建设与探索作出正确的判断，厘清这三十年为改革开放后的社会主义建设积累了哪些重要的思想、物质、制度条件，积累了哪些正反两方面历史经验，成为邓小平厘清两个三十年关系的基础和前提。

早在 1979 年 10 月，邓小平在参加国庆三十周年活动的讲话中就指出"尽管我们害了十年的病，但是在工业、农业和科学技术等方面还是有了一个基础。我们提出四个现代化，希望就建立在这个基础上"，中国由"东亚病夫"一跃而成在世界具有重要影响的大国，"所以，这三十年是值得我们回顾的，值得我们总结的"[1]。邓小平主持的

────────────

[1]《邓小平思想年编》，中央文献出版社 2011 年版，第 263 页。

《关于建国以来党的若干历史问题的决议》指出，中国共产党在中华人民共和国成立以后的历史，总的说来，是"我们党在马克思列宁主义、毛泽东思想指导下，领导全国各族人民进行社会主义革命和社会主义建设并取得巨大成就的历史"①。归结起来，20世纪的中国在中国共产党和毛泽东思想的指引下，实现了三次亘古未有的历史性巨变。

第一，毛泽东领导新民主主义革命取得伟大胜利，推翻三座大山，建立新中国，实现了民族独立、人民解放、国家统一，从根本上改变了中国的国家性质和社会性质，实现了由剥削阶级统治到人民当家作主的根本性转变，为改革开放后中国特色社会主义道路的开辟创造了根本政治前提。

第二，生产资料私有制的社会主义改造的顺利完成，社会主义制度的确立，标志着我国基本消灭了剥削制度，实现了中国历史"三千年未有之大变局"，成功跨越了资本主义的"卡夫丁峡谷"，实现了经济基础由半殖民地半封建经暂短的新民主主义到社会主义的转变，为今天中国特色社会主义道路提供了坚实的制度保障。

第三，独立的比较完整的工业体系和国民经济体系的建立，标志着我国彻底消除半殖民地半封建经济痕迹，实现了产业结构从半殖民地半封建的畸形经济到主权国家独立经济的转变，成功破解社会主义工业化难题，为中国特色社会主义道路的开辟打下了坚实的物质基础。

毋庸讳言，在落后的农业大国怎样搞社会主义工业化、现代化建设，是一项史无前例的艰巨工程。对于这项崭新的事业，党的经验不多，面对世界发展的蓬勃之势，自然有在短时间内奋起直追，成为世界先进工业化国家的强烈愿望。这种急切的心理，使得1957年以后，党和毛泽东对生产力问题认识产生偏差，无视离开生产力的发

---

① 《两个历史问题的决议及十一届三中全会以来党对历史的回顾》，中共党史出版社2013年版，第92页。

展，片面强调生产关系的反作用，并且以为"一大二公"就是社会主义，忽视了经济发展规律，进而发动了"大跃进"、"人民公社化"等运动。由于对社会主要矛盾的错误判断，犯了发动"文化大革命"那样严重的错误，给社会主义建设造成了不应有的破坏和损失。对此，邓小平强调，改革开放前三十年，我国的社会主义建设事业取得了很大的成就，虽然在中间经过一些波折，耽误一些时间，但是归根结底是一件好事，促使了人们进一步思考、认识我们的弊端何在。邓小平的一系列讲话表明，经过实践探索，党在改革开放前三十年积累了领导社会主义建设正反两方面重要经验，团结带领全国人民全力推进社会主义建设，取得了不可磨灭的巨大成就。因此，对改革开放前历史时期的探索成果和巨大成就，必须充分肯定；对于这一阶段的错误，必须否定，认真总结经验教训，引以为戒。

三、邓小平对两个历史时期关系论断的
实质是继承、改革与创新

党的十一届三中全会后，在继承毛泽东思想，坚持四项基本原则，坚持毛泽东探索社会主义建设正确主张的基础上，邓小平对毛泽东的错误进行纠正与改革，并进行了创新。以邓小平为核心的党的第二代中央领导集体，深刻反思、总结了我国长期建设社会主义的经验教训，锐意推进改革开放，明确提出必须搞清楚什么是社会主义、怎样建设社会主义这个根本性的理论和实践问题，提出了开创性的科学回答。在对社会主义矛盾、根本任务和检验一切工作根本标准的认识上，邓小平破除了过去长期存在的"以阶级斗争为纲"，以"阶级和阶级斗争观点"为观察一切问题、检验一切工作的根本标准等"左"的错误观点，以及无视生产力片面强调生产关系的反作用，就能使社会主义制度巩固和发展起来的唯心主义观念。他深刻总结历史经验教训，领导党从三个维度成功实现了历史性转变，开辟了中国特色社会

主义道路。

第一，从以阶级斗争为纲到以经济建设为中心的转变。什么是社会主义？发展社会主义的核心任务是什么？邓小平认为，这是新时期我国发展社会主义需要解决的首要问题。八届三中全会后特别是十中全会，毛泽东逐渐将社会主义建设的中心由经济建设转变为以阶级斗争为纲。十一届三中全会以后，邓小平反复强调要对这一问题有清醒认识，如果对这一问题继续混沌不清，我们就总会受到"左"的或右的干扰，就无法解决改革开放中将要遇到的疑虑、困惑和误解，就无法找到建设社会主义的正确道路。他指出："社会主义是一个很好的名词，但是如果搞不好，不能正确理解，不能采取正确的政策，那就体现不出社会主义的本质。"① 邓小平认为，革命不只是搞阶级斗争，生产力方面的革命也是革命，而且是很重要的革命，从历史发展的角度来讲，是最根本的革命。他指出，改革开放前的社会主义建设，最大的弱点是"在社会主义建设中忽视生产力的发展"②。在总结了我国多年来离开生产力抽象谈论社会主义，单纯通过生产关系的变革发展社会主义的历史教训，经过数年深邃的思考与不懈的探索后，邓小平在 1992 年南方谈话中开宗明义提出社会主义本质论："社会主义的本质，是解放生产力，发展生产力，消灭剥削，消除两极分化，最终达到共同富裕。"③ 社会主义本质论，揭示出社会主义的根本任务和根本目的，突出强调生产力是发展社会主义的中心任务，厘清了不符合时代发展的模糊观点与错误认识，深化了对科学社会主义的认识，突破了人们对科学社会主义教条化理解的藩篱。正是正确认识社会主义本质基础上，我党实现了我国发展社会主义从以阶级斗争为纲到以经济建设为中心的转变，制定了"一个中心，两个基本点"的社会主义初级阶段基本路线。

---

① 《邓小平文选》第二卷，人民出版社 1994 年版，第 313 页。
② 《邓小平思想年编》，中央文献出版社 2011 年版，第 365 页。
③ 《邓小平文选》第三卷，人民出版社 1993 年版，第 373 页。

第二，从封闭半封闭到全方位改革开放的转变。十一届三中全会开启了我国改革开放的新时期。改革开放这项伟大创举由"文化大革命"结束后我国所面临的问题倒逼产生，又在不断的实践中得以深化和发展。"文化大革命"使我国政治形势陷于混乱局面，经济发展缓慢停滞，人民生活陷于贫穷境地；而在国际上，和平与发展已经成为时代的主题，20世纪70年代掀起的新科技革命推动世界经济以一日千里之势向前发展，我国的经济实力、科技水平同世界先进水平差距越拉越大，面临巨大的国际竞争压力。在这样的历史背景下，以邓小平为核心的党的第二代中央领导集体，科学分析国内国际发展大势，在准确把握我国社会主义初级阶段基本国情的历史方位、时代主题和人民愿望的基础上，作出实行改革开放的历史性决策，在新的历史条件下开始了新的伟大革命。

改革开放从根本上不断改变束缚生产力发展的体制、机制，建立社会主义市场经济，推动生产力的持续解放和发展。另一方面，它不是对已经建立起来的社会主义基本制度的否定，而是通过一系列自上而下的改革，实现社会主义制度的自我完善与发展。邓小平指出，社会主义的基本制度不能改变，具体体制、机制必须创新。改革是要巩固和完善社会主义制度，在社会主义制度下解放、发展生产力，"革命是解放生产力，改革也是解放生产力"[①]。

对外开放和改革紧密相连，成为新时期中国社会主义建设最为鲜明的特点。早在新中国成立伊始，毛泽东就指出，独立自主、自力更生是我们建设社会主义的立足点。中国与世界紧密联系的事实，也是我们建设新中国的立足点，我们不是也不能是闭关主义者，愿意同世界各国人民友好合作，发展生产，繁荣经济。但由于帝国主义的敌视封锁政策，以及后来我们自己所犯的"左"倾错误，毛泽东对外开放的许多正确思想并未完全实施，导致我国改革开放前处于封闭半封

---

① 《邓小平文选》第三卷，人民出版社1993年版，第370页。

闭的状态。十一届三中全会前后，邓小平相继出访考察日本、新加坡、美国等国，这些考察主要围绕着现代化建设前沿的工业和高科技项目展开，让邓小平感受到了西方发达国家"一日千里"的现代化建设速度，深刻感受到中国同世界先进水平的差距，深感我国必须对外开放，引进西方先进科学技术与管理经验，加快现代化建设的必要性和紧迫性。邓小平指出，和平与发展是时代的主题，现在的世界是开放的世界，"总结历史经验，中国长期处于停滞和落后状态的一个重要原因是闭关自守。经验证明，关起门来搞建设是不能成功的，中国的发展离不开世界"①。中国处于史无前例的开放世界中，只有对外开放，"引进来""走出去"，才能得到发展，否则就会在世界现代化潮流中落伍，直至被"开除球籍"。

第三，从高度集中的计划经济体制到充满活力的社会主义市场经济体制的转变。建立什么样的经济体制，是我国经济改革的核心问题。社会主义基本制度确立以后，我国实行高度集中的计划经济体制。这一体制在我国社会主义经济建设中曾发挥重要作用，使我国得以较为迅速地建立起独立的比较完整的工业体系和国民经济体系。但是，随着经济建设的不断拓展，这一模式不断暴露出诸多弊端，使本应生机盎然的社会主义经济失去了活力。改革开放以后，如何走出一条符合中国国情的经济发展道路，成为我国发展社会主义的当务之急。

破除我国经济发展缓慢的桎梏，关键在于正确认识和处理社会主义与市场经济的关系。改革开放之初，邓小平就明确提出，我国高度集中的计划经济体制使经济发展呆板僵硬，严重束缚了生产力的发展。发展社会主义经济不应当简单地将计划经济与市场经济划归为社会制度范畴，而应仅仅将其视为组织经济活动的手段。社会主义应当把计划经济和市场经济相结合，才能解放生产力，加速经济发展。随着实践的发展，邓小平对这一问题的认识不断深化，"南方谈话"中

---

① 《邓小平文选》第三卷，人民出版社 1993 年版，第 78 页。

他进一步明确指出："计划多一点还是市场多一点，不是社会主义与资本主义的本质区别。计划经济不等于社会主义，资本主义也有计划；市场经济不等于资本主义，社会主义也有市场。计划和市场都是经济手段。"[1] 根据邓小平南方谈话这一重要思想，党的十四大正式确立："我国经济体制改革的目标是建立社会主义市场经济体制"，"就是要使市场在社会主义国家宏观调控下对资源配置起基础性作用"[2]。从而实现了我国从高度集中的计划经济体制到充满活力的社会主义市场经济体制的转变。这三个维度的历史性转变，初步比较系统地回答了在中国这样一个经济文化较为落后的国家怎样建设社会主义现代化、如何巩固并持续发展社会主义等一系列基本问题。

总而言之，邓小平在新时期伊始深刻揭示出改革开放和前三十年关系的实质是继承、改革与创新。这就为我们今天正确对待两个三十年关系，奠定了基础，指明了方向。1981 年，邓小平指出："建国三十二年来，总的来说，我们所取得的成绩是伟大的，我们所走的道路是正确的，但是也走过一些弯路。为此我们并不后悔，因为成绩是我们干出来的，错误也是我们自己犯下的，成功的经验是我们的财富，错误的教训也是我们的财富。"[3] 邓小平在改革开放之初对新中国成立后我国社会主义建设探索经验和教训的科学总结，对改革开放和前三十年关系实质的深刻揭示，启示我们正确认识党的领导地位和执政地位是历史的选择，启示我们充分意识到中国特色社会主义道路来之不易，是前三十年历史发展的必然，对于今天巩固党的执政地位，增强道路自信、理论自信、制度自信，既不走封闭僵化的老路，也不走改旗易帜的邪路具有重要的理论价值与现实意义。今天，经过三十多年的改革开放，在新的历史起点上，针对对立割裂看待两个三十年关系的思潮，习近平一针见血地指出，正确认识和处理改革开放前后

---

①　《邓小平文选》第三卷，人民出版社 1993 年版，第 373 页。

②　《十四大以来重要文献选编》（上），中央文献出版社 2011 年版，第 16 页。

③　《邓小平思想年编》，中央文献出版社 2011 年版，第 365 页。

的社会主义实践探索的关系，不只是一个历史问题，更主要的是一个政治问题。在邓小平对改革开放与前三十年关系深刻揭示的基础上，习近平用历史唯物主义、唯物辩证法的方法论，站在新的历史起点上，进一步明确提出"两个不能否定"——既不用改革开放后的历史时期否定改革开放前的历史时期，也不用改革开放前的历史时期否定改革开放后的历史时期。明确了"这是两个相互联系又有重大区别的时期，但本质上都是我们党领导人民进行社会主义建设的实践探索"①。习近平对改革开放前后两个三十年关系作出的完整、深刻、准确的论断，让我们更加明确必须树立正确的历史观和辩证方法，既不割断历史，也不虚无历史，坚定不移地把中国特色社会主义事业推向前进。

---

① 《习近平总书记系列重要讲话读本》，学习出版社、人民出版社2014年版，第18页。

第十九章　中国特色社会主义
道路的基本问题

　　道路问题事关全局，至关重要。一个国家和民族的进步必须以科学理论为指导选择正确道路。在一个经济文化比较落后的农业大国，如何建设社会主义，实现现代化，这是国际共运史和世界近现代史上一个崭新的重大课题。中国共产党把马克思主义和中国实际相结合，总结社会主义建设正反两方面的历史经验，开辟了中国特色社会主义道路。道路问题需要研究的内容十分广泛，本章就中国特色社会主义道路的基本问题进行全方位系统的研究。

一、中国特色社会主义道路的
历史根源与现实依据

　　中国特色社会主义道路源自于中国特色革命道路，是中国近现代半殖民地半封建社会历史发展的必然选择和基本结论，体现了马克思主义关于人类社会发展的一般历史规律和中国近现代特殊历史规律的统一。今天的新中国是由昨天的旧中国演变而来的。在一个落后的半殖民地半封建的旧中国，要走什么道路？道路怎么走？是关系民族兴亡成败的时代难题。无数仁人志士为救亡图存进行过各种方式的革新、改良、革命，向西方学习，但最后都归于失败，这说明在中国走旧民主主义革命道路行不通。以毛泽东为代表的中国共产党人运用马克思列宁主义基本原理，根据旧中国的社会性质和所处历史方位的实际国情、中国社会主要矛盾、各阶级特点以及十月革命后世界历史的时代特征，明确提出中国革命必须分"两步走"，第一步是新民主主义革命，第二步是社会主义革命。新民主主义革命既不同于西方资产阶级民主革命，又不同于俄国十月革命，它是经新民主主义到社会主义的中国特色的革命道路。如何夺取新民主主义革命的胜利，中国共产党根据中国社会历史特点，创造性地走出"农村包围城市，武装夺取政权"的道路。探寻这条中国特色革命道路是极其艰辛的。以毛泽东为代表的共产党人克服了党内存在的把马克思主义教条化、把苏联经验神圣化的错误倾向。由此，全国人民在中国共产党的领导下经过长期艰苦卓绝的奋斗，取得了新民主主义革命的胜利，建立了新中国，继而经过"三大改造"，确立了社会主义制度。这就为中国走社会主义道路提供了根本保障，为中国社会的一切发展进步奠定了根本的政治前提和制度基础。我国是由一个刚刚脱胎于半殖民地半封建社会，经暂短的新民主主义过渡而来的社会主义社会。新民主主义社会为社会主义在经济、政治、思想文化和社会等各个方面奠定了必要的和直接的基础，社会主义也必然承袭新民主主义所给予的"基因"，从而形成具有自己特色的社会主义社会形态，是中国特色革命道路发展的历史必然，也是符合近代中国特殊历史规律的。这种带有独特历史根源和鲜明中国特色的社会主义发展道路，必然要以社会主义基本制度为政治前提，以独立的比较完整的工业体系和国民经济体系为物质基础，以拥有集体智慧和聪明才智的广大人民群众为建设主体，它不是"在所谓'空地上'创造新的社会主义的经济形式"，而是继承并升华新民主主义社会遗传给社会主义的"基因"，使新民主主义的历史"基因"源源输进社会主义肌体，进而成长为中国社会主义的"特质"，形成新民主主义与社会主义初级阶段的血缘因果关系。以毛泽东为核心的第一代领导集体，探索在一个经济文化落后的农业大国建设社会主义现代化道路的曲折发展的历史和沉重的经验教训，成为能够开辟中国特色社会主义道路的来由。

社会主义初级阶段的基本国情是中国特色社会主义道路的现实依据。由于我国的社会主义是由刚刚脱胎于半殖民地半封建社会经短暂的新民主主义社会过渡而来的，从经济发展水平来看，还远远落后于马克思主义创始人设想的在资本主义高度发达基础上建立的社会主义，是一个生产力落后的经济发展不平衡的农业大国，人口多、底子薄、耕地少，是"不够格"的社会主义，仅仅处于社会主义初级阶段，社会主义初级阶段的基本国情决定了中国社会主义建设必须走具有中国特色的社会主义道路。中国特色社会主义道路也是中国社会主义建设历史经验的高度概括，邓小平指出"照抄照搬别国经验、别国模式，从来不能得到成功"①，中国的社会主义建设必须从中国的实际出发。

二、中国特色社会主义道路的
理论基础与指导思想

我国是社会主义国家，坚定不移地走社会主义道路，毋庸置疑地必须坚持马列主义为指导思想。马列主义既是中国特色社会主义道路的指导思想，又是理论基础，特别是科学社会主义。科学社会主义的核心内容和基本原则主要有大力发展社会生产力，实现生产资料社会占有，实行按劳分配，坚持无产阶级专政和共产党的领导，坚持马克思主义的指导地位，实现人的自由全面的发展，等等。中国特色社会主义道路是科学社会主义基本原则与中国实际和时代特征相结合的产物，是科学社会主义原则在当代中国的创造性运用和发展。第一，中国特色社会主义道路坚持将发展社会生产力作为社会主义的根本任务；第二，中国特色社会主义道路坚持四项基本原则作为立国之本；

---

① 《邓小平文选》第三卷，人民出版社 1993 年版，第 2 页。

第三，中国特色社会主义道路坚持公有制为主体、多种所有制经济共同发展的基本经济制度，坚持按劳分配为主体多种分配方式并存的分配制度，最终达到共同富裕；第四，中国特色社会主义道路坚持以人为本，努力实现人的自由、全面发展。

毛泽东思想作为中国特色社会主义道路的指导思想主要是思想先导，主要体现在它的世界观和方法论、一系列基本理论和探索社会主义建设中的积极理论成果上。从毛泽东思想的世界观和方法论来说主要体现在四个方面：群众路线、矛盾分析方法、调查研究方法、实事求是的思想路线。从毛泽东思想的基本理论和探索社会主义建设的积极理论成果来说主要体现在十一个方面：新中国的国体和政体，政党制度和统一战线理论，民族政策和宗教政策，发展文化的方针，人民军队建设和国防建设的思想，外交方针和国际战略，党的建设理论，中国式工业化道路和四个现代化思想，综合平衡和统筹兼顾、适当安排的思想，社会主义基本矛盾和两类矛盾理论，运用价值法则发展商品经济。

中国特色社会主义理论体系是中国特色社会主义道路直接的最具现实意义的指导思想。它为中国特色社会主义道路的成功开辟提供路线指引和理论指导，保证中国特色社会主义道路的正确方向和科学方法。它对中国特色社会主义道路的指导意义主要体现在：其一，提供理论基石，主要包括社会主义本质论、初级阶段论、时代论；其二，提供基本的理论支撑，主要有改革开放论、经济论、政治论、文化论、社会论、国际战略论、军队国防论、和平统一论、党建论等；其三，指明"一个中心、两个基本点"这一核心内容。

三、中国特色社会主义道路的
历史进程与发展轨迹

中国特色社会主义道路的形成和发展经历了三个历史阶段。

　　成功开辟阶段：从党的十一届三中全会到党的十四大。十一届三中全会的重大历史转折标志着中国特色社会主义道路的伟大开端，党的十二大首次明确提出"走自己的路，建设有中国特色社会主义"的崭新命题，从此中国特色社会主义道路的开辟迈开实质性步伐。在对中国社会主义基本国情深刻认识的基础上，党的十三大提出了社会主义初级阶段理论和党在现阶段的基本路线，指明了中国特色社会主义道路的前进路径和方向，表明我们党已经把握了中国特色社会主义道路的核心内容。在改革开放和社会主义现代化建设经受住了各种风险考验并取得重要成就的基础上，党的十四大明确提出了建立社会主义市场经济体制目标的决定，表明我们党对传统社会主义观念和苏联模式的重大突破，标志着中国特色社会主义道路已经成功开辟出来。

　　深化拓展阶段：从党的十四大后到党的十六大。十四大以后，逐步建立起社会主义市场经济体制，各个领域的改革全面展开。公有制为主体，多种经济成分共同发展的格局进一步形成；农村改革深入发展，"三农"问题提到议事日程；西部大开发开始启动；国企改革全面推进；社会主义民主政治和精神文明建设成效显著。十五大提出社会主义初级阶段的经济、政治和文化纲领，为在各个领域贯彻落实基本路线指明了方向。十六大明确提出了全面建设小康社会的目标要求，为新世纪深化改革开放、开创中国特色社会主义事业新局面明确了发展的战略步骤。

　　全面推进阶段：从党的十六大后到党的十七大。十六大以后，改革开放取得重大突破，新农村建设扎实推进，区域发展协调性增强，市场体系不断健全，开放性经济进入新阶段。在此期间，党提出了科学发展观和构建社会主义和谐社会的目标，形成了"四位一体"的总体布局，中国特色社会主义事业全面推进。党的十七大提出了中国特色社会主义理论体系的科学命题，明确概括了社会主义道路的主要内容，这就为中国特色社会主义道路的发展开阔了新视野。

四、中国特色社会主义道路的
社会形态与基本特征

中国特色社会主义道路是马克思主义关于人类社会发展五种形态的一般规律和东方社会理论的特殊规律在中国的集中反映，是社会主义社会形态在当代中国的具体体现，是中国特色社会主义社会政治、经济、文化的外在表现形式，是现阶段党的基本理论、基本路线、基本纲领、基本经验的集中体现和伟大实践。中国特色社会主义社会形态在经济上体现为在社会主义条件下，发展市场经济，不断解放和发展生产力；在政治上体现为人民民主专政、人民代表大会制度和共产党领导的多党合作、政治协商制度以及民族区域自治制度，实质上是党的领导、人民当家作主和依法治国的统一；在文化上体现为面向现代化，面向世界、面向未来的民族的科学的大众的社会主义文化。

中国特色社会主义道路要经历一个相当长期的历史阶段，具有一个独立的稳定的社会形态。其基本特征可概括为：坚持四项基本原则的改革开放；社会主义基本制度与市场经济相结合的经济体制；一部人先富裕起来，先富带动后富的共同富裕；共产党领导、人民当家作主和依法治国相统一的社会主义民主政治；马克思主义指导思想一元化和社会思潮多样化相统一的社会主义先进文化；以改善民生为重点的和谐社会建设；"一国两制"的国家制度；等等。中国特色社会主义道路的基本特征既体现了科学社会主义基本原则又充分体现了中国特色，这些基本特征是对中国特色社会主义道路主要内容和社会形态的总结和概括。

五、中国特色社会主义道路的
发展理念与发展战略

中国特色社会主义道路的发展理念凝练起来就是科学发展观。中国共产党在领导中国改革开放和社会主义现代化建设过程中，汲取我国和世界各国在发展问题上的经验教训，确立了科学发展、和平发展及创新、协调、绿色、开放、共享等发展理念，促进公平正义，成为开拓中国特色社会主义道路广阔发展前景的重要指针。

中国特色社会主义道路的发展战略是系列发展理念的具体运用。改革开放以来，我们党制定并实施了科教兴国战略、人才强国战略、可持续发展战略、区域协调发展战略、自主创新战略及依法治国基本方略等重大发展战略，成为发展中国特色社会主义事业的重要举措。

要开创中国特色社会主义道路新局面，坚持发展理念，落实发展战略，必须坚持"一个中心、两个基本点"的基本路线；必须积极构建社会主义和谐社会；必须继续深化改革开放；必须切实加强和改进党的建设。中国特色社会主义道路得以夯实并拓宽必须采取的重大措施是健全法律体系，转变政府职能，正确处理政府和市场关系；加快转变经济发展方式，优化产业结构；完善基本经济制度，健全现代市场体系；统筹城乡发展，推进新农村建设；推动区域协调发展，优化国土开发格局；加强能源资源节约和生态环境保护；等等。

六、中国特色社会主义道路的
模式比较与相关参照

中国特色社会主义是中国共产党人创造性地把马克思主义基本原理同中国社会主义实践相结合，又充分吸收了人类文明的一切成果而形成的。中国的社会主义曾经与苏联社会主义有着十分密切的关

系。"中国特色"，首先是与"苏联模式"相比较而言的。列宁开创的、在斯大林时期形成的苏联社会主义模式，本质上是属于社会主义的。它体现了科学社会主义的基本原则、基本制度、基本道路。但是，苏联模式存在严重的弊端，中国特色社会主义道路突破和扬弃了苏联模式中高度集中的经济体制、政治体制、文化管理体制，克服了忽视民生、忽视党建的弊端，创立了中国特色的社会主义新模式，是更科学、更广阔、更符合中国国情的社会主义发展道路。

合理利用资本主义发展社会主义是马克思主义的重要观点，借鉴资本主义建设社会主义是落后国家实现社会主义现代化的重要规律。中国特色社会主义道路吸收和借鉴资本主义文明成果，但是，利用资本主义不等于走资本主义道路，两者有本质区别。中国之所以不能走资本主义道路：一是历史作出了回答；二是我国国情不允许；三是广大人民的根本利益的要求。

民主社会主义伪装或排斥马克思主义，实际上是排斥公有制、排斥无产阶级专政，否定共产党、否定社会主义制度，它不是科学社会主义，而是改良的资本主义，为维护资本主义制度提供了一种理论支撑；为资本主义复辟制造舆论。中国特色社会主义道路可以借鉴一些民主社会主义国家治国理政的经验，但不能走民主社会主义道路，是与它有原则区别的。

七、中国特色社会主义道路的
时代价值与历史经验

中国特色社会主义道路开创了在一个经济文化比较落后的农业大国实现现代化的崭新模式。它实现了科学社会主义基本原则与中国实际和时代特征的紧密结合，能最大限度地解放和发展生产力，坚持以人为本，走共同富裕之路，是最适合中国国情和时代要求的体制模式。中国特色社会主义道路具有广阔的发展前景，是中国社会发展进

步的成功之路，是实现中国现代化和中华民族伟大复兴的必由之路。

中国特色社会主义道路的发展模式和实践经验不仅决定了中国社会发展的历史命运，而且丰富了世界发展模式，为占世界人口四分之三的落后国家的现代化建设和社会发展进步提供了重要的历史借鉴。中国特色社会主义道路的伟大成功，为步入低谷的国际共产主义运动注入了活力，带来了生机，为当代世界社会主义走向更加成熟和理性奠定了坚实基础，同时启示社会主义国家必须坚持科学社会主义基本原则，与本国国情和时代特征相结合，突破苏联社会主义模式，走出全新的社会主义建设新路，不断开辟社会主义的美好前景。

中国特色社会主义道路的基本经验是"十个结合"。"十个结合"用马克思的世界观方法论来总结经验，形成一个比较完整的逻辑体系，有系统的理论结构，实现了对社会主义现代化建设历史经验的系统总结和重要的理论创新，是对共产党执政规律、社会主义建设规律和人类社会发展规律的总结，是对党的基本理论、基本路线、基本纲领、基本经验的丰富和发展。

八、中国特色社会主义道路的
领导核心与根本保证

中国共产党是马克思主义武装的中国工人阶级的先锋队，同时是中国人民和中华民族的先锋队。党的性质、宗旨和党领导的革命、建设和改革的实践决定了党的领导核心地位。党的领导核心地位是在带领全国各族人民团结奋斗和引领中国发展进步的长期历史过程中形成的，是历史的选择、人民的选择。

中国共产党在开创中国特色社会主义道路的征程中，不断进行理论创新，开创马克思主义中国化新境界。在粉碎"四人帮"后中国面临着向何处去的历史转折时刻，以邓小平为核心的第二代中央领导集体总结了我国长期社会主义建设正反两方面的历史经验，指出把马克思列宁主义与中国实际相结合，走自己的路，带领全党全国各族人民开辟了中国特色社会主义道路；以江泽民为核心的第三代中央领导集体受命于国际国内局势动荡的历史关键时刻，高举邓小平理论伟大旗帜，坚持党的基本路线，提出"三个代表"重要思想，毫不动摇地走中国特色社会主义道路；以胡锦涛为总书记的党中央在改革开放和现代化建设新的历史条件下，在矛盾凸显、社会转型的攻坚阶段提出科学发展观等重大战略思想，为中国特色社会主义道路开拓了广阔的发展前景。历史表明，是中国共产党把握了中国社会的历史方位，作出了改革开放的重大决策，为中国社会发展指明了正确道路；是中国共产党为中国特色社会主义道路提供了理论基础和指导思想；是中国共产党为中国特色社会主义道路制定了基本路线和纲领，指明了前进方向；是中国共产党为中国特色社会主义道路提出了发展理念与发展战略。在改革开放和社会主义现代化建设历程中，是中国共产党制定发展规划并组织实施保证完成。

中国共产党是一个为人民利益和民族利益无私奉献的、肩负崇高历史使命的伟大的马克思主义执政党。面对苏联解体，东欧巨变，国内严重的政治风波，是中国共产党坚持"一个中心，两个基本点"，坚定不移地走中国特色社会主义道路，引领社会主义的航船沿着正确方向破浪前进；面对亚洲金融风暴和国际金融危机，是中国共产党采取了积极应对政策和有效防范措施，稳定了局势，为亚洲地区和世界作出了应有的贡献；面对 1998 年特大洪灾、2003 年肆虐的非典、2008 年汶川大地震等自然灾害，是中国共产党带领人们共克时艰，战胜困难，始终成为中国人民的主心骨和顶梁柱；面对藏独、疆独等分裂势力，是中国共产党维护了祖国统一，保卫了国家安全，保持了社会稳定……在中国特色社会主义道路发展历程中，面对来自国际和国内、自然和社会等方方面面的严峻挑战，是中国共产党带领全国人民团结奋进、克服艰险，始终是中国特色社会主义道路越走越宽广的坚强领导核心和根本保证。

　　党的执政地位不是与生俱来，不是一劳永逸，党只有站在时代前列带领人民不断开创中国特色社会主义事业新局面，不断以改革创新精神加强自身建设，提高执政能力和领导水平，保持先进性，才能始终成为中国特色社会主义道路的领导核心和根本保证。

第二十章　科学社会主义在当代中国的创新模式

党的十七大报告指出："在当代中国，坚持中国特色社会主义道路，就是真正坚持社会主义。"中国特色社会主义道路是科学社会主义基本原则与中国实际和时代特征相结合的产物，是科学社会主义在当代中国的创新模式，是对传统社会主义模式的突破和发展，是中国崛起和实现现代化与民族伟大复兴的历史必然和唯一选择。

一、中国特色社会主义道路是中国特色革命道路发展的历史由来和现实依据

唯物史观告诉我们：历史是不能割断的。今天的新中国是由昨天的旧中国演变而来的，中国特色社会主义道路是由刚脱胎于半殖民地半封建社会经暂短的新民主主义社会过渡而来的社会主义，是初级阶段的社会主义社会。毛泽东早在抗日战争期间发表的《新民主主义论》，运用马列基本原理（主要是《共产党宣言》、国家与革命学说、"两个策略"思想、《共产主义运动中的"左派"幼稚病》思想和民族殖民地问题理论），根据中国半殖民地半封建的社会性质，帝国主义和中华民族、封建主义和人民大众的主要矛盾，工人阶级成长壮大、民族资产阶级的软弱性的阶级关系的特点，以及十月革命后世界历史的时代特征，对中国革命的道路作出精辟的科学论断，明确提出中国革命分"两步走"的宏伟战略思想，第一步是新民主主义革命，第二

步是社会主义革命，中国共产党的领导是完成"两步走"的根本保证。这就指明了中国革命既不能走资本主义道路，也不能像俄国那样实行十月社会主义革命，从而有力地驳斥了国民党顽固派和某些恶意宣传家鼓吹的所谓"一个主义"、"二次革命论"的谬论。

在新民主主义革命理论这一光辉思想指引下，中国共产党领导全国人民开辟了中国特色革命道路，在农村建立根据地，以农村包围城市，武装夺取政权。新民主主义革命的胜利和中华人民共和国的成立，结束了旧中国半殖民地半封建社会，进入独立主权国家的新民主主义社会，经生产资料私有制社会主义改造，建立了社会主义制度。这就为中国走社会主义发展道路提供了根本保障，为中国社会的一切发展进步奠定了根本的政治前提和制度基础。另一方面，由于我国的社会主义是由刚刚脱胎于半殖民地半封建社会经暂短的新民主主义社会过渡而来的，从经济发展水平来看，还远远落后于马克思主义创始人设想的在资本主义高度发达基础上建立的社会主义。新民主主义社会所能提供给社会主义的物质基础十分薄弱，尽管"一五"计划提前完成为我国工业化奠定初步基础，但没有从根本上改变我国落后状态，从生产力发展水平来看，还远远落后于发达国家。中国仍然是一个生产力落后的经济发展不平衡的农业大国，人口多、底子薄、耕地少，是"不够格"的社会主义，仅仅处于社会主义初级阶段，这是我国现阶段的基本国情。我国进入社会主义初期，它决定和制约了中国社会主义建设必须走具有中国特色的社会主义道路。

新民主主义社会为社会主义在经济、政治、思想文化和社会等各个方面奠定了必要的和直接的基础，社会主义也必然承袭新民主主义所给予的"基因"，从而形成具有自己特色的社会主义社会形态。这是历史的特殊国情作用的结果，是中国特色革命道路发展的历史必然，也是符合近代中国特殊历史规律的。因此，抛开社会主义初级阶段的基本国情和中国特色革命道路，就难以真正理解我们为什么必须走中国特色社会主义道路。

二、中国特色社会主义道路的思想由来

在党的十二大开幕词中，邓小平开宗明义地提出："把马克思主义的普遍真理同我国的具体实际结合起来，走自己的道路，建设有中国特色的社会主义"①。"走自己的路"是国际社会主义运动史上前无古人的崭新课题，更是中国实现社会主义现代化的必经路径。研究邓小平"走自己的路"的思想动因，能够更加明确中国特色社会主义道路的思想由来，增强道路、理论、制度自信，有利于从新角度、宽视野研究邓小平理论，为中国特色社会主义理论创新提供新的经验。

"走自己的路"体现邓小平对我国探索与发展社会主义历史经验教训的深刻总结和凝练。新中国成立后，我国在社会主义的探索与建设进程中，曾一度搬用苏联模式，但在探索实践中，苏联模式弊端逐步凸显。毛泽东在党的八大提出"以苏为鉴"，走一条比苏联更好的道路。遗憾的是，在探索中国社会主义建设历程中，我国并未完全摆脱苏联模式的束缚，跳出对社会主义的教条化误解，致使社会主义优越性没有充分发挥，经济建设遭受挫折，发展迟缓。党的十二大后，邓小平指出："坦率地说，我们过去照搬苏联搞社会主义的模式，带来很多问题。我们很早就发现了，但没有解决好。我们现在要解决好这个问题，我们要建设的是具有中国自己特色的社会主义。"②

"文化大革命"结束后，我国面临着严峻的形势，处于重大的历史转折关头。这引起了邓小平的深刻反思：什么是社会主义，怎样建设社会主义。我国社会主义建设近三十年，经济建设有所发展，并成功研制出"两弹一星"，但总体而言还是处于缓慢发展甚至停滞的状态，同西方先进国家的差距越拉越大。十二大后邓小平指出："贫穷

---

① 《邓小平文选》第三卷，人民出版社 1993 年版，第 3 页。

② 《邓小平文选》第三卷，人民出版社 1993 年版，第 261 页。

不是社会主义，社会主义要消灭贫穷。不发展生产力，不提高人民的生活水平，不能说是符合社会主义要求的。"① 这表明，针对十年浩劫的经验教训，邓小平对发展社会主义的两点基本要求已有明确认识：发展社会主义，一要消灭劳动生产率低的现状，实现生产力的高度发达；二要摆脱普遍贫穷的状态，实现人民的共同富裕。

与此同时，邓小平回顾中国革命的历史，新民主主义革命和社会主义革命之所以能够取得伟大成功，归结起来，就是在毛泽东思想指引下，走自己的路，开创出中国特色革命道路。这一历史经验，无疑启发了邓小平，在社会主义建设中，我们同样应该"走自己的路"，实现社会主义现代化。

"走自己的路"体现邓小平对社会主义基本原理的深刻理解和对基本国情的准确把握。新中国成立后，我国对于社会主义的认识一度固守于公有制、按劳分配、计划经济等特征上，片面追求"一大二公"，人为地用提高公有化程度去解决日益凸显的生产力发展落后的问题，阻碍了生产力的发展，严重影响人民生活水平的提高。邓小平总结我国探索社会主义的经验教训，深刻理解科学社会主义基本原理，准确把握马列主义与时俱进的属性。早在 1978 年他就指出："干社会主义，要有具体体现，生产要真正发展起来，相应的全国人民的生活水平能够逐步提高，这才能表现社会主义制度的优越性。"② 这意味着邓小平已经突破了人们过去对社会主义的教条化误解，随后在 1992 年的南方谈话中，他就对社会主义本质作出新的深刻揭示。他指出："社会主义的本质，是解放生产力，发展生产力，消灭剥削，消除两极分化，最终达到共同富裕。"③ 社会主义本质论突出强调了生产力在社会主义诸多要素中的首要意义，强调共同富裕是社会主义发展的最终目的。邓小平提出社会主义本质论，意在破除长期以来人们

---

① 《邓小平文选》第三卷，人民出版社 1993 年版，第 116 页。

② 《邓小平思想年编》，中央文献出版社 2011 年版，第 108 页。

③ 《邓小平文选》第三卷，人民出版社 1993 年版，第 373 页。

对社会主义的僵化认识，强调科学社会主义是指导社会主义发展的理论武器，不能教条对待，要结合实际运用并加以发展。

如何结合实际，创造性地运用和发展科学社会主义基本原理？在邓小平看来，必须正确认识我国基本国情，把握历史方位，并把两者结合起来。他明确指出，我国处于并将长期处于社会主义初级阶段，乃是我国发展社会主义必须遵循的基本国情："社会主义本身是共产主义的初级阶段，而我们中国又处在社会主义的初级阶段，就是不发达的社会主义阶段。一切都要从这个实际出发，根据这个实际来制订规划。"① 社会主义初级阶段论，是对我国社会现阶段基本国情和所处历史方位作出的科学论断，是完全符合我国社会的历史与现状的，是对马列主义、毛泽东思想的继承与发展。这一论断，从根本上找到了我国在社会主义长期建设中出现的"左"的右的，特别是"左"的思想和超前政策的认识根源，为成功"走自己的路"，制定党在现阶段的基本路线提供了客观依据和理论根据。

"走自己的路"体现邓小平对世界形势的正确认识和时代特征的准确把握。十一届三中全会前后，邓小平相继考察访问了日本、泰国、马来西亚、新加坡和美国等。这一系列出访，特别是对新加坡、美国和日本的访问，主要围绕着这些国家最先进的工业和高科技项目展开。邓小平说："我们派了不少人出去看看，使更多的人知道世界是什么面貌。"②

这些考察让邓小平深受启迪，他颇为感慨地说："我懂得了什么是现代化。"他深刻认识到我国同世界先进水平的差距，深感加快中国现代化建设的紧迫性。在一系列考察中，邓小平也开始为中国的现代化建设谋划着蓝图。他认为，要大力缩小差距，必须加快我国现代化建设步伐。而加快现代化的步伐，就必须对外开放，引进西方先

---

① 《邓小平文选》第三卷，人民出版社 1993 年版，第 252 页。

② 《邓小平文选》第二卷，人民出版社 1994 年版，第 132 页。

进科学技术与管理经验。现在的世界是开放的世界，中国的发展离不开世界。中国处于史无前例的开放世界中，只有对外开放，"引进来""走出去"，才能得到发展，否则就会在世界现代化潮流中落伍，直至被"开除球籍"。这一系列考察，促进了邓小平对世界形势的正确认识和对时代特征的准确把握，初步形成了通过改革开放来促进中国与世界共同发展、互利共赢的战略大思路。这就成为邓小平主张实行对外开放基本国策，走有中国特色社会主义道路的思想动因之一。

把握和平与发展的时代主题，对于邓小平提出"走自己的路"的思想尤为重要。邓小平指出，和平与发展是当代世界的两大问题，中国必须抓紧这一有利时机，集中精力搞经济建设，加快发展。他说："中国太穷，要发展自己，只有在和平的环境里才有可能。"[①] "我们诚心诚意地希望不发生战争，争取长时间的和平，集中精力搞好国内的四化建设。"[②] 作为一个发展中国家，要尽快赶上国际先进水平，就必须拥有一个和平的国际环境大力发展经济建设。正是基于对和平与发展时代主题的正确判断，邓小平才能有信心提出"走自己的路"，坚持"一个中心，两个基本点"。

将上述三点思想动因进行理论升华，提出"走自己的路"的时代命题，这是一个思想认识质的飞跃。正是由于邓小平对毛泽东思想活的灵魂的揭示与灵活运用，强调解放思想、实事求是，独立自主的思考与实践，尊重群众首创精神，以世界视阈把握时代特征，才能坚持和创造性地运用科学社会主义原理，从中国实际出发，揭示中国社会主义建设规律，才能总结中国革命独创性经验和社会主义探索建设的历史教训，确立改革开放基本国策，提出"走自己的路"这一重大世纪命题。

---

① 《邓小平文选》第三卷，人民出版社 1993 年版，第 82 页。

② 《邓小平文选》第三卷，人民出版社 1993 年版，第 97 页。

三、中国特色社会主义道路是社会主义社会形态在当代中国的具体体现

社会形态是指一定历史发展阶段上的生产关系的总和，是一定生产力基础上的经济基础和上层建筑的统一体。社会主义社会形态是科学社会主义基本原则在经济、政治、文化性质上的外在表现。科学社会主义基本原则是科学社会主义理论中体现社会主义本质和社会主义基本特征经实践检验的基本原理，是实践社会主义的基本准则和主要标志。关于科学社会主义的基本原则，尚未见到科学社会主义创始人马克思、恩格斯集中系统的阐述，他们主要是在分析、批判资本主义制度时，提出了对未来社会的构想，或是在起草党纲、宣言时，分别阐述过一些科学社会主义的基本原则和思想。学界对此众说纷纭，但是大同小异，笔者认为概括起来可包括下列六条：（1）不断解放和发展生产力。（2）消灭剥削，消灭阶级，实现共同富裕和每个人自由而全面的发展。（3）实行生产资料公有制和按劳分配制。（4）坚持无产阶级专政。（5）坚持共产党的领导。（6）坚持马克思主义的指导地位。科学社会主义基本原则是各国社会主义实践的理论基石，放弃或违背这个原则必然走向邪路，机械照搬这些原则就会扼杀科学社会主义的生机与活力。

中国特色社会主义道路是科学社会主义基本原则与中国国情和时代特征相结合的产物，是当代中国经济社会发展的体制模式和前进路径。它既不同于经典作家马克思、恩格斯在理论上构想的社会主义，也不同于苏联模式的社会主义，更不同于西方资本主义道路或者民主社会主义道路的一种创新模式。中国特色社会主义道路就是在中国共产党的领导下，立足本国实际，坚持"一个中心，两个基本点"的基本路线，"四位一体"建设富强民主文明和谐的社会主义现代化国家。中国特色社会主义道路是一个相当长的历史阶段，具有独立的

社会形态，它是社会主义社会形态在当代中国的具体体现。马克思主义唯物史观揭示了人类社会发展五种形态的一般规律，但它并非要求所有国家和民族都必须依次经过这五种社会形态的历史演进。事实上，一些国家和民族的历史发展也并非如此。马克思晚年通过对东方社会的研究，认为俄国农村公社在特定条件下可以跨越资本主义制度的"卡夫丁峡谷"[①] 直接进入社会主义。中国革命在十月革命后新的国际国内历史条件下，在无产阶级领导下，由半殖民地半封建社会经新民主主义进入社会主义社会，没有经历资本主义社会阶段，这是一个初级阶段的社会主义，因此中国的社会主义建设只能走中国特色社会主义道路。中国特色社会主义的社会形态体现为以下四个方面，经济方面：在所有制形式上体现为以社会主义公有制为主体、多种所有制经济共同发展的基本经济制度；在分配方式上体现为以按劳分配为主体、多种分配方式并存的分配制度；在管理体制上体现为国家宏观调控与市场调节相结合，不断解放和发展生产力。政治方面：在国体上体现为以工人阶级领导的、以工农联盟为基础的人民民主专政；在政体上遵循民主集中制原则体现为人民代表大会制度；在政党制度上体现为在中国共产党领导下的多党合作和政治协商制度；在民族政策上体现为民族区域自治制度。文化方面：以马克思主义指导的社会主义核心价值体系为引领的多样化社会思潮，百花齐放，百家争鸣，弘扬民族优秀传统文化，吸收借鉴世界先进文化，发展民族的科学的大众的中国特色的社会主义文化。社会建设方面：以解决民生为重点，着力发展社会事业，促进社会公平正义，加快完善社会保障体系，构建社会主义和谐社会。

---

① 《马克思恩格斯选集》第 3 卷，人民出版社 1995 年版，第 765 页。

四、中国特色社会主义道路的基本特征

中国特色社会主义道路的基本特征众说纷纭，但大同小异。之所以有各式各样的概括和表述，究其原因，主要是与各自的立论点和思考的角度不同，或比较模糊所致。中国特色社会主义道路的基本特征究竟应当如何科学概括，完整准确地表述，尚需理论界进一步深入研究。笔者认为要想作出科学概括准确的表述，首先应当把握好立论点和思考的角度。对此应当明确两点：一是什么是中国特色社会主义，一是怎样理解基本特征。关于什么是中国特色社会主义，其内涵胡锦涛在党的十七大报告中已有明确概括。简言之，即"一个中心，两个基本点"为核心，进行"四位一体"的全面建设，达到富强民主文明和谐的社会主义现代化国家的目标。从理论上说，中国特色社会主义是科学社会主义基本原则与中国实际和时代特征相结合的产物。中国特色社会主义道路是中国特色社会主义的伟大实践和载体。因此，中国特色社会主义道路也可以理解为科学社会主义在当代中国的创新模式，或者说社会主义社会形态在当代中国的具体化。关于基本特征，可理解为区别于其他国家的标志性的象征，是诸多一般性特征中的最基本的具有全局意义的特征。中国特色社会主义道路的基本特征既要体现区别于资本主义道路和民主社会主义道路的质的规定性，又要体现区别于苏联及其他社会主义国家的个性和特点。由此可见，中国特色社会主义道路的基本特征应当是社会主义的共性和个性的统一，在表述上应当既要体现科学社会主义又要体现中国特色，这两个方面都应寓于中国特色社会主义道路的基本特征之中。基于上述认识和理解，中国特色社会主义道路的基本特征可概括和表述为下列六个：

第一，坚持四项基本原则的改革开放。改革开放是中国特色社会主义道路最鲜明的特点。三十多年中国特色社会主义发展的历史，

也是中国改革开放的历史。改革开放是社会主义事业发展的动力，这是由社会主义社会基本矛盾所决定和要求的。正是由于不断坚持深化改革、扩大开放，才极大地解放和发展了社会生产力，充分地调动了亿万人民的积极性，谱写了中华民族自强不息、顽强奋进新的壮丽史诗，使中国的面貌发生了历史性巨变。改革开放必须以坚持四项基本原则为前提，四项基本原则是社会主义的根本要求，是立国之本。只有坚持四项基本原则，才能保证改革开放的正确方向，促进社会主义制度的自我完善。四项基本原则与改革开放是辩证统一的。只有改革开放，四项基本原则才能得到真正坚持。事实雄辩地证明，坚持四项基本原则的改革开放是决定当代中国命运的关键抉择，是发展中国特色社会主义、实现中华民族伟大复兴的必由之路。

第二，社会主义制度与市场经济相结合的经济体制。建立社会主义市场经济体制是中国特色社会主义道路最显著的基本特征。国家宏观调控与市场资源配置机制相结合，更好地发挥计划与市场两种手段的长处，既突破了苏联计划经济的传统模式，又不同于资本主义市场经济，使经济活动遵循价值规律的要求快速发展。社会主义市场经济体制是活跃经济，推动中国崛起和快速发展的最佳经济体制模式，是对马克思经典著作关于社会主义计划经济特征的重大突破。

第三，先富带后富的共同富裕。共同富裕是社会主义道路的本质要求和价值目标，是社会主义的真谛，是区别于民主社会主义与资本主义等发展道路的质的规定。由于我国处于并将长期处于社会主义初级阶段，经济文化落后，发展不平衡，所以在所有制形式上不宜是单一的社会主义公有制，在分配制度上不宜是单一的按劳分配方式。由此可见，中国特色的共同富裕既不是平均主义，也不能同步富裕，而只能是国家允许和鼓励一部分人、一部分地区通过诚实劳动、合法经营先富起来，先富带动后富，最终达到共同致富。因此，在当代中国坚持中国特色社会主义道路，也就是坚持走中国人民共同富裕的道路。

第四，共产党领导、人民当家作主和依法治国有机统一的社会主义民主政治。中国特色社会主义基本政治制度是工人阶级领导的以工农联盟为基础的人民民主专政，人民代表大会制度和共产党领导的多党合作、政治协商制度，以及民族区域自治制度。其实质是共产党领导、人民当家作主和依法治国的有机统一，核心是人民当家作主。这个基本特征是由于中国历史的现实的特殊国情和国家社会性质所决定的，根本不同于资产阶级民主政治发展道路也迥异于其他社会主义国家民主政治发展道路。它依据马克思主义国家与革命学说，根植于中华民族几千年来赖以生存和发展的广阔沃土，产生于中国人民争取民族独立、国家富强和人民当家作主而进行的伟大斗争实践。

第五，马克思主义指导思想一元化和社会思潮多样化相统一的社会主义先进文化。马克思指出："统治阶级的思想在每一时代都是占统治地位的思想。"① 坚持马克思主义指导思想一元化就是要以社会主义核心价值体系引领多样化社会思潮和文化追求，就是要坚持为人民服务、为社会主义服务的方向和百花齐放百家争鸣的方针，既弘扬中华民族优良的传统文化，又吸收和借鉴包括西方发达国家在内的世界各国人民创造的有益思想文化成果，推动社会主义文化的大繁荣大发展。以马克思主义为指导思想的社会主义核心价值体系是中国特色社会主义道路的精神支柱和生命之魂，具有政治引领和主导作用，是我们党凝聚和统一社会各阶层、各利益群体思想的有力武器。社会主义核心价值体系引领多样化社会思想和文化追求，是发展社会主义先进文化的必然要求，是马克思主义意识形态优势和传统文化与当代社会思潮在中国的实践特色、民族特色与时代特色的统一。

第六，科学发展，社会和谐的社会建设。科学发展是中国特色社会主义道路的发展模式和本质属性的内在要求。科学发展坚持以人为本，注重发展的规律性、全面性、协调性和可持续性，是中国经济

———————————

① 《马克思恩格斯选集》第1卷，人民出版社1995年版，第98页。

社会又好又快发展的最佳途径，是中国特色社会主义道路越走越宽的必然选择。社会和谐是中国特色社会主义的本质属性和必然趋势。民主法治、公平正义、诚信友爱、充满活力、安定有序、人与自然和谐相处是和谐社会的基本内涵。改善民生，缓解矛盾，使全体人民学有所教、劳有所得、病有所医、老有所养、住有所居乃是和谐社会题中应有之意。中国特色社会主义道路的历史进程就是不断促进和实现社会和谐的过程。科学发展、社会和谐是总结国内外现代化建设历史经验的重要成果，是科学社会主义社会建设理论在当代中国的生动实践，是中国特色社会主义道路的一个基本特征。

中国特色社会主义道路是现阶段党的基本理论、基本路线、基本纲领、基本经验的集中体现和伟大实践，是与中国特色社会主义理论体系辩证统一的。它既坚持了科学社会主义基本原则，同时又根据中国社会主义初级阶段的基本国情和时代特征，赋予其鲜明的中国特色。它是我国由一个落后的农业国走向社会主义现代化，实现民族振兴、国家富强和人民幸福的必由之路、成功之路、胜利之路。中国特色社会主义道路是科学社会主义在当代中国的创新模式，是中国崛起的唯一正确选择。同时也为世界上欠发达国家摆脱贫困走向现代化指明了一条光明道路和前进方向，提供了宝贵的经验借鉴。随着改革的深化和现代化建设历程的推进，中国特色社会主义模式必将更加完善和发展，必将更加显示它的无比生机与活力。

第二十一章 中国特色社会主义道路基本特征论析

中国特色社会主义道路是中国共产党领导全国人民历经各种颠沛波折，在长期探索和创新中寻求国家现代化，实现民族伟大复兴所形成的必由之路。这条道路是理论逻辑和历史逻辑辩证统一的必然结果，是历史的结论、人民的选择。基本特征是道路内涵的深化与升华，研究道路基本特征，就能深刻理解把握中国特色社会主义道路的内涵与实质，有效回应各种错误思想挑战，既不走封闭僵化的老路，也不走改旗易帜的邪路，不断增强三个自信，凝集共识，为中华民族伟大复兴提供理论支撑。

一、中国特色社会主义道路是中国社会发展历史逻辑和科学社会主义理论逻辑的必然

鸦片战争以后，在中华民族积贫积弱、任人宰割的苦难岁月，无数仁人志士为了振兴中华，尝试各种主义与思潮，寻找适合我国国情的发展道路。资本主义、改良主义、自由主义、无政府主义，等等，"你方唱罢我登场"，无一不以失败告终。历史表明，在中国，不从根本上改变落后的生产关系和上层建筑，是无法解决国家的前途和命运问题的。在这个重大历史关头，中国共产党伟大领袖毛泽东运用马列主义基本原理，根据旧中国所处历史方位，以及十月革命后世界格局的重大变化，汲取近代以来中国人民探寻救亡图存道路的历史教

训分析得出：近代中国社会是半殖民地半封建社会。这就决定了中国革命必须分"两步走"：第一步是新民主主义革命，第二步是社会主义革命，"第一个为第二个准备条件，而两个阶段必须衔接，不容横插一个资产阶级专政的阶段"①。由此，中国共产党创造性地开创了经新民主主义到社会主义的中国特色革命道路，以"农村包围城市、武装夺取政权"取得新民主主义革命的胜利，推翻国民党反动统治，建立独立的、民主的、统一的人民共和国。新中国成立后，中国共产党带领全国各族人民，迅速医治战争创伤、恢复国民经济，适时进行"三大改造"，确立社会主义制度，深刻改变了积贫积弱的中国社会面貌，开辟了中国历史新纪元，为走上中国特色社会主义道路提供根本保障，创造政治前提，奠定制度基础。

新中国成立后，毛泽东领导党积极探索适合中国特点的社会主义现代化建设道路。在短短二三十年间清除了旧中国半殖民地半封建社会畸形经济的遗迹，建立了独立的比较完整的工业体系和国民经济体系，奠定了国家工业化和现代化的物质技术和文化基础。毋庸讳言，在艰辛的探索历程中，毛泽东和党也犯过这样那样的错误，经历了曲折，积累了正反两方面的宝贵经验：必须坚持马克思主义关于生产力与生产关系基本原理，确立生产资料所有制形式，必须遵循经济发展规律，利用价值法则发展商品经济、统筹兼顾综合平衡；必须把握社会主要矛盾，坚持以经济建设为中心作为根本任务。可以说，没有新中国的成立和探索社会主义建设道路所取得的伟大成就和积累的宝贵历史经验教训，今天的改革开放就无从谈起。

党的十一届三中全会后，邓小平解放思想，实事求是，深刻反思"什么是社会主义，怎样建设社会主义"，强调既要坚持科学社会主义基本原则，又要从本国实际和时代特征出发，走自己的路，开辟

---

① 《中国共产党第十八次全国代表大会文件汇编》，人民出版社 2012 年版，第 685 页。

中国特色社会主义道路，成功回答在中国这样一个落后的农业大国怎样建设社会主义现代化，实现民族伟大复兴。中国特色社会主义道路的现实依据是社会主义初级阶段的基本国情。我国社会主义社会刚刚脱胎于半殖民地半封建社会，经短暂的新民主主义过渡到社会主义。尽管改革开放前，我国取得了巨大成就，建立了独立的比较完整的工业体系和国民经济体系，但未能从根本上改变我国仍然处于社会主义初级阶段的现状，经济发展水平远远落后于资本主义发达国家，人口多、底子薄、耕地少是我国基本国情。因此，我国社会主义建设必须把握历史方位，从本国国情出发，走自己的路，这在马克思主义发展史上是一项前无古人的崭新课题。由此可见，中国特色社会主义道路是科学社会主义理论逻辑和中国社会发展历史逻辑的辩证统一，是历史的结论、人民的选择。抛开中国旧社会的性质和社会主义初级阶段现实历史方位以及三十多年艰辛探索的历史经验教训，就难以理解党的十一届三中全会后我们为什么必须坚持改革开放，走中国特色社会主义道路。

二、基本特征的依据与实质

何为中国特色社会主义道路基本特征？理论界对此众说纷纭，莫衷一是。究其原因，主要是各自思考角度不尽相同所致。如何科学概括、准确表述中国特色社会主义道路的基本特征，笔者认为必须把握基本特征依据与实质。如何理解基本特征的依据与实质，必须从基本特征是十一届三中全会以来改革开放和社会主义现代化建设历史经验的科学总结、是特色社会主义道路内涵的凝练与升华、是科学社会主义基本原则在当代中国现代化建设中的外在表征、是对世界视阈中现代化道路比较中产生这四个维度加以理解。

特色道路基本特征是对特色道路发展历史经验的科学总结和精练概括。党的十一届三中全会重新确立解放思想，实事求是思想路线后，首先以经济体制改革为切入点。从"一大二公"的社会主义计划经济到社会主义市场经济的建立和完善，从物质文明、精神文明两手抓两手都要硬，到"五位一体"总体布局，从"四个现代化"到"富强民主文明和谐的社会主义现代化国家"的目标……我国在改革开放实践中积累了丰富经验，形成了诸多理论成果，对中国特色社会主义规律的认识不断深化，特色道路基本特征也逐步显现。

特色道路基本特征是科学社会主义基本原则在当代中国现代化建设中的外在表征和社会主义社会形态在当代中国的具体化和创新。关于科学社会主义基本原则，经典著作并无集中阐述，只有分别阐述过的一些基本原则及思想，概括起来可分为五点：（1）不断发展生产力；（2）实行生产资料公有制和按劳分配制，促进人的全面发展，最终实现共同富裕；（3）实行无产阶级专政；（4）坚持共产党领导；（5）坚持马克思主义指导地位。上述五条科学社会主义基本原则，结合中国实际，运用于中国现代化建设中，实现了创造性的发展，可总结为六大基本特征：关于发展生产力。基本特征则继承发展为"一个中心，两个基本点"。社会主义的根本任务是发展生产力，要发展生产力，则必须以改革为动力，破除一切阻碍生产力发展的藩篱。开放是基本国策，要吸收包括资本主义在内的人类先进文明成果。利用两个市场，两个资源，"请进来"和"走出去"相结合。关于公有制经济，基本特征则是以公有制为主体，多种经济形式并存，坚持两个毫不动摇。关于分配原则，实行以按劳分配为主，多种分配形式并存，激活社会生产力，发展社会主义市场经济，先富带动后富，最终达到共同富裕。关于无产阶级专政，基本特征则坚持和发展为党的领导、人民当家作主和依法治国有机统一的社会主义民主政治。实行人民民主专政和人民代表大会制度。关于共产党的领导，基本特征则坚持和发展为共产党领导下的多党合作和政治协商制度。关于马克思主义指导，基本特征则坚持和发展为马克思主义一元化指导地位，引领社会思潮多元化，建设民族的科学的大众的社会主义先进文化。另外，进入

21世纪，随着经济社会的迅速发展，面对新问题新挑战，国家将以改善民生为重点的社会和谐建设和生态文明建设提升至总体布局，作为基本特征贯穿于各个领域建设始终。

特色道路基本特征是特色道路内涵的凝练与升华。关于特色道路内涵，党的十八大有着明确表述，其要义是：（1）党的领导是中国特色社会主义道路的政治保证。（2）"一个中心，两个基本点"的基本路线是中国特色社会主义道路的核心和生命线。（3）坚持"五位一体"的全方位建设，促进社会全面进步是中国特色社会主义道路的基本内容。（4）促进人的全面发展，逐步实现共同富裕，建成富强民主文明和谐的社会主义现代化国家是中国特色社会主义道路的建设目标。① 概括起来就是坚持"一个中心、两个基本点"的有机统一、"五位一体"的总体布局和建设目标。内涵是回答什么是中国特色社会主义道路，基本特征是回答特色道路是什么样子，即特色社会主义模式是怎样的。中国特色社会主义道路基本特征是对中国特色社会主义道路本质属性外在表征的凝练，是区别于其他道路或模式的基本标志。因此，基本特征一方面必须源于道路的科学内涵，另一方面又必须实现对内涵的升华。

特色道路基本特征是对世界视阈中现代化道路比较而来。纵观近现代世界文明史，现代化发展道路从总体上可归纳总结为两类：一是资本主义现代化道路和民主社会主义道路，后者是前者的改良；二是社会主义现代化道路。而中国特色社会主义道路则是后者的一种创新模式。其基本特征是与传统社会主义道路相差别，与西方资本主义道路根本区别的主要标志。中国特色社会主义道路以这两种发展道路为参照系：首先，"中国特色"是相比"苏联模式"而言的。苏联社会主义模式，本质上是属于社会主义，一度被人们视为建设社会主义

---

① 参见《中国共产党第十八次全国代表大会文件汇编》，人民出版社2012年版，第11页。

的唯一模式。但是，由于苏联在改革伊始放弃马克思主义，放弃共产党的领导，偏离了社会主义现代化建设的正确方向，导致苏联解体，并严重影响了其他社会主义国家的建设。正是在反思苏联模式的经验教训中，中国特色社会主义道路逐步形成，实现了对苏联模式的突破、创新和发展。科学合理地吸收、消化、利用资本主义先进文明成果发展社会主义是马克思主义的重要观点，是落后国家进行社会主义现代化建设的宝贵经验。但是，借鉴和利用资本主义并不等于走资本主义道路，两者有本质区别。民主社会主义伪装或排斥马克思主义，它不是科学社会主义，实际上是改良的资本主义。中国特色社会主义道路可以借鉴一些民主社会主义国家治国理政的经验，但不能走民主社会主义道路，这是原则问题。

三、基本特征的内容体系

基于上述对基本特征实质的揭示，中国特色社会主义道路基本特征的内容可概括为六条：以经济建设为中心，坚持四项基本原则的改革开放、与社会主义基本制度相结合的市场经济体制；党的领导、人民当家作主与依法治国相统一的社会主义民主政治；坚持马克思主义一元化，以社会主义核心价值体系引领多样化社会思潮；建设科学的、民族的、大众的社会主义先进文化；以改善民生、创新社会治理为重点的社会主义和谐社会建设和以美丽中国为目标的社会主义生态文明建设。

以经济建设为中心，坚持四项基本原则的改革开放。其内涵和实质是解放思想，实事求是，坚持社会主义本质，发挥社会主义优越性，不断解放和发展社会生产力，逐步实现共同富裕。这是中国特色社会主义道路最为鲜明的特点。以经济建设为中心是兴国之要，发展仍是解决我国所有问题的关键。作为社会主义本质属性的四项基本原则是我国立国之本。改革开放是我国基本国策，是中国特色社会主义道路发展的核心动力，正是由于不断坚持改革、扩大开放，我国才能在短短数十年间大幅度解放和发展社会生产力，充分调动亿万人民的积极性，迅速提升综合国力，改善民生，使中国社会发生历史性巨变。

与社会主义基本制度相结合的市场经济体制。以共同富裕为目标的社会主义市场经济体制，将国家宏观调控的关键作用与市场资源配置机制中的决定性作用相结合。在这一基本经济制度中，我国坚持公有制经济主体地位，推行公有制多种实现形式，鼓励、支持、引导非公有制经济发展，坚持按劳分配为主体，多种分配方式并存的分配制度，健全社会保障体系，以先富带动后富，最终实现全体人民共同富裕。这是社会主义区别于资本主义的质的规定，体现社会主义道路的本质要求和价值目标。社会主义市场经济体制，兼容并济，遵循价值规律活跃经济，是推动中国经济又好又快发展的最佳体制模式，是对社会主义计划经济特征的重大突破与创新，是关系我国发展全局的战略抉择。

党的领导、人民当家作主与依法治国相统一的社会主义民主政治。我国是人民民主专政国家，按照民主集中制原则，实行人民代表大会制度，核心是共产党领导、人民当家作主和依法治国的有机统一。人民代表大会制度是实现三者有机统一的重要形式，是民主集中制的集中体现，是从根本上区别于西方三权分立政体的标志。人民民主是社会主义的生命，没有人民民主就没有社会主义，就没有社会主义现代化。民主这个基本特征是由中国历史和现实国情以及国家社会性质所决定的。中国特色社会主义民主政治是中国社会一百多年激越变革、激荡发展的历史结果，是中国人民翻身作主、掌握自己命运的必然选择。

坚持马克思主义一元化，以社会主义核心价值体系引领多样化社会思潮，建设科学的、民族的、大众的社会主义先进文化，既弘扬中华民族优良的传统文化，又充分利用世界各国先进文化成果，推动社会主义文化大发展大繁荣。社会主义核心价值体系是中国特色社会主义道路的精神支柱和生命之魂，是凝聚和统一社会各阶层、各利益群体思想的有力武器。

以改善民生、创新社会治理为重点的社会主义和谐社会建设。社会主义和谐社会建设，以维护最广大人民根本利益为出发点，坚持依法治国，加快健全基本公共服务体系，加强和创新社会管理，实现和谐社会建设目标。以民生建设、创新社会治理为重点的社会主义和谐社会建设是特色道路在社会建设方面的深化和集中体现，是五位一体总布局的价值取向，是改革开放和社会主义现代化建设的根本目的。是针对社会结构多元化、人民内部矛盾多样化复杂化等社会现实所作出的主动回应，是社会和谐稳定的重要保证。

以美丽中国为目标的社会主义生态文明建设，必须尊重自然规律，树立环保意识，突出生态文明建设，把它融入社会建设各领域并贯彻始终。以美丽中国为目标的社会主义生态文明建设，体现特色道路在人与自然关系的深化与协调。生态文明建设的实质，就是要建设以资源环境承载力为基础、以资源规律为准则、以可持续发展为目标的资源节约型、环境友好型社会，是全面建成小康社会的必然要求，是改善民生、满足人民群众需求的时代要求，是转变经济方式、实现永续发展的战略抉择，是更好地参与国际竞争和合作的客观需要。

中国特色社会主义道路基本特征，是一个有机统一体系。以经济建设为中心，坚持四项基本原则的改革开放是中国特色社会主义道路最鲜明的特点，是"五位一体"建设的中心轴，贯穿各项建设始终；经济建设是兴国之要，发展是解决我国所有问题的关键；人民民主是社会主义的生命，是党始终高扬的光辉旗帜，是开辟、坚持和拓展中国特色政治发展道路的核心；文化是民族的血脉和灵魂，推动社会主义文化大发展大繁荣，必须走特色文化发展道路；社会建设是社会和谐稳定的重要保证，维护最广大人民安定、幸福的生活，必须加强和创新社会治理，推动社会主义和谐社会建设；生态文明关系人民福祉、关乎民族未来。

四、研究中国特色社会主义道路
基本特征的意义和价值

道路关乎国家前途、民族命运、人民幸福。中国特色社会主义道路是一条既坚持社会主义又改革开放，吸取人类先进文明成果的新型现代化道路，是由落后的农业国到先进工业国，实现现代化的道路，是中国各族人民由贫穷到人的全面发展和共同富裕的道路，是中华民族由沉沦到崛起，实现中国梦的必由之路。研究中国特色社会主义道路基本特征，能够对中国特色社会主义道路有更加深化的认识，能够有效回应各种错误思想挑战，增强三个自信，凝集共识，为深入推进中国特色社会主义事业，实现中华民族伟大复兴提供强有力的理论支撑。中国特色社会主义道路是中国特色社会主义的践行路径，是实现中华民族复兴梦的伟大载体。研究中国特色社会主义道路基本特征有助于拓展和丰富中国特色社会主义理论体系。

只有把握基本特征，才能真正坚持和发展特色道路。历史表明，中国特色社会主义道路来之不易。然而，创业难，守成更难。中国特色社会主义道路并非平坦大道，也有崎岖颠簸、凹凸不平时。在中国特色社会主义道路发展迈入深水区攻坚克难时，某些人无视这条道路大幅度提升我国综合国力的事实，主张重回以"苏联模式"为主要特征的传统社会主义老路上。与此同时，也有人认为中国搞社会主义没有出路，应该投入西方怀抱，走资本主义道路。面对两种声音，我们必须把握中国特色道路基本特征，既不走老路，也不走邪路，坚定不移地沿着中国特色社会主义康庄大道不断前进，才能实现民族伟大复兴中国梦。

第二十二章　党的十二大以来历届代表大会与中国道路的发展

中国共产党从改革开放至今共召开了七次全国代表大会，每次大会都始终以高举中国特色社会主义伟大旗帜，走中国特色社会主义道路为主题，并围绕这个主题根据不同的形势、任务，提出新要求，作出新部署。每次党的代表大会都从不同程度、不同侧面提出党在新时期的基本理论、基本路线、基本纲领、基本经验、基本要求。因此，每次代表大会对于中国特色社会主义道路开辟、推进和拓展都作出了历史性的贡献。

一、十二大、十三大与中国特色社会主义道路开辟

从十二大到十四大是中国特色社会主义道路开辟阶段。这个阶段在理论上提出了"建设有中国特色社会主义"的崭新命题，明确了我国所处的历史方位，系统阐释了社会主义初级阶段理论，制定了初级阶段基本路线。在实践上自1979年党中央制定了"调整、改革、整顿、提高"八字方针后，历经近四年的大力调整经济比例严重失调的问题基本得到解决，为中国特色社会主义道路迈开实质性步伐创造了条件。十二大以后改革的步伐从农村向城市发展；对外开放的范围不断扩大；提出一系列"两手抓"的战略方针，精神文明和物质文明

齐头并进。十四大的召开标志着中国特色社会主义道路的成功开辟。

十二大是改革开放后我党召开的第一次全国代表大会，这次大会的召开在我党历史上具有里程碑意义。大会首次提出了"建设有中国特色的社会主义"的新命题；确定分两步走，在 20 世纪末实现国民生产总值翻两番的目标。

十二大的突出贡献主要体现在三个方面：一是旗帜鲜明地提出了"建设有中国特色社会主义"的崭新命题；二是确立了"计划经济为主、市场经济为辅"的重要原则；三是明确了精神文明建设在社会主义现代化建设中的重要战略地位。

"建设有中国特色社会主义"命题是科学社会主义基本原则与中国实际和时代特征相结合的产物；是对什么是社会主义、怎样建设社会主义反思的必然结果，是对十一届三中全会以来社会实践经验、创新理论成果的高度概括与升华。它的提出表明我们党已经开始有意识地、自觉地探索一条符合中国国情的社会主义道路，从而为十一届三中全会以来新道路的开辟树立了灯塔，指明了航向。

十二大确立了"计划经济为主、市场经济为辅"的重要原则，十二届三中全会在此基础上进一步将其概括为"社会主义经济是公有制基础上有计划的商品经济"。这标志着党在思想观念上和经济体制上开始突破了传统的社会主义计划经济模式，朝着向社会主义市场经济转化迈出了可喜的第一步。

十三大是在改革开放已经全面展开，以加快和深化改革为中心任务的一次党的全国代表大会。大会在对中国的现实国情进行全方位的考察后得出"我国正处在社会主义的初级阶段"[①] 的科学论断，比较系统地论述了社会主义初级阶段理论，深刻分析了社会主义初级阶段的社会性质、立论根据、主要矛盾和历史任务，并在此基础上全面概括和阐发了党在社会主义初级阶段"一个中心，两个基本点"的基

---

① 《十三大以来重要文献选编》（上），中央文献出版社 2011 年版，第 9 页。

本路线；进一步明确了"三步走"的经济发展战略，并提出"社会主义有计划商品经济的体制，应该是计划与市场内在统一的体制"①。

十三大的突出贡献主要体现在两个方面。一是提出了社会主义初级阶段理论；二是制定了社会主义初级阶段基本路线。

社会主义初级阶段理论进一步明确了我国国情的基本特征和社会主义发展所处的历史方位，它的提出是对马列主义关于社会主义发展阶段思想的继承和发展，同时也成为党制定路线、方针、政策的总依据和基本出发点。社会主义初级阶段基本路线的制定是对改革开放以来社会主义现代化建设历史经验的深刻总结和高度概括，这是一条以解放和发展生产力为根本、以建设富强民主文明的社会主义现代化国家为目标的路线，是兴国之要、立国之本、强国之路，是建设中国特色社会主义的指路明灯。

二、十四大、十五大与中国特色社会主义道路的推进

从十四大到十六大是中国特色社会主义道路的全面推进阶段。这一阶段在理论上正式提出了邓小平理论，明确了建立社会主义市场经济体制的改革目标；制定了社会主义初级阶段基本纲领；把党的建设提到了新的伟大工程的高度。在实践上改革冲破重重阻力不断得到深化；全方位对外开放格局基本形成；社会主义市场经济体制得以确立；人民生活总体上实现了由温饱到小康的历史性跨越。十六大召开标志着中国进入了全面建设小康社会新阶段。

十四大是在改革开放和现代化建设进入新阶段的形势下召开的一次党的全国代表大会。大会对建设有中国特色社会主义理论进行了概括；对基本路线的内涵进行了全面阐释。

---

① 《十三大以来重要文献选编》（上），中央文献出版社 2011 年版，第 23 页。

十四大的突出贡献主要体现在两个方面：一是确立了"社会主义市场经济体制"，二是对建设有中国特色社会主义理论进行了概括。

从十二大的"计划经济为主，市场经济为辅"，到十二届三中全会的"在公有制基础上有计划的商品经济"，再到十四大的建立"社会主义市场经济体制"，这是一个循序渐进的过程。就在这个过程中，邓小平"南方谈话"的重要思想为十四大确立社会主义市场经济体制奠定了坚实基础，使我们对社会主义经济体制的认知与理解发生了质的飞跃，从而完成了从社会主义计划经济向社会主义市场经济的转变，与此同时，中国特色社会主义理论内涵也得到了丰富和发展。

十四大将有中国特色社会主义理论的内容从发展道路、发展阶段、根本任务、发展动力、外部条件、政治保证、战略步骤、领导力量和依靠力量、祖国统一等九个方面进行了系统概括，初步构建了有中国特色社会主义理论的基本框架，为邓小平理论的正式提出做好了充分的思想理论准备。

十五大是在世纪之交，中国改革开放取得巨大成就，社会发生深刻变化的情况下召开的一次党的全国代表大会。大会首次提出高举邓小平理论的伟大旗帜，突出了旗帜的引领作用，开宗明义地指出"旗帜就是方向，旗帜就是形象"①；提出了党在社会主义初级阶段的基本纲领；根据中国的现实国情制定了跨世纪的战略目标；明确提出了全面推进党的建设新的伟大工程的总体目标和任务。

十五大的突出贡献主要体现在三个方面：一是明确了邓小平理论的历史地位和指导意义；二是提出了社会主义初级阶段的基本纲领；三是开创了党的建设新的伟大工程。

社会主义初级阶段基本纲领是基本路线的具体展开，它为更好地坚持与贯彻党的基本路线，进行中国特色社会主义的经济建设、政治建设、文化建设指明了方向。邓小平理论是马列主义毛泽东思想在

---

① 《十五大以来重要文献选编》（上），中央文献出版社 2011 年版，第 1 页。

新时期的重大发展，是当代中国的马克思主义，是建设中国特色社会主义的强大思想武器，是中国特色社会主义理论体系的开篇之作与基础部分。十五大把邓小平理论同马列主义、毛泽东思想一道列为党必须长期坚持的指导思想，这对于深化改革开放、推进中国特色社会主义建设事业具有重大的现实意义和深远的历史意义。党的建设新的伟大工程是对毛泽东提出的党的建设伟大工程在新的历史时期的全面推进与继续，报告提出了新形势下党的建设的新目标和任务，把党的建设提高到中国特色社会主义事业战略任务的高度并提到了议事日程上。

三、十六大到十八大与中国特色社会主义道路的拓展

从十六大到十八大是中国特色社会主义道路开拓阶段。这个阶段正式提出了"三个代表"重要思想，明确了全面建设小康社会的目标；正式提出了科学发展观以及"中国特色社会主义理论体系"的崭新命题，并对科学发展观的内涵进行了深入阐释；总结了改革开放以来社会主义建设的宝贵经验；把社会主义建设总体布局由"三位一体"拓展为"五位一体"。十年科学发展铸就新的辉煌。

十六大是我们党在 21 世纪召开的第一次全国代表大会，也是在我国进入全面建设小康社会、加快推进社会主义现代化的新的发展时期召开的一次十分重要的代表大会。大会正式提出了"三个代表"重要思想，并将其作为党的指导思想写入党章；确立了全面建设小康社会的奋斗目标；系统地总结了十三届四中全会后党领导人民进行中国特色社会主义建设的基本经验。

十六大的突出贡献主要体现在四个方面：一是系统阐释了"三个代表"重要思想；二是确立了全面建设小康社会的奋斗目标；三是总结了改革开放后中国特色社会主义建设的基本经验；四是提出构建社

会主义和谐社会。

"三个代表"重要思想是中国特色社会主义理论体系的重要组成部分，是对中国共产党性质的深刻揭示和理论升华，是中国共产党在新的历史时期的重要指导思想；它的提出为保持党的工人阶级先锋队和党的先进性提供了理论依据、理论支撑，为建设什么样的党，怎样建设党指明了实践的方向。小康社会奋斗目标的提出是中国传统文化与现实国情相结合的产物，是对"三步走"战略中第三步战略目标的分解；它的提出充分反映了民意、民声，反映了人民对未来的美好生活的憧憬，对加快改革开放的步伐，全面推进中国特色社会主义、开创社会主义建设新局面具有重大意义。

十七大是在改革发展关键时期召开的一次十分重要的大会，也是在社会转型期、矛盾凸显期召开的一次代表大会。大会对中国特色社会主义道路的内涵做了科学的界定和高度的概括；首次提出"中国特色社会主义理论体系"的重大命题，强调要深入贯彻科学发展观，并对科学发展观的科学内涵和精神实质进行了界定；对全面建设小康社会奋斗目标提出了新的要求；勾画了包括社会建设在内的中国特色社会主义建设"四位一体"总体布局；系统地总结改革开放后在一个人口众多、经济落后的发展中大国加快实现现代化、巩固和发展社会主义的宝贵经验，并将其明确概括为"十个结合"。2008 年 12 月，胡锦涛在《在纪念党的十一届三中全会召开三十周年大会上的讲话》就"十个结合"进行了全面的展开，深入的阐述。

十七大的突出贡献主要体现在四个方面。一是首次提出"中国特色社会主义理论体系"的新命题；二是阐述了科学发展观的科学内涵和根本要求；三是把中国特色社会主义建设总体布局由"三位一体"拓展为"四位一体"；四是总结了改革开放"十个结合"的宝贵经验。

中国特色社会主义理论体系是三中全会以来党的理论创新重大成果的系统总结和高度概括，它包括邓小平理论、"三个代表"重要思想、科学发展观，围绕着中国特色社会主义这一主题就三个基本问题从不同侧面分别进行了回答，进而整合成一个完整的科学体系；它是马克思主义与中国特色社会主义建设实际和时代特征相结合第二次历史性飞跃的成果，是当代中国的马克思主义，是建设中国特色社会主义实践的指导思想。

加强社会建设是中国特色社会主义事业总体布局的重要组成部分。它的提出是对社会主义事业内涵的丰富和拓展，是提高党的执政能力、实现党和国家长治久安的基础工程，是新形势下保持党同人民群众的血肉联系、维护最广大人民根本利益的必然要求，是更加凸显"以人为本"注重民生，从而达到共同富裕的社会主义社会特征的鲜明体现。

"十个结合"宝贵经验的提出"生动阐明了我们党在改革开放实践中是如何坚持和发展马克思主义、如何坚持和发展社会主义、如何全面推进中国特色社会主义事业、如何统筹国际国内两个大局、如何加强和改善党的领导"①，这"十个结合"是具有丰富理论内涵的，体现时代性、规律性、创造性的经验总结。

中国共产党第十八次全国代表大会是在我国进入全面建成小康社会决定性阶段召开的一次十分重要的大会。大会高举中国特色社会主义的伟大旗帜；确立了科学发展观在全党的指导地位并将其写入党章；在十七大基础上对中国特色社会主义道路的内涵进行了新的诠释；提出了建设中国特色社会主义总依据、总布局、总任务，特别是明确了中国特色社会主义事业"五位一体"的总体布局；提出了全面建成小康社会的战略部署以及全面深化改革开放的目标和具体要求；提出了在新的历史条件下夺取中国特色社会主义新胜利"七个必须坚持"的基本要求，强调"全党要坚定道路自信、理论自信、制度自信"②；提出全面提高党的建设科学化水平，建设学习型、服务型、创

---

① 《十七大以来重要文献选编》（上），中央文献出版社2009年版，第101页。

② 《中国共产党第十八次全国代表大会文件汇编》，人民出版社2012年版，第15页。

新型的马克思主义执政党。

十八大提出了加快完善社会主义市场经济体制和加快转变经济发展方式的新要求、新任务。强调推动经济持续健康发展的重大现实意义；把以科学发展为主题，以加快转变经济发展方式为主线提到关系到我国发展全局的战略抉择高度来加以阐述；提出"促进工业化、信息化、城镇化、农业现代化同步发展"① 的经济发展新理念；提出要"全面深化经济体制改革"，并强调"深化改革是加快转变经济发展方式的关键"。②

十八大提出了要"继续积极稳妥推进政治体制改革"，强调"要把制度建设摆在突出位置"，③ 并对推进政治建设和政治体制改革提出新的任务和要求的同时，强调"要积极借鉴人类政治文明有益成果，绝不照搬西方政治制度模式"。④

十八大从全面建成小康社会，实现中华民族伟大复兴的高度阐述了推进社会主义文化强国建设的重要性与必要性；把增强全民族文化创作活力作为建设社会主义文化强国的关键；从国家、社会、公民三个层面对社会主义核心价值观进行了最新概括。

十八大首次把"生态文明"建设提升到更高的战略层面，独立成章。提出了要"树立尊重自然、顺应自然、保护自然的生态文明理念"的新要求以及"努力建设美丽中国，实现中华民族永续发展"⑤的根本任务；从优化国土空间开发、促进资源节约、保护自然生态系统和环境、加强制度建设等四个方面对生态文明建设提出了新要求，进行了新部署。

十八大的突出贡献主要体现在三个方面：一是对科学发展观作出

---

① 《中国共产党第十八次全国代表大会文件汇编》，人民出版社2012年版，第19页。
② 《中国共产党第十八次全国代表大会文件汇编》，人民出版社2012年版，第19页。
③ 《中国共产党第十八次全国代表大会文件汇编》，人民出版社2012年版，第24页。
④ 《中国共产党第十八次全国代表大会文件汇编》，人民出版社2012年版，第24页。
⑤ 《中国共产党第十八次全国代表大会文件汇编》，人民出版社2012年版，第36页。

了新的定位，并将其确立为党的指导思想；二是把中国特色社会主义建设总体布局由"四位一体"拓展为"五位一体"；三是提出了确保实现全面建成小康社会宏伟目标的新要求并进行了全面的部署。

十八大对科学发展观的内涵和精神实质进行了深刻的阐述。第一，把科教兴国、人才强国、可持续发展三大发展战略和科学发展、和谐发展、和平发展三种发展模式同科学发展观第一要义紧密结合纳入它的深刻内涵；第二，把"五位一体"的总体布局纳入科学发展观的根本要求；第三，把统筹改革发展稳定、内政外交国防、治党治国治军各方面工作纳入科学发展观的根本方法；第四，首次深刻揭示了科学发展观的精神实质。十八大高举中国特色社会主义的伟大旗帜，对科学发展观，进行了新的历史定位。第一，把科学发展观放在当代马克思主义中国化发展史和中国特色社会主义规律的高度进行了新定位；第二，把科学发展提升到与马列主义、毛泽东思想、邓小平理论、"三个代表"重要思想一道作为党的指导思想的高度进行了新定位。指导思想的与时俱进是中国共产党成熟的重要标志。这对于保持党的先进性，不断提高党的领导水平和执政能力具有重大意义；为推进中国特色社会主义历史进程，实现社会主义现代化目标指明了方向，提供了保障。

十八大把中国特色社会主义的总体布局由"四位一体"拓展为"五位一体"。早在十七大报告中就已经提出了生态文明的概念，明确了生态文明建设的任务和目标，并将其纳入全面建设小康社会的范畴。如果说十七大把生态建设提高到文明的高度，那么十八大就把生态文明建设提到了"五位一体"总体布局的高度，并把它纳入"努力建设美丽中国，实现中华民族永续发展"的范畴。报告深化和拓展了生态文明建设的内涵，构建了生态文明建设的理论体系，形成了一个生态文明建设的工作格局。在党的历史上、历次党的全国代表大会上从来没有把生态文明建设作为一种执政理念提到如此的高度，这表明我们党对于执政规律、社会主义建设规律以及人类社会发展规律的认识达到了新水平，治国理念达到了新境界。

　　党的十二大在总结我国长期探索社会主义建设道路历史经验的基础上，得出了"把马克思主义普遍真理同我国具体实际结合起来，走自己的道路，建设有中国特色的社会主义"的历史基本结论，指明了我国社会主义建设的正确航向。从此，党的历次代表大会都遵循着这条航向，引领着"中国号"这条巨轮乘风破浪，创造了一个又一个的"中国奇迹"。在此基础上，十八大又提出了要坚定不移沿着中国特色社会主义道路前进，为全面建成小康社会而奋斗的宏伟目标。这既是对十二大以来道路选择的充分肯定，同时也为中国的未来发展指明了具体途径和前进方向。总之，把坚持马克思主义同推进马克思主义中国化相结合，走中国特色社会主义道路，这是十二大以来党的历次全国代表大会对"中国道路"问题能够作出卓越贡献的基本原因和基本经验。

参考文献

1.《马克思恩格斯选集》第 1—4 卷，人民出版社 1995 年版。

2.《列宁选集》第 1—4 卷，人民出版社 1995 年版。

3.《列宁全集》第 30 卷，人民出版社 1985 年版。

4.《斯大林全集》第 9 卷，人民出版社 1953 年版。

5.《斯大林全集》第 10 卷，人民出版社 1956 年版。

6.《斯大林选集》（上、下），人民出版社 1979 年版。

7.《毛泽东选集》第一至四卷，人民出版社 1991 年版。

8.《毛泽东文集》第一至七卷，人民出版社 1993、1996、1999 年版。

9.《毛泽东传》第一至六卷，中央文献出版社 2013 年版。

10.《毛泽东年谱（1893—1949）》（上、中、下），中央文献出版社 2013 年版。

11.《毛泽东思想年编》，中央文献出版社 2011 年版。

12.《周恩来选集》（上），人民出版社 1980 年版。

13.《周恩来传》，中央文献出版社 1998 年版。

14.《周恩来年谱（1898—1949)》修订版，中央文献出版社 1998 年版。

15.《周恩来军事文集》第一卷，人民出版社 1997 年版。

16.《刘少奇选集》上卷，人民出版社 1981 年版。

17.《邓小平文选》第一至三卷，人民出版社 1993、1994 年版。

18.《邓小平思想年编》，中央文献出版社 2011 年版。

19.《朱德年谱（新编本）》（上），中央文献出版社 2006 年版。

20.《朱德选集》，人民出版社 1983 年版。

21.《瞿秋白文集》政治理论编第五卷，人民出版社 1995 年版。

22.《王稼祥选集》，人民出版社 1989 年版。

23. 王稼祥：《回忆毛主席革命路线与王明机会主义路线的斗争》，《红旗飘飘》第 18 期，中国青年出版社 1979 年版。

24.《任弼时年谱（1904—1950）》，中央文献出版社 2004 年版。

25. 徐向前：《历史的回顾》（中），解放军出版社 1985 年版。

26. 江泽民：《论党的建设》，中央文献研究室 2001 年版。

27.《习近平总书记系列重要讲话读本》，学习出版社、人民出版社 2014 年版。

28.《共产国际有关中国革命的文献资料（1919—1928)》第一辑，中国社会科学出版社 1981 年版。

29.《共产国际有关中国革命的文献资料（1929—1936)》第二辑，中国社会科学出版社 1982 年版。

30. 李立三：《准备建立革命政权与无产阶级的领导》，《红旗》第 88 期。

31. 李立三：《论革命高潮》，《红旗》第 94 期。

32. 李立三：《第三时期与中国革命》，《红旗》第 122 期。

33. 张国焘：《我的回忆》第 3 册，现代史料编刊社 1980 年版。

34.《共产国际执委主席团关于立三路线的讨论》，《布尔塞维克》第 4 卷第 3 期。

35.《中共中央文件选集》第一至十一册，中共中央党校出版社 1989、1991 年版。

36.《建党以来重要文献选编（1921—1949)》第一至十八册，中央文献出版社 2011 年版。

37.《建国以来重要文献选编》第九册，中央文献出版社 1994 年版。

38.《建国以来重要文献选编》第十六册，中央文献出版社 1997 年版。

39.《三中全会以来重要文献选编》（上、下），人民出版社 1982 年版。

40.《中国共产党第八次全国代表大会文献》，人民出版社 1957 年版。

41.《十三大以来重要文献选编》（上、中、下），中央文献出版社 2011 年版。

42.《十四大以来重要文献选编》（上、中、下），中央文献出版社 2011 年版。

43.《十五大以来重要文献选编》（上、中、下），中央文献出版社 2011 年版。

44.《十六大以来重要文献选编》（上、中、下），中央文献出版社 2011 年版。

45.《十七大以来重要文献选编》（上、中、下），中央文献出版社 2009、2011、2013 年版。

46.《中国共产党第十八次全国代表大会文件汇编》，人民出版社 2012 年版。

47.《中国共产党历史》第一卷，中共党史出版社 2002 年版。

48.《中共党史大事年表》，人民出版社 1981 年版。

49.《〈中国共产党的七十年〉阅读文件选编》，中共党史出版社 1992 年版。

50.《西安事变资料》第一、二辑，人民出版社 1980、1981 年版。

51.朱文原编：《西安事变史料》第五册，台湾"国史馆"1996 年版。

52.《皖南事变资料选辑》，中共中央党校出版社 1982 年版。

53.《中国工农红军第四方面军战史资料选编（长征时期）》，解放军出版社 1992 年版。

54.《中国抗日战争史》（下），解放军出版社 1994 年版。

55.《抗日战争史研究述评》，中共党史出版社 1995 年版。

56.《罗斯福选集》，商务印书馆 1982 年版。

57.瓦·伊·崔可夫：《在华使命：一个军事顾问的笔记》，新华出版社 1980 年版。

58.索波列夫等：《共产国际史纲》，人民出版社 1985 年版。

59.彼得·弗拉基米洛夫：《延安日记》，东方出版社 2004 年版。

60.本庄繁：《本庄日记》，日本：原书房 1967 年版。

61.井上清：《昭和史五十年》中译本，天津人民出版社 1979 年版。

62.井上清、铃木正四：《日本现代史》，商务印书馆 1972 年版。

63.日本防卫厅战史室：《日本军国主义侵华资料长编》（上、下），四川人民出版社 1987 年版。

64.古屋奎二：《蒋介石秘录》，湖南人民出版社 1992 年版。

65.《日本帝国主义对外侵略史料选编》，上海人民出版社 1975 年版。

66. 利得尔·哈特：《第二次世界大战史》（上），上海译文出版社 1985 年版。

67. 杨云若、杨奎松：《共产国际和中国革命》，上海人民出版社 1988 年版。

68.《中共中央抗日民族统一战线文件选集》（中），档案出版社 1985 年版。

69. 申长友：《毛泽东与共产国际》，党建读物出版社 1994 年版。

70. 王承礼：《中国东北沦陷四十年史纲要》，中国大百科全书出版社 1991 年版。

71. 秦孝仪：《中华民国重要史料初编——对日抗战时期》，台湾中国国民党党史委员会 1981 年版。

72. 中国国民党党史委员会编：《革命文献》第九十四辑，台湾"中央文物供应社"1983 年版。

73.《南方局党史资料（大事记)》（一），重庆出版社 1986 年版。

74.《中外学者纵论 20 世纪的中国》，江西人民出版社 2003 年版。

75. 李捷：《毛泽东与新中国的内政外交》，中国青年出版社 2003 年版。

后 记

　　郑德荣教授从教65年来一直致力于中共党史的教学和科研工作。早在1978年，以郑德荣教授为组长的东北师大政治系中共党史研究生指导小组，改革开放后在全国最早招收了中共党史三年制研究生，并首批获得硕士学位授予权。郑德荣教授是1983年国家教委审批的全国高校四个中共党史教授之一；1986年被评为博士生导师，是当时全国高校三个党史博士点之一的奠基人；曾兼任中国中共党史学会常务理事、共产国际与中国革命关系研究领导小组成员、中国中共文献研究会毛泽东思想生平研究分会顾问、吉林省社会科学联合会顾问、吉林省中共党史学会名誉会长。郑德荣教授曾于1980—1982年借调中共中央党史研究室任土地革命战争时期编写组副组长（主持工作），参加由中共中央党史研究室主持的《中国共产党历史（民主革命时期）》第一稿和《中共党史大事年表》编写工作，还曾参加由原国家教委主持的《中国共产党历史教学大纲》和《中国革命史教学大纲》的编写工作（任组长），是两名召集人、统稿人之一。郑德荣教授主编的《中国革命史教科书》被原国家教委认定为全国高师院校专业课教材；《中国共产党历史讲义（上、下）》改革开放伊始，即被教育部推荐为全国文科通用教材，五次再版，发行百余万册。著名中共党史学家胡华认为这是"迄今为止比较系统和完整的党史教科书，社会主义时期这部分本来很难写，本讲义做了很大努力。在内容上吸收了党史界最新的学术成果，结构严谨，文字也较通顺，为国内所采用"。

　　郑德荣教授在中共党史研究的诸多领域进行了开创性研究，主要围绕共产国际与中国共产党的关系、西安事变若干问题、日本侵华和抗日战争、红军长征和新的战略基地的确立、中国特色革命道路的内涵与价值、中国特色社会主义道路的基本问题和基本特征、科学社会主义在当代中国的创新模式等问题，提出了许多有价值的学术思想与观点。先后主持国家、教育部和省人文社科规划项目 10 项，撰写或主编 30 余部有见地、有影响的学术著作；在《求是》、《中共党史研究》、《马克思主义研究》和《毛泽东邓小平理论研究》等重要学术刊物发表了 260 余篇学术论文。这些研究成果既有对中共党史的宏观研究，也有对若干具体问题的剖析，有些研究成果填补了学术空白，匡正了传统学术观点，提出一系列独到见解，开拓了新的研究领域。郑德荣教授对宁都会议召开时间的考证研究得到了胡乔木的肯定，提起宁都会议的时间问题，指出《历史决议》的"草案最后案""叙述在中央苏区的错误时，原来提到宁都会议的时间只笼统地说 1932 年，这次具体化'1932 年 8 月'，反而把时间弄得不准确了，成为后来党史研究的一桩'公案'（准确时间现已经考订清楚是 10 月）"，对郑德荣教授学术研究成果给予了充分肯定；对共产国际与李立三"左"倾冒险错误关系的研究得到了著名中共党史学家廖盖隆和胡华的高度评价，廖盖隆指出《略论共产国际与李立三的"左"倾机会主义》一文"是党史学界正确地说明共产国际和李立三'左'倾错误的关系的第一篇文章"，"对于共产国际和中国革命的关系问题，以及李立三'左'倾错误来源问题的科学研究，是一个贡献"。胡华教授也认为这篇文章"是掌握了大量原始资料经过科学的分析的力作。在党史研究领域提供了一个新的成果。在学术上是很有贡献的"；郑德荣教授在20 世纪 80 年代初借调中共中央党史研究室工作期间，查阅了中共中央档案馆大量的第一手文献，对第二次国内革命战争时期几个党史问题的研究作出了突出贡献。如对当时党史学界不太清楚的中共六届四中全会及王明上台的情况进行了翔实的、有根据的分析和说明，这在中共党史学界还是首次。对张国焘"密电"的由来与历史真相进行了翔实的考证，廓清了所谓张国焘"密电"的历史事实。这些研究成果被中共中央党史研究室编辑出版的《中共党史大事年表》所采纳并为学界所接受。

《中共党史若干问题纵横观》就是在郑德荣教授已经出版的专著和系列研究论文基础上，按照与先生共同拟定的大纲，由我负责进行汇编、整合、提炼并做必要的补充加工整理，黄伟、牟蕾、郑凯旋、彭波协助收集资料和部分加工整理，特别是胡范坤还为核实注释做了大量艰苦细致的工作，在此一并表示感谢。全书由郑德荣教授最终定稿而成。从这部书的诸多研究成果可以看到，随着时间推移，郑德荣教授从事中共党史研究的领域在不断拓宽，研究问题的视角也在不断地发生着相应的转换，但是从事研究的目的却始终如一，成为贯穿所有教学科研活动的一条红线，那就是"资政育人"。"资政育人"作为郑德荣教授从事中共党史研究的最大特色，潜移默化地影响着我们每个学生从事研究的科学方向、价值取向和社会指向，是我们前进的"方向盘"和"指路灯"。这种学术文化精神已经涵濡浸渍到每个学生的内心深处，"其濡染观摩之效自不求而至，不为而成"。我们以郑德荣教授为榜样，都有着坚定的前进定力和深厚的理论自觉，真正做到了虔诚而执着、至信而深厚，锲而不舍、驰而不息，以满腔的政治热情和高度的社会责任感，运用自己的学术思想和理论成就，为社会服务，为现实服务，为党的中心工作服务。

此为后记。

王占仁

2015 年 9 月 9 日

责任编辑：崔秀军

图书在版编目（CIP）数据

中共党史若干问题纵横观/郑德荣，王占仁 著. —北京：
　人民出版社，2017.12（2022.2 重印）
ISBN 978－7－01－018760－0

Ⅰ.①中⋯　Ⅱ.①郑⋯②王⋯　Ⅲ.①中国共产党-党史-研究
　Ⅳ.①D23

中国版本图书馆 CIP 数据核字（2017）第 327551 号

中共党史若干问题纵横观
ZHONGGONG DANGSHI RUOGAN WENTI ZONGHENGGUAN

郑德荣　王占仁　著

人 民 出 版 社 出版发行
（100706　北京市东城区隆福寺街 99 号）

北京汇林印务有限公司印刷　新华书店经销

2017 年 12 月第 1 版　2022 年 2 月北京第 6 次印刷
开本:710 毫米×1000 毫米 1/16　印张:19.25
字数:250 千字　印数:13,001-18,000 册

ISBN 978－7－01－018760－0　定价:59.00 元

邮购地址 100706　北京市东城区隆福寺街 99 号
人民东方图书销售中心　电话（010）65250042　65289539